Georg Stefan Troller
Paris geheim

Georg Stefan Troller

PARIS GEHEIM

*Die unbekanntesten,
aufregendsten und verlockendsten
Orte und Adressen von Paris*

Mit zahlreichen Fotografien
von Heinz Cadera
und Gerlinde Mauer

Artemis & Winkler

Die Deutsche Nationalbibliothek verzeichnet diese Publikation
in der Deutschen Nationalbibliographie;
detaillierte bibliographische Daten sind im Internet
über http://dnb.d-nb.de abrufbar.

Vierte Auflage 2009
© 2008 Patmos Verlag GmbH & Co. KG
Artemis & Winkler, Düsseldorf
Alle Rechte vorbehalten
Umschlaggestaltung: init . Büro für Gestaltung, Bielefeld
unter Verwendung einer Fotografie von Gerlinde Mauer
Printed in Germany
ISBN 978-3-538-07262-6
www.artemisundwinkler.de

Inhalt

Meiner Familie und
den vielen Freunden,
die mithalfen

Gebrauchsanweisung

»Je mehr ich andere schöne Städte sah, desto näher ist die Schönheit dieser Stadt meinem Herzen. Ich liebe sie zärtlich, bis hin zu ihren Flecken und Warzen.«

MONTAIGNE

»Wirf ein Lot durch Paris, und du wirst nie auf Grund stoßen ... Ist Paris denn nicht ein unermeßlich weites Feld, das dauernd aufgewühlt wird von einem Sturm der Begehrlichkeiten ... einer keuchenden Gier? Was wollen sie? Gold ... oder Vergnügen?«

BALZAC

»Die ersten, die einer neuen Wahrheit folgen, und die letzten, die eine alte aufgeben.«

KIPLING

»Die Hauptgefahr für Paris: daß es so anregend ist. Und wie die meisten Anregungsmittel verführt es dazu, sinnlos herumzulaufen und die angenehme Illusion großer geistiger Anstrengung zu produzieren, anstatt die greifbaren Ergebnisse harter Arbeit.«

T. S. ELIOT

Die zwanzig Pariser Stadtbezirke oder Arrondissements mit ihren 5000 Straßen winden sich vom Zentrum her in die Außenbezirke wie eine Schnecke. Viele dieser Windungen waren in früheren Zeiten von einer Stadtmauer umgeben, deren Spuren häufig erhalten sind. Heutzutage rechnet sich alles, was innerhalb der »Périphérique« genannten Umgehungsstraße liegt, zur eigentlichen Stadt, alles übrige gehört zur »Banlieue«, die dem Besucher, auch in ihren besseren

Teilen, meist fremd bleibt und hier nicht berücksichtigt werden soll. Viele dieser Innenbezirke haben ihren eigenen Charakter.

Allerdings gibt es von jeher auch eine Dynamik, eine Umschichtung der Einwohnerschaften, vor allem aus den teuer gewordenen Straßenzügen in die erschwinglichen. Das Maraisviertel, vor ein paar Jahrzehnten noch verkommen und abrißbestimmt, ist inzwischen zur It-Gegend geworden. Vor zehn oder fünfzehn Jahren begann man dann den Osten zu entdecken, heute den Norden. Aber nicht nur um Einkommen und Geld geht es den Parisern, obwohl man das manchmal mutmaßen könnte und sie dir auch gern diese Vorstellung vermitteln. Sondern, nun ja: ihre Umwelt soll ihnen die Möglichkeit des Sichauslebens geben oder zumindest symbolisieren! Ihre Lust und Fähigkeit, zu genießen, sich gehen zu lassen, Gefahren nicht auszuweichen, sich im Irdischen zurechtzufinden, ja das Irdische in seiner Vielfalt bereits als »das Leben« zu empfinden, ohne viel im Jenseitigen nach höheren Zwecken zu fahnden. Und dazu gehört: das Anarchische, Aufsässige, Ausschweifende, Verruchte der Leute. Paris als eine Art Intensiviermaschine, als die Chance, möglichst viel Erlebbares in möglichst kurze Zeiträume zu verpacken. Denn natürlich ist das Leben flüchtig und kurz wie eine Theatervorführung oder ein Beischlaf, und der Pariser hält nichts vom Abwarten, nur vom Augenblick. Und diesen vergänglichen Moment zu ergreifen und auszuloten, das ist so pariserisch wie die Begabung, ihn auch gleich, und zwar so witzig und krittelig wie möglich, zu umreißen, just während man ihn erlebt. Diese schlagfertige Schärfe, die ja auch schon mal eine ganze Reputation ruinieren kann, notfalls die eigene (siehe Sarkozy), die gehört dazu, die läßt sich der Pariser nicht verbieten, da wird er renitent. Beim Witz versteht er keinen Spaß. Aus diesem Geist heraus, aus dieser erstrebten Bühnenhaftigkeit, verbunden mit Anarchie, ist die Stadt entstanden, insofern eben, als Orte ja die unbewußten Wünsche und Triebe ihrer Bevölkerung repräsentieren, ausformen, ihre Sehnsüchte zu Stein werden lassen.

Nun, und welchem Stamm gehören Sie als Stadtbewohner an, das ist die nächste Frage. Jeder Pariser ist ja grundsätzlich einer solchen Kategorie verpflichtet, ob er will oder nicht. Zum Beispiel möchte niemand dem Stamm des »*Seizième*« zugeordnet werden. Le Seizième, das ist das 16. Arrondissement, in dem die Wohnpreise am höchsten sind und daher die Leute am feinsten. (Bestenfalls kann der westliche Vorort Neuilly noch damit Schritt halten.) Seizième, das hieße ja spießbürgerlich, das hieße verklemmt! Dann schon lieber »B.C.B.G.«. Diese Buchstabenfolge steht für »bon chic bon genre« und bedeutet in etwa, daß man zwar die Allüren, auch die Haute Couture bzw. Designer Clothes der alten Aristokratie oder auch des Geldadels zur Schau stellt, aber sozusagen nur zum Spaß. Dahinter ist man modern und aufgeschlossen, auch wenn man wahrscheinlich Suez-Aktien besitzt und die Rechte wählt.

Einen Schritt weiter hält dann schon der »*Bobo*«, also der Bourgeois als Bohemien. Bobo, das ist der Homo Novus, die heraufkommende Klasse. Aber nicht im abträglichen Sinn. Sondern es sind diejenigen, dank welcher ein Bezirk oder eine Stadt sich »cool« nennen darf: also die Kreativen, die Werbeleute, die Designer, die Netzwerker, die Modefotografen, die ewigen Jungfilmer, oder auch ein zeitweiliges Mitglied einer NGO (nongovernmental organization), der auch schon mal in Darfur war oder im Kongo. Und der grundsätzlich links wählt, und zwar bis zur ersten Million oder der Aufforderung von Präsident Sarkozy, doch bitteschön seinem Team beizutreten.

Andere Klassen werden von Zeit zu Zeit neu entdeckt, so der »*Arty*«, die moderne Form des Dandy, für den jedes Engagement ein Graus ist, da er sich ja mit der Vervollkommnung seiner eigenen Persönlichkeit abplagen muß, die sich natürlich vor allem in Äußerlichkeiten manifestiert: Welche Dinge man sammelt, welche Autos man fährt, woher man seine Klamotten bezieht. Weibliche Artys bilden das Rückgrat des Pariser Kunsthandels.

Die höchste Klasse aber sind unvermeidlich die »*people*« (sprich »piepull«), Abkürzung der amerikanischen Benennung »beautiful people«. Also die Sänger, Schauspieler, Models, Darsteller und Selbstdarsteller, die ja z. B. heutzutage alle Folgen einer einstmals so angesehenen Illustrierten wie »Paris-Match« komplett bestreiten. Auch Präsident Sarkozy gibt sich, laut seiner Biographin Yasmina Reza, vorab als Charakterdarsteller (Zitat: »Wer gewinnen will, muß gefallen«), was seine Beliebtheit nur vorübergehend beeinträchtigte. Die Pariser haben eben diese Schwäche für Theatralik, ihre Stadt ist ihre Bühne, nur wer sie gut bespielt, kommt zu dauerhaftem Erfolg. (Hingegen ist, wer versucht zu »sein« anstatt sich darzustellen, schnell unten durch.)

Was aber anfangen mit seinem Leben, wie über die übrigen Pariser auftrumpfen, wenn man nicht dazu ausersehen ist, zum exaltierten Rang der »people« aufzusteigen? Nun, dann hat man eben »*branché*« zu sein, also angeschlossen, verknüpft, verzweigt. Man bleibt möglichst exklusiv, unter sich, aber man ist überall bekannt wie ein bunter Hund. Man hat

Beziehungen, Relationen und Konnexionen, gehört einem Klan an. Kommt gratis in Lokale mit gemachten Namen, und andere, deren Namen man macht und in denen von nun an die »branchitude« zu Hause ist. Wenn auch vielleicht nur vorübergehend. Denn daß ein Ort, ein Nachtklub, ein Stadtviertel »branché« wird, reicht ja praktisch schon, damit es von den »prolos«, oder »le populo«, also der Masse der Unzugehörigen, alsbald für sich vereinnahmt wird. Und damit ist es dann für die »Verknüpften« so gut wie »out«, wenn nicht gar »mega-out«, und muß durch Neuzuweisungen ersetzt werden. Nun ist das ja alles schön und gut: wäre da nicht die Tatsache, daß seit neuem auch das Wort »branché« nicht mehr branché ist, nichts mehr gilt, out ist, mega-out. Und durch den Begriff »tendance« ersetzt zu werden hat, also Tendenz. Wobei dies aber nicht deckungsgleich ist, sondern auch schon versteckt auf die Musikpräferenzen, das Herkunftsland und die geschlechtliche Orientierung eines Viertels, einer Straße, eines Lokals hinweist … Tja, wer hat je behauptet, daß Paris einfach ist? Ihnen, meine Leser, die Chance zu geben, bei diesem kleinen unterhaltsamen Spiel mitzutun, ist unter anderem die Aufgabe, die der Autor sich hier gestellt hat.

Zunächst einige kurze Ratschläge zum Pariser Erleben. Daß Sie, um das Folgende richtig zu handhaben, einen der kleinen alphabetischen Straßenführer wie den blauen »Guide Paris-Pratique« oder den hellblauen »Paris-Circulation« oder den roten »Guide Paris-Classique« zur Verfügung haben – an allen Zeitungskiosken zu bekommen – ist selbstverständlich, darin auch Métro- und Busplan. Ebenso anzuraten »Pariscope«, den wöchentlichen Wegweiser für Ausstellungen, Veranstaltungen und Spektakel. Métrotickets –

sie sind auch für die RER-Schnellbahn innerhalb der Stadtgrenzen gültig – beziehen Sie am besten als Zehnerpack in einer Bar-Tabac. Kenntlich an der berühmten roten Mohrrübe vor der Fassade (die tatsächlich einer solchen entspricht, da man diese ja früher zwecks Frischhaltung in den Tabak einzulegen pflegte. Rauchen ist allerdings inzwischen dort verboten.). Leider gibt es immer weniger dieser schönen Eckcafés in Paris, nur mehr 1500 anstatt früher 10 000. Und auch die überlebenden werden jetzt schon zu einem Viertel von Chinesen geleitet. Übrigens ist es seit kurzem wieder erlaubt, aus einem Bus in den anderen umzusteigen, solange man anderthalb Stunden nicht überschreitet. Auch verkehrt die Métro jetzt an Freitagen und Samstagen bis 2 Uhr 15 morgens.

Was die Taxis betrifft, so läßt sich diese leidige Frage nur mit einem Seufzer beantworten. Dank eines selbstauferlegten Quotensystems – die Lizenzen werden von Generation zu Generation zu stetig ansteigenden Preisen weiterverkauft und halten derzeit bei 150 bis 200 000 Euro – stagniert ihre Anzahl seit etwa 1937 (!) bei circa 16 000. Doppelt so viel wären vonnöten, es gibt sie aber nicht. Taxistände sind häufig leer, vor allem bei Regen und zu Stoßzeiten. Wichtige Taxifahrten, besonders zum Flughafen, sollten also unbedingt am Abend zuvor vom Hotelportier vorbestellt werden. Und, Achtung: Lassen Sie sich weder am Flughafen noch beim Hoteleingang auf die schwarzen Limousinen ein, deren Fahrer Sie mit »Taxi, Monsieur?« ansprechen, die sind dann nicht bezahlbar. Ohnehin würde kein respektabler Pariser Taxichauffeur sich je um einen Klienten willentlich bemühen, lieber fährt er gastlos durch die Nacht.

Höchst erfolgreich hingegen die Initiative von Bürgermeister Delanoë, öffentliche Fahrräder einzuführen. Seit Ende 2007 sind an die 20 000 dieser 22 Kilo schweren ungarischen »Vélib«-Räder über Kreditkarte an fast 500 Pariser Verleihstationen anzumieten, zu einem lumpigen Euro für die erste halbe Stunde, nachher wird es teuer. Schon gibt es bei den Pariser Bloggern auch schon den Ausdruck »vélibataire« für Junggesellen beiderlei Geschlechts, die per Rad Anschluß suchen. Rad ist wieder romantisch … Erinnerung an die berühmte Radfahrszene in Truffaults Film von 1962 »Jules et Jim«.

Jetzt noch ein paar schnelle Benimmregeln zu Paris: Der Gruß »Messieurs-Dames« bei Eintritt oder Verlassen eines Lokals, so oft Sie ihn auch hören mögen, ist bei besseren Leuten verpönt. Man fragt nicht mehr nach »le WC«, »le lavabo« oder »les cabinets«, sondern »les toilettes«. Die Toilettenfrau, falls vorhanden, wie etwa im Café de Flore, erwartet 50 Cents. Beim Verzehr sind 10–15 Prozent Bedienung inbegriffen, man pflegt aber die Summe abzurunden – also bei durchschnittlichen Lokalen etwa einen Euro pro Person neben die Kreditkarte zu legen. Für Taxifahrten empfiehlt sich die gleiche Summe. Beleg heißt *un reçu*. Oh, und apropos Toilette: Caféwirte sind natürlich darauf aus, Sie zu einer »consommation« zu veranlassen, bevor Sie diese benützen. Um das zu vermeiden, treten Sie am besten mit einem nach Freunden suchenden Blick in das Lokal, murmeln auch wohl dem auf Sie zustrebenden Kellner etwas von »je cherche un ami« zu und verschwinden im Untergrund. Beim Heraufkommen blicken Sie sich dann nochmals enttäuscht um und eilen der Straße zu.

Beim Verzehr pflegt man übrigens einander nicht »bon appétit« zu wünschen, auch nicht vor dem ersten Nippen die Gläser anzustoßen, was aber bei guter Stimmung später durchaus tragbar ist. Wird man anderen vorgestellt, so sagt man, ohne Händeschütteln, nicht »enchanté«, sondern einfach »Bonjour, Monsieur« (oder Madame). Wieviele Küßchen bei Zusammentreffen mit Bekannten? In der Provinz sind drei üblich, in Paris nicht mehr als zwei, beginnend mit der rechten Wange. Sich bei gehobener Stimmung zu duzen ist, außer bei Jugendlichen, verpönt (feinere Ehepaare siezen sogar einander in der Öffentlichkeit). Wenn eingeladen, sind abends an die 20 Minuten Verspätung die Regel, mittags hingegen hat man pünktlich zu sein. Zum Nachtisch nehmen Sie nie mehr als eine Portion Käse, da sonst die Hausfrau denken muß, daß ihr Hauptgang unzureichend war. In Lokalen werden Kellner nicht mehr mit »garçon« angerufen, sondern mit »Monsieur!« oder »s'il vous plaît!«, Kellnerinnen sind »Mademoiselle!« solange das Alter nicht deutlich fortgeschritten, sonst »Madame!« Der Herr tritt vor der Dame ins Lokal. Den Preis von eingekauften Waren, auch die Höhe des Einkommens anzugeben, gilt als »amerikanisch«. Im Gespräch rechnen Sie damit, daß, laut einer kürzlichen Umfrage, die hauptsächlichen Passionen der Pariser die folgenden sind: 37 Prozent Tiere, 33 Prozent Sport, 32 Prozent Sex.

Hier einige Versatzstücke, mit denen sich (na ja, nicht ganz ernst gemeint) praktisch jede Konversation bestreiten läßt: »Paris, c'est tout de même quelque chose«, Paris, das ist schon was. »Vous connaissez …?« Kennen Sie? Folgt eine Aufzählung von Leuten und Orten, die »man« kennen muß und nach denen man abgeschätzt wird. Also bluffen! »Qu'est-ce que vous faites de beau en ce moment?« Was ist Ihr Beruf? Die Antwort hat möglichst zu untertreiben, also

»Oh, je bosse à la télé«, ich werkle im Fernsehen, wenn man in Wirklichkeit Chefredakteur eines Senders ist. »Ah, s'il n'y avait pas eu Bush«, wenn es nur Bush nicht gegeben hätte – der kleinste gemeinsame Nenner, auf den man sich grundsätzlich einigen kann. »J'aime bien ce que vous faites«, ich mag das, was Sie tun, auch als Aufreißer bei neuen Cafébekanntschaften beliebt. »Ah, les Allemands!« Ausdruck für ein Land, dem scheinbar alles gelingt, z. B. die Mülltrennung. Die Antwort »Quel beau pays, la France«, wie schön doch Frankreich ist, hat Schlag auf Schlag zu erfolgen. »Métro-boulot-dodo« ist ein abwertender Hinweis auf das Leben der anderen und Vielzuvielen, das sich auf U-Bahn, Job und Schlafenszeit reduziert. »M'en fous« – ist mir egal. »Eux« – sie, die Mächtigen, die Obermacher, denen man allen Schlamassel verdankt. »Ras-le-bol« oder »Y en a marre« – gestrichen voll bis obenhin. »Fric« – Geld. »La Défense« – das Viertel, in dem man wahrscheinlich arbeitet, das aber nicht zu erwähnen ist. »Branché« – das was jeder sein will, aber nie von sich behaupten darf. »Sadomaso« – dito. »Amour« – Geschlechtliches. »Boîte« – Nachtlokal. »Alors à bientôt«, auf bald, ist die Versicherung, daß man sich tatsächlich wiedersehen möchte. »À un de ces jours«, auf irgendwann, bedeutet das Gegenteil.

Zum Pariser Nachtleben noch einige Anmerkungen. Es beginnt zumeist erst nach einer ausgiebigen Mahlzeit, also gegen Mitternacht. Musiksparten ändern sich häufig von Abend zu Abend, sind aber dann oft draußen angeschlagen oder leicht zu erkunden. »Für Clubmitglieder reserviert« heißt nicht unbedingt, daß einem wohlangezogenen Touristen, der nach Geld aussieht, auch der Eintritt verwehrt wird, allerdings nur in Damenbegleitung. Um in die exklusivsten Lokale hereinzukommen, ist es manchmal empfehlenswert, gleich im Eingang eine Flasche Whisky zu bestellen. Will man der Neugier halber ein Melangisten- oder Echangisten-Lokal besehen (bei den einen bleiben die Paare letztlich meist zusammen, bei den anderen trennen sie sich) sollte man möglichst früh eintreffen, sich nur eine Mahlzeit zu Gemüte führen und danach verschwinden. »Une partouze«, ob privat oder im Nachtklub organisiert, ist übrigens eine Orgie. Was die Pariser Straßenmädchen betrifft, so hat sich ihre Zahl, seit Sarkozys Zeit als Innenminister, stark verringert, von 1700 auf 1000, heißt es bei der Polizei. Die »Anmache«, selbst wenn sie ohne Worte stattfindet, kann jetzt mit zwei Monaten Haft und bis zu 3750 Euro Gebühr bestraft werden. Daher sich heutzutage das meiste auf die einschlägigen Zeitschriften und auf das Net verlagert. Ausnahme: die historische Rue Blondel (siehe da) und ihre Umgebung … »Hammams«, auch dort, wo sie tatsächlich bloße Schwitzbäder anbieten, sind normalerweise zu vermeiden. Schließlich: ausländische Kreditkarten, die nicht den in Frankreich eingestanzten »Floh« (puce) besitzen, haben gerade bei hoher Rechnung die vertrackte Eigenschaft, »nicht durch die Maschine« zu gehen, was zu unangenehmen Auseinandersetzungen führen kann. Je weniger französisch Sie dabei verstehen desto besser!

Paris, im Zentrum nur 87 Quadratkilometer groß, ist wahrscheinlich die am dichtesten besiedelte Metropole Europas, mit seinen 207 Einwohnern pro Hektar, entgegen etwa 76 für London oder 96 für Moskau. Ein Konzentrat, ein Destillat. Und was bedeutet das für den Pariser? Nun ja, da gibt es noch immer dieses Gefühl der Ichbezogenheit, also letztlich mit der Seinestadt identisch zu sein. Ein Bürger von »Paname«, ein »Parigot«. Sich und seine Stadt als die anregendsten und aufgeklärtesten der Welt zu sehen, wenn nicht gar als ihren Mittelpunkt oder Schwerpunkt. Kein Mensch hier spricht mehr von der »Grande Nation«, aber Paris als »Ville lumière«, die Lichterstadt, scheint in jedem zweitklassigen Artikel auf. Und diese Lichter beziehen sich eben nicht nur auf die schon früh eingeführte elektrische Beleuchtung, sondern meinen auch eine geistige. »Les lumières« heißt ja hier das, was man sonst das Zeitalter der Aufklärung nennt, das von Paris seinen Ausgang nahm.

Diese Seiten wollen also versuchen, Sie über das zu informieren, was heutzutage vor allem die Kenner, die Einheimischen, die Eingeweihten über Paris wissen. Und das betrifft ja keineswegs nur neue Lokale, Läden, Treffpunkte und Ereignisse, sondern auch allerhand Straßen, Gassen, Gärten, Kapellen, Passagen, Hinterhöfe, Kanäle, Gemäuer, geheime Durchgänge … Kurz alles, was dem Pariser Spaziergänger, Sucher und Erforscher – auch jetzt noch, da so viele Dinge, die der Autor kannte und liebte, abgerissen sind, verstümmelt oder nicht mehr zugänglich – das Gefühl vermittelt, Unerwartetes, Aufregendes für sich zu entdecken. Paris, diese emblematische Stadt, die immer für etwas zu stehen scheint, Symbol für Undefinierbares, nennen wir es unterbewußte Wünsche, nennen wir es Charme oder Flair! Die aber auch von je die Verpflichtung fühlt, diesen Erwartungen zu entsprechen und sich dabei immer neu zu erfinden. In Paris zu flanieren heißt, sich nie zu langweilen. Unser Buch ist eine kleine Anleitung dazu.

I Das erste Arrondissement

Es gibt Orte, die vereinen in sich wie in einem Brennglas einen Moment lang das ganze Weltgeschehen … oder was sich dafür hält. Der *Pont-Neuf* zu Paris mag solch ein Ort sein. Erst durch diese Brücke wurde Paris zu der »Hauptstadt Europas«, die sie dann auch dreihundert Jahre lang blieb. Der zweiteilige Pont-Neuf ist ja, trotz seines Namens, die älteste unveränderte Brücke von Paris. Sie war auch die erste, die keine fest aneinander geklebten Häuser an beiden Flanken zu tragen hatte, höchstens einige kleine, feine Parfüm- und Spitzenläden, in den runden Ausbuchtungen, die jetzt noch zu sehen sind. Zum ersten Mal konnten die Pariser von einer Brücke aus ihren Strom betrachten. Es war König Heinrich III., der an einem Maitag des Jahres 1578 den Grundstein legte, begleitet von Königin Louise sowie seiner umtriebigen und unbeliebten Mutter Katharina von Medici (im Volksmund berüchtigt als »die Italienerin«). Es regnete. Aber nicht nur der Himmel weinte in Strömen, sondern auch der König, der gerade zwei seiner männlichen »Favoriten« (mignons) begraben hatte, die sich in einem Duell erstachen. Die »Tränenbrücke«, wie er sie zuerst zu nennen beabsichtigte, wurde allerdings bald darauf zu einem Sammelpunkt aller Pariser Spaßmacher, Gaukler, Zahnreißer und Straßenhändler (»camelots«).

Heute trägt die Spitze der Stadtinsel, an der die Brücke mitten im Strom verankert ist, den Namen des »immergrünen« und galanten Königs Heinrich IV., unter dessen beliebter Herrschaft man den Bau beendete. Seitdem ziert sein Reiterstandbild diese Stelle. Behaupten wenigstens die Führer der vorbeidonnernden Touristenbusse, die es besser wissen müßten. In Wirklichkeit war es ja Großherzog Ferdinand von Toskana (ebenfalls ein Medici), der sich als erstes auf das bronzene Roß zu schwingen suchte. Als er unerwartet starb, vermachte sein Nachfolger Cosimo II. das unfertige Denkmal der Regentin Maria von Medici. Leider hatte das kolossale Pferd, in Livorno eingeschifft, inzwischen an der Küste Sardiniens Schiffbruch erlitten. Nur unter gewaltigen Anstrengungen ließ es sich aus den Fluten bergen und nach Paris transportieren. Wo es so lange ohne Reiter blieb, daß man es einfach das »Bronzepferd« nannte. Schließlich wurde der »Immergrüne« (wenn auch mit Blick auf den Strom, und nicht wie heute auf die Insel) in den Sattel gehievt. Das ist aber noch nicht das Ende der Geschichte. Nachdem man der Statue zu Ausbruch der Französischen Revolution zuerst eine patriotische Kokarde verpaßt hatte, wurde drei Jahre später das ganze Standbild zerschlagen, da man Metall für Kanonen brauchte. Was Sie heute sehen, ist also ein Nachguß von 1818, und zwar aus der eingeschmolzenen ersten Statue Napoleons auf der Vendôme-Säule … die ihrerseits aus den eingeschmolzenen deutschen Kanonen der Schlacht von Austerlitz stammte! Aber auch seitdem gibt es Korrekturen. Denn im Jahr 2006 mußte ja

das bronzene Roß, das zu lecken begonnen hatte, aufge-
schweißt und umstrukturiert werden. Im Innern des Sockels
fand man dann übrigens ein total verrottetes Exemplar der
»Henriade« von Voltaire, über die schon Heinrich Heine
alles Nötige gesagt hat.

Auch die Neue Brücke begann allgemach Alterserscheinun-
gen zu zeigen, besonders als sie dazu herhalten mußte, vom
Ehepaar Christo und einer Riege freiwilliger Alpinisten in
Plastikfolie eingewickelt zu werden. Danach schickte man
sie in Reparatur, so daß Filmemacher Léos Carax, als er
seine »Liebenden vom Pont-Neuf« drehte, die Brücke trok-
kenen Fußes in Montpellier nachzubauen hatte. Seitdem
darf sie immerhin wieder soviel Verkehr tragen wie eh und
je. Auch Fußgänger lieben und bevölkern sie wie stets. Hieß
es doch einmal an dieser Stelle: »Um einen Pariser aufzuspüren, reicht es, wenn ein Spion sich mehrere Tage lang auf
die Neue Brücke postiert. Stößt er bis dahin nicht auf seinen
Mann, so kann er guten Gewissens behaupten, daß dieser
sich nicht in der Stadt befindet ...«

Beim Reiterdenkmal Abstieg zu dem beliebten und auch als
Bootsstation genutzten Park an der Westspitze der Insel, der
nach dem galanten Immergrünen benannt ist: *Le Vert
Galant*. Seine geringe Erhebung über den Strom mag etwa
dem ursprünglichen Niveau der Stadtinsel entsprechen,
damals ein Sumpfgebiet, das ja auch noch durch Kanäle
unterteilt war. Zwei der dadurch entstandenen Eilande hießen »Die Insel der Kühe« (welche hier weideten) und »Die
Insel der Juden« (nicht, weil sie dort lebten, sondern weil
man sie da umbrachte). Solche beliebten Spektakel wurden
gern an dieser exponierten Stelle aufgeführt, damit man sie
von beiden Ufern der Seine aus genießen konnte. Auch den

Großmeister des Templerordens, Jacques de Molay, der den Mächtigen zu mächtig geworden war, hat man 1314 hier verbrannt. (Die Gedenktafel findet sich an der Treppe zum Park.) Der Ort, an dem dies alles stattfand, heißt Place Dauphine und wurde damals von eingewanderten Iren besiedelt, die sich als Märtyrer ihres verfolgten katholischen Glaubens ausgaben. In Wirklichkeit jedoch Gauner und Vagabunden gewesen sein sollen. Um sie loszuwerden, setzte man sie 1606 einfach auf ein enormes Floß, das man die Seine abwärts treiben ließ.

Kenner halten die dreieckige *Place Dauphine* für verunstaltet, weil sie nicht mehr ihre einstige symmetrische Bebauung aufweist (welche für unsere Augen die Place des Vosges so langweilig macht). Einzig die beiden Eckhäuser des Platzes aus dem frühen 17. Jahrhundert, gegenüber dem Reiterstandbild, sind unverändert erhalten. Gleich rechts anschließend, auf Nr. 25, eine der kuriosesten Herbergen der Innenstadt: das *Hôtel Henri IV*. Kurios nicht nur, weil das Haus unter Denkmalschutz steht (»classé«), sondern weil die einfacheren seiner 21 Zimmerchen schon für derzeit sensationelle 49 Euro zu haben sind, allerdings die Toilette und Dusche auf dem Gang (Zimmer mit Komfort um zehn Euro teurer). Leider hat sich Monsieur Balitrand kürzlich unter dem Druck der benachbarten Polizeipräfektur entschließen müssen, das etwas verkommene Haus zu renovieren, so daß man mit baldigem Preisanstieg rechnen darf. Auf jeden Fall ist wochenlange Voranmeldung unerläßlich. Métro Pont-Neuf, Telefon: 01-4354 4453.

Um die Ecke der Quai des Orfèvres, die Uferstraße der Goldschmiede, eine Adresse, die jedem Liebhaber Pariser Krimis (Bertolt Brecht war einer) das Herz höher schlagen läßt. Doch unbedingt zuerst zu erwähnen die Nr. 68 des Kais, dessen Besitzer sich fast bis zum Überdruß der Freundschaft von Brechts Erbfeind zu rühmen pflegte, nämlich Thomas Mann. Es war der einst von vielen Emigranten so geschätzte deutsche Buchladen von *Martin Flinker*, welcher hier von 1948 bis 1988 Hof hielt. Ein Freund, wie die Gedenktafel berichtet, nicht nur der Manns, sondern auch von Hermann Hesse, Musil, Broch, Stefan Zweig, Paul Celan … Nur nicht unbedingt auch seiner Kunden, die er nach dem Motto zu bedienen pflegte: »Wem ich ein Buch verkaufe, bestimme ich.« (Empfindliche Seelen retteten sich zur »Librairie Calligrammes« von Fritz Picard und seiner Ziehtochter Annette in der Rue du Dragon.)

Ein Stück die Uferstraße hinauf, und wir halten endlich bei Nr. 36 des Quai des Orfèvres, der *Police Judiciaire* oder Kriminalpolizei. Davor der übliche Stau der blauen »Salatkörbe«, die man im Deutschen einst Grüne Minnas nannte. Unser Blick führt hoch zum dritten Stockwerk, wo man unvermeidlich Kommissar Maigret im Fenster zu erblicken meint, Pfeife im Mund, Hut auf dem Kopf, gedankenverloren den Seinestrom betrachtend. Ohnehin weist eine Auskunftstafel an der Ecke, die uns das Gebäude vorstellt, schon bei Zeile zwei auf Maigret hin: Sieg des Virtuellen über das Reale, wie heute ja allenthalben zu beobachten.

Wo mag der feinschmeckerische Kriminalist wohl zu Mittag gespeist haben, wenn er es zu eilig hatte, um sein geliebtes Fouquet's auf den Champs-Élysées zu besuchen (das mindestens fünfzigmal in Simenons Büchern vorkommt)? »Alle lächelten an diesem Morgen«, heißt es in dem Roman »Maigret zögert«: »Der Kommissar trinkt rasch noch einen Pastis in seinem Stammlokal an der Place Dauphine, bevor er …«

und schon geht's los zum nächsten psychophysischen Mordfall. Handelte es sich um *Chez Paul* auf Nr. 15? Ein historisches Bistrot, das überdies den für flüchtige Gauner unerläßlichen Vorteil aufweist, zwei Ausgänge zu besitzen, vorne zum Platz, hinten zum Kai. Tel.: 01-4354 2148.

Aber ging Maigret doch nicht lieber bei Nr. 19 ins *Caveau du Palais*, mit seiner soliden traditionellen Küche? Métro Saint-Michel, Tel.: 01-4326 0428. Oder konnte er etwa nebenan eine versteckte Klingel drücken, an welcher der Name »Livi« verzeichnet stand? Worauf ihm der Chansonsänger Yves Montand (der eigentlich so hieß) seine Wohnungstür öffnete und dessen Frau Simone Signoret die Drinks servierte? Man will es hoffen.

Selbstverständlich hat Napoleons des Dritten Präfekt Haussmann auch hier geplant, diesen ganzen geschichtsträchtigen Ort mit Putz und Stingel abzureißen, auf daß man ein Forum im »neugriechischen« Stil hinsetze. Glücklicherweise verlor der Gewaltige 1870 seinen Posten, bevor es so weit war. Immerhin gelang es den Stadtverschönerern vier Jahre danach, die Ostseite des Platzes flachzulegen, um uns einen grandiosen Ausblick auf die dreiteilige und allzu weiße Hintertreppe des Justizpalastes zu vermitteln. Sowie ihre überdimensionalen Bronzetüren, die allerdings für alle Zeiten verschlossen sind, so daß die ganze trostlose Misere als stumme Kulisse dasteht, ein Monument der Vergeblichkeit. Daß im labyrinthischen Innern des Justizpalastes die neben der Notre-Dame schönste Kirche von Paris verborgen liegt, die *Sainte-Chapelle*, wird sich mittlerweile herumgesprochen haben. Ein zweistöckiger Bau, unten wunderschön ausgemalt fürs einfache Volk, oben, in der größten Ausdehnung von Buntglas auf Erden, die in Rot und Blau erstrahlenden Kirchenfenster für den Adel. (Auch die Guillotine kam in zwei Ausführungen, noch heute von Privilegierten im Santé-Gefängnis zu besichtigen: eine mit Strohkorb für ordinäre Köpfe, eine weitere mit rotem Samt ausgeschlagene für die feinen Pinkel.) Die Dornenkrone des Erlösers, die Lanzenspitze, die ihn verwundete und andere damals teuer erstandene Reliquien, der eigentliche Anlaß des makellosen Baus, verschwanden allerdings in den Wirren der Französischen Revolution.

Irgendwo in dieser Gegend muß auch kurz nach diesem »Sieg der Vernunft« vor einer riesigen Volksmenge das sogenannte Miaulische Konzert stattgefunden haben. Zu diesem Zweck wurden auf einem Cembalo zwanzig Katzen aufgereiht. Jede Taste war mit einem Stachel versehen, der bei Anschlag einen Katzenschwanz attackierte. Die Protestrufe der Tiere ergaben dann, auf einander abgestimmt, das Konzert.

Nicht daß man um diese Zeit mit Menschen glimpflicher umgegangen wäre. Zu besichtigen der berüchtigte Kerker der *Conciergerie*, derzeit so blitzblank geschrubbt und weißgetüncht, als wäre es das Hotel Ritz. Ehemaliger Königspalast der Capetinger, seit 1391 Gefängnis. Beeindruckend trotz aller Renovierungen: der viergängige gotische Saal der Wachen, der Uhrenturm aus dem 14. Jahrhundert, die Folterkammer im Turm des Bon-Bec (zu deutsch »Gutes Mundwerk«, wohl wegen der Schreie. Schon Villon dichtete anzüglich: »Maulwerk gibt's nur in Paris.«).

Während der Revolution saßen hier 4164 Gefangene ein, von denen 2270 schließlich enthauptet wurden. Darunter die angebliche Gräfin de la Motte, Mittäterin der Halsband-affäre, deren sexuell anzügliche Verleumdungen gegen Marie-Antoinette – die Illustrationen des Buches lassen kein Detail unberücksichtigt – bestimmt dazu beitrugen, die Königin aufs Schafott zu bringen. (Derzeitiger Preis im Antiquariat: 650 Euro.) Die Autorin ihrerseits versuchte sich im Kerker das Leben zu nehmen, indem sie einen Nachttopf gegen ihren Kopf schmetterte, was aber mißlang. Auch Charlotte Corday, die Badewannen-Mörderin von Marat, kam hier zu Tode. Nicht anders als dessen guter Freund Danton (siehe unter 6. Arrondissement) und fast die gesamte Gilde der ursprünglichen Revolutionäre, zuletzt noch der »Unbestechliche«, Robespierre, selber. Eine der edelsten Figuren, Madame Roland, bestieg das Gerüst mit dem allzeit gültigen Ausruf: »O Freiheit, wieviele Verbrechen werden in deinem Namen begangen!«

Die kleine Zelle, in der Marie-Antoinette vom 2. August bis 16. Oktober 1793 den Tod erwartete – und in der auch noch zwei Fenster zugemauert waren, um jede Flucht zu vereiteln – ist bis heute zu besichtigen, wenn auch schon 1816 zur Kapelle umgestaltet. Man sieht noch ein Kruzifix und eine Guillotineklinge. Ein Billet an ihren (möglichen) Liebhaber Graf Fersen, mit Haarnadeln in ein Blatt Papier gestochen, wurde früher ebenfalls in der Zelle vorgezeigt, befindet sich aber jetzt im Pariser Stadtmuseum. Was König Ludwig XVI. betrifft, der nicht hier sondern in dem nicht weniger unheimlichen Hauptturm des Temple einsaß, so besorgte er sich noch als letztes die »Geschichte Englands« von dem Philosophen David Hume, um herauszufinden, wie der

1649 enthauptete König Karl I. mit seinem Todesurteil zurechtgekommen war. Hoffentlich hat es ihm geholfen.

Die Conciergerie diente noch bis 1914 als Gefängnis. Unter den weiteren Insassen findet sich ein Graf Chamanz de la Valette, den Napoleon zu einer Ehe mit der Nichte seiner geliebten Josephine gezwungen hatte. Woraus zur allgemeinen Überraschung eine Liebesheirat entstand. So daß sich der Graf weigerte, nach der Verbannung seines verehrten Kaisers Paris zu verlassen, wo man ihn 1815 zum Tode verurteilte. Am vorgesehenen Tag der Hinrichtung durfte ihn dann seine Frau zum letztenmal besuchen, überredete ihn dabei, mit ihr die Kleider zu tauschen, und verhalf ihm so zur Flucht nach Worms. Die Szene ist auf seinem Grabstein am Père-Lachaise-Friedhof abgebildet.

Auch der Dichter Prosper Mérimée, Autor der Carmen, saß hier 1852 vierzehn Tage lang ein. Er hatte die Unschuld seines Freundes, des Bibliothekars Guglielmo Libri, öffentlich verteidigt, der aber tatsächlich einer der größten Bücherdiebe aller Zeiten war. Aus der Pariser Bibliothèque Nationale entwendete er fast 2000 Manuskripte, die er an einen englischen Sammler für 200 000 Francs weiterverkaufte. Daß die Nationalbibliothek natürlich diese Schätze wiederhaben wollte, führte dann auf Umwegen 1888 zum Rückerwerb aus Paris der unschätzbaren Minnesängerhandschrift »Codex Manesse« ... der übrigens einst Heinrich Heines allererster Besuch im französischen Exil gegolten hatte!

Rechtes Ufer für Handel und Industrie, in der Stadtmitte Religion, Justiz, Repräsentation, linkes Ufer Ministerien, Bildung und Kunst – so sahen es die Stadtväter von je, und so ist es in großen Zügen geblieben. Kaum ist man über den

Pont-Neuf hinweg, so steht man schon an der Autoschnell-bahn »Pompidou« längs der Seine, vor sich die großen Warenhäuser, später das Forum der Hallen. Und gleich auf Nr. 1 der Rue du Pont-Neuf das spektakuläre Kenzo-Impe-rium, obenauf als Krönung: *Kong*, das Wow-Lokal. Von dort grandioser Blick über die Seine, wie sie sonst nur der »Sil-berturm« am anderen Ufer zu bieten hat. Dazu originelle modische Küche (um 50 Euro). Und als Hauptattraktion eine japonisierende Ausstattung à la Manga-Comics vom Design-Zauberer Philippe Starck, in welche die herbeigeeil-ten Yuppie-Mädchen nahtlos hineinpassen. Kein Wunder, daß die letzte Episode von »Sex and the City« hier gedreht wurde. Métro Pont-Neuf, Tel.: 01-4039 0900.

Den »seelenlosen, bombastischen Betondschungel« (O-Ton des Pariser Bürgermeisters Bertrand Delanoë) umzugestal-ten, der einst unter seinem Vorgänger Chirac die klassi-schen Pavillons der *Hallen* ersetzte, ist ein Herzensanliegen aller Pariser. Nun will man es, nach langen Planspielen, zwi-schen 2009 und 2012, nochmals versuchen. Der bisherige hügelige Park mit seiner Karnevalsarchitektur, hinter dessen Gebüschen sich die Drogenhändler tummeln, soll zu einem baumbestandenen Marsfeld werden. Und das fünf Stock-werke in die Erde gesenkte runde Loch, das sich vornehm Forum nennt und nie die Edelfirmen anlocken konnte, auf die man es abgesehen hatte, wird durch einen neuen Kultur-bau ergänzt. Darüber ein fußballfeldgroßes wellenschlagen-des Glasdach in grünlichen Ökofarben. Man kann es gar nicht erwarten.

Rémy heißt die Hauptperson des Zeichentrickfilms »Rata-touille«, der trotz seines makabren Themas die Pariser ent-zückte. Das Problem ist, daß Rémy unbedingt Küchenchef werden möchte, und Rémy ist leider nichts als eine Ratte. Um den Sohn von seinem Vorhaben abzuschrecken, verweist Rémys Vater auf die Grausamkeit der Menschen, anhand einer Heerschar von toten Ratten, die in einem Auslagenfenster baumeln.

Und dieses Fenster gibt es tatsächlich, es gehört zu einem Laden mit dem lugubren Namen *Aurouze Chimie*, wo man die Parasitenbekämpfung seit 1872 ausübt und vom Vater auf den Sohn vererbt (derzeit eine Tochter, Cécile). Und die toten Ratten hängen im Schaufenster seit 1925, bei 8 Rue des Halles, Métro Châtelet, Tel.: 01-4041 1620. Fast noch berühmter übrigens war seinerzeit der Rattenfänger Attila, der nur das Pech hatte, genau gegenüber dem Eingang des Élysée-Palastes zu amtieren. So daß kein Fernsehmann es sich je verkneifen konnte, mit der Kamera vom einen zum andern Haus zu schwenken. Bis de Gaulle schließlich verkündete: »Einer von uns beiden muß gehen, er oder ich.« Attila ging.

»Diese Bude ist wie Sharon Stone. Je älter sie wird, desto weniger Falten.« Aussage eines uns bekannten Stammgastes vom *Banana Café*, einst Hochburg der Pariser »people«, und vor allem der »gay people«. Jetzt vielleicht etwas weniger »branché«, aber doch noch immer populär. Eine dieser Unterhaltungsbars, die erst um 18 Uhr öffnen, dann geldlose Jugendliche mit Happy-hour-Preisen anlocken (zwei Cocktails für 10 Euro). Später geht es dann erst richtig los, wenn Gogotänzer und Drag-Queens etwa ab Mitternacht auf Theke und Tischen tanzen. Während unten im Keller live Musik läuft oder anzügliche Chansons gesungen werden, in die das Publikum begeistert einstimmt. 13 Rue de la Ferronnerie, Métro Châtelet, Tel.: 01-4233 3531.

Als »heiße« Straße gilt von jeher die Rue Saint-Denis, obwohl hier jetzt derselbe Reinigungsprozeß vonstatten geht wie vor zehn Jahren am New Yorker Times Square. Mit anderen Worten, das reale sexuelle Angebot wird ersetzt durch ein virtuelles: Sexshops, Magazine, erotische Objekte, Videofilme … Eine Art Zwischenreich stellt auf Nr. 88 der Straße der *Club 88* dar. Sex-Shopping auf vier Etagen in einem Science-fiction-Dekor, dazu gezählte zwölf Peep-shows und 130 Vorführkabinen. Einige mit Doppelsitzen (natürlich zum doppelten Preis), die aber seit neuem für Gays reserviert zu sein scheinen. Hauptattraktion: die Damen der Peep-Shows, die zwischen ihren Vorstellungen öffentliche Tanzvorführungen hinlegen … und dabei der Libido der männlichen Kunden mehr anhaben als sie selber. Métro Les Halles, Tel.: 01-4482 6300. An der gleichen Adresse das Lokal *Private 88*, mit schärferem Strip als man sich gemeinhin unter dieser Vokabel vorstellt. Ab Mittag geöffnet, Eintritt für Paare 25 Euro. Weiter zur »Straße der großen Gaunerei« (Rue de la Grande Truanderie), heute dicht besiedelt von Orten, die man gesehen haben bzw. wo man gesehen werden muß. So auf Nr. 24 das berühmte klassische Restaurant *Pharamond*. Zusammen mit dem *Au Pied de Cochon* – zu weltbekannt, um es hier anzuführen – zwei der letzten Überlebenden des alten Markthallenviertels. Circa 60 Euro. Métro Les Halles, Tel.: 01-4028 4518.

Schließlich bei Nr. 28: *Le Grou(f)t* oder auch *Gothic Shop*. Ein geheimnisvoll enger Laden für Fans der gotischen Sparte des Hard Rock. Was bedeutet, daß man sich total in Schwarz trägt, ein Faible für den bisexuellen Rocksänger Marilyn Manson hegt und auch sonst ein satanischer Geselle ist. Für Damen, Verzeihung, »suicide girls«, sind schwarze Plastik-Korsette vorgesehen. Sowie Schuhe mit 20 cm hohen Absätzen und einiges andere, das die japanische »Gothic Lolita Bible« vorschreibt. Die Auslage dekoriert mit liebevoll bemalten Totenschädeln, dazu kleine Särge, wohl zur Verpackung derselben bestimmt. Besitzer spricht deutsch. Tel.: 01-4221 9376.

Zur Erholung empfohlen auf Nr. 15 der nahen Rue Montmartre: *Le cochon à l'oreille*. Ein kleines Bistrot der Holzklasse, aber die Fassade denkmalgeschützt. Und im Innern ein hinreißender Kacheldekor von 1914 zum Thema der Markthallen, die ja einst vor der Haustür lagen. Reich bestückte Weinbar zu mäßigen Preisen. 15, Rue Montmartre, Métro Les Halles: Tel.: 01-4236 0756. Das enge Gäßchen gegenüber, Passage de *la Reine de Hongrie*, verdankt seinen Namen einer hübschen Marktträgerin, Julie Bécheur, genannt Rose de Mai, die hier einst bei einer Ehrenbezeigung der Königin Marie-Antoinette vorgestellt wurde. Diese entdeckte dabei eine erstaunliche Ähnlichkeit mit ihrer eigenen Mutter, Kaiserin Maria Theresia, Königin von Ungarn. Der Titel blieb an der unseligen »Mairose« haften … worauf sie während der Französischen Revolution prompt als »Aristokratin« guillotiniert wurde.

Auf der nahen Rue de Viarmes, und hinter der runden modernen Handelskammer, finden Sie dann eine geheimnisvolle 30 Meter hohe korinthische *Säule,* 1572 errichtet von *Katharina von Medici* zwecks astrologischer Beobachtungen. Der Gitterkäfig an der Spitze war einst eine glasgedeckte Sternguckerkuppel. (Die baufällige Wendeltreppe von 147 Stufen darf leider nicht mehr betreten werden.) Bedenkt man, wieviele schöne Dinge im Lauf der Jahrhunderte rundherum abgerissen wurden, so hat die Bewahrung dieses nutzlosen Turmes – der auf eine Anregung von Nostradamus zurückgehen soll – schon etwas Magisches!

Auf dem Weg zum Louvre noch ein kurzer Blick auf die Galerie *Véro-Dodat*, eine der hübschesten der holzgetäfelten und bemalten Passagen aus dem 19. Jahrhundert, die einst Walter Benjamin so faszinierten (wir lernen die meisten im 2. Arrondissement kennen). Der Name geht nicht etwa auf ein altes Adelsgeschlecht zurück, sondern auf zwei reichgewordene Metzger, die anno 1826 hier ihr Geld investierten. Ihr bekanntester Mieter: Monsieur Aubert, Herausgeber der humoristischen Blätter »La Caricature« und »Le Charivari«, für die u. a. Honoré Daumier seine schärfsten politischen Lithos schuf. Wobei, laut Aubert, die erstere Zeitschrift, welche bloß beißende Sozialkritik brachte, für die Konventionalstrafen des zweiten Blattes – das grundsätzlich König Louis-Philippe als Birne persiflierte – aufzukommen hatte. Heute finden sich hier hübsche kleine Cafés, ein Lautenmacher, ein Bukinist, eine Filmbuchhandlung, aber vor allem (ich hoffe es gibt ihn noch, wenn Sie dies lesen) auf Nr. 24 der Antiquar *Robert Capia* mit seinen uralten Automaten und Gliederpuppen. Die schönsten französischen Puppen in zeitgenössischen Kleidern aus dem 19. Jahrhundert heißen übrigens Bébé Jumeau und sind heute fast unerschwinglich geworden. Insofern als das Rezept des »biscuit« genannten zweimal gebrannten Porzellans, aus dem die Körperchen bestehen, so verloren sein soll wie das Blau der gotischen Kathedralenfenster.

Steht man in der Cour Carrée des *Louvre* links hinter der Pei'schen Glaspyramide, so hat man den Ursprung des ganzen Prachtbaus direkt unter seinen Füßen. Es ist die Festungsmauer des Königs Philipp-August von ca. 1200, verstärkt und zum Teil verlängert von Charles V., auf die wir, da nie ganz abgerissen, heute noch vielerorts stoßen. Die längste Strecke, erst vor zwanzig Jahren freigelegt, findet sich im Unterbau des Louvre. Am besten bei Métro Louvre-Palais-Royal aussteigen, dann über die Straße zum Carrousel-Eingang bei Nr. 99 Rue de Rivoli. Von dort führen Rolltreppen ins Erdinnere. Rechts die genannten imposanten *Stadtmauern* (doch ist niemand da, um einem zu erklären, warum die schweren Quader auf eine Schicht Holzbretter gelagert wurden). Links, auf die umgekehrte Pyramide zulaufend, die modernen Ladenstraßen, die alle Tage des Jahres offen halten. Motto: »Sagt meinen Kindern nicht, daß ich hier mein Sonntag-Shopping erledige, sie meinen, ich bin zum Tee bei Mama.« Zum Kunstmuseum selbst, dem größten der Welt, hier nur der Hinweis, daß Fotografieren lange verboten war, da angeblich allzuviel Blitzlicht die Farben ausbleicht, aber jetzt stellenweise wieder erlaubt. Andererseits die Pyramide von einem halben Dutzend Gorillas in Zivil umstanden ist, die scheinbar

32

nichts besseres zu tun haben, als Sie am Ablichten zu hindern, wenn es (z. B. per Stativ) zu professionell aussieht. Mit Hinweis darauf, daß dies kein öffentliches Gebäude sei, sondern als Kunstwerk urheberrechtlich geschützt!

Die Geschichte des *Palais Royal,* in jedem Reiseführer aufzufinden, und insbesondere sein Beitrag zum Ausbruch der Französischen Revolution, muß an dieser Stelle nicht eigens angeführt werden. Zu Heines Zeiten blühten hier die beliebten Lesestuben – er selbst pflegte in ihnen regelmäßig die Zeitungen zu konsultieren, vorab nach Erwähnung des eigenen Namens. Aber es wimmelte auch von anrüchigen Cafés, Spielhöllen, Kupplerinnen. Und den »Nymphen des Palais Royal«, die zu Hunderten in ihren durchsichtigen Gewändern auf Männerfang unter den Kolonnaden promenierten. Im entsprechenden Reiseführer (noch immer in Antiquariaten zu finden) heißt es: »Ein dauernder Jahrmarkt und Tempel der Wollust. Der Andrang ist so stark, daß ein Gegenstand, aus einem der oberen Stockwerke geworfen, möglicherweise nie den Erdboden erreicht.«

Demgemäß gab es hier auch die ersten zahlbaren öffentlichen Toiletten. Danach versank, nicht ohne Zutun der Sittenpolizei, der allzu nüchterne Park in einen Dornröschenschlaf, aus dem er erst in jüngster Zeit wieder erwachte. Jahrelang war ja in den umliegenden Arkaden nicht viel anderes zu erstehen als Zinnsoldaten oder verstaubte Medaillen und Ehrenzeichen. Wenn auch keineswegs billig. Als etwa die deutsche Filmemacherin Margarethe von Trotta kürzlich in Paris das Kreuz der Ehrenlegion verliehen bekam, mußte sie es sich hier nach französischem Brauch selber anschaffen – Kostenpunkt 160 Euro! Derzeit ist das Palais Royal wieder fast so »in« wie es vordem »out«

war. Schon im Eingang weisen die abgestuften bemalten Säulen von Daniel Buren auf Modernes (wären da bloß nicht die zwei Becken mit ihren nichtssagenden Kanonenkugeln). Nicht weniger als sieben der 135 Bronzemedaillen im Pflaster, mit denen der holländische Künstler Jan Dibbets quer durch die Stadt den Pariser Meridian anzeigt – sie tragen die Richtungsweiser N und S sowie den Namen des Astronomen Arago – finden sich im Umkreis des Palais Royal. Und die alten Arkaden sind jetzt gespickt mit Cafés, Restaurants und Showrooms. So zeigte kürzlich auf Nr. 168/173 der Galérie de Valois die Modefirma Liberty of London ihre Modelle. In Nr. 114–121 hat die Designerin Stella McCartney einen Laden eröffnet. Und bei Nr. 125 der Galerie findet sich die aufregende Boutique von *Didier Ludot*, der verblichene Haute-Couture-Modelle ab 1910, bis hin zu Dior und Chanel, zu herabgesetzten Preisen anbietet (»dégriffé«). Métro Louvre-Palais-Royal, Tel.: 01-4015 0104.
Clou des Ganzen ist aber natürlich das denkmalgeschützte Restaurant aus dem Dixhuitième, *Le Grand Véfour*. Eingang 17 Rue de Beaujolais. Ein Jahrhundert später dann gastronomischer Treffpunkt der Royalisten, die aber prinzipiell und ausschließlich Hammelbraten zu bestellen hatten. Meisterkoch Raymond Olivier machte schließlich in der Nachkriegszeit das Lokal zu einem der exklusivsten, und teuersten, von Paris … das allerdings kürzlich seinen dritten Stern verlor. Der Abend liegt bei circa 300 Euro. Immerhin kann man sich dafür den Tisch von Napoleon oder Victor Hugo reservieren lassen! Tel.: 01-4296 5627.
Haben die Pariser dem Wühlbaumeister Napoleons III., Seine-Präfekt Haussmann, immerhin die Großen Boulevards verziehen (die schließlich den vorhandenen Festungs-

linien entsprachen, Boulevard = Bollwerk), so weniger die Avenue de l'Opéra. Welche ja Hunderten schöner Gebäude das Leben kostete, nur um dem Prachtbau der Oper die rechte Perspektive zu verleihen. Zwar war sie die erste Pariser Straße, die mit elektrischem Licht aufwarten konnte. Aber bis heute hat sich kaum eine angesehene Traditionsfirma dort niederlassen wollen. Die Adresse gilt offenbar als angeberisch oder Kassengift. Weniger davon betroffen sind natürlich Restaurants und andere Lokale. So finden Nachtschwärmer auf Nr. 5 der Avenue eine Boîte à la mode, das *Paris Paris*. Dieses hat sich in wenigen Jahren heraufgearbeitet zu einem der exklusiveren Pariser Clubs, wo ab 23 Uhr ganze Banden junger Metrosexueller zu Rock und Hip-Hop hereindrängen und sich bis 5 Uhr früh abarbeiten. Wobei, nach Aussage des maßgeblichen Sexführers »Guide du Routard«, ein »selektiver Hype Underground« herrscht, was immer das bedeuten mag. Hat wohl damit zu tun, daß die Aficionados und Fashionistas lieber unter sich bleiben möchten. Doch sind ja gut aussehende und fein herausgemachte junge Paare an solchen Orten immer willkommen, besonders wenn spendabel. Eintritt unterschiedlich (so man es schafft), Drinks ab 10 Euro, Schlangen am Samstagabend. Métro Pyramides, Tel.: 01-4260 6445.

Lieber als die Avenue selbst sind den Pariser Fans allerdings ihre dunkleren Nebenstraßen. Etwa die *Rue Sainte-Anne* mit ihren guten japanischen Bars und Restaurants. (Erstaunlich übrigens, daß Paris kein eigentliches Japanerviertel kennt, während die Chinesen doch alles Land südlich der Place d'Italie fest in Händen halten.) Parallel dazu die kurze *Rue des Moulins*, auf deren Nr. 6 ein vormals stadtbekanntes Haus steht, versehen mit enormer Holztreppe und weiblichen Putten über den Türen. Heute denkmalgeschützt als nationales Erbe, wahrscheinlich weil Toulouse-Lautrec dort verkehrte. Die Straße führt zur *Rue Thérèse*, schon 1667 benannt nach der österreichischen Kaiserin Maria Theresia. Dort auf Nr. 1 der ziemlich exklusive Club *Les Chandelles*, Die Kerzen. Ein Ort verfeinerter Libertinage, ein barockes Labyrinth verborgener Lasterhöhlen, sogar Folterkeller ist vorhanden mitsamt allem Zubehör. Herren ohne Begleitung – es gibt immer zu viele, sie machen aber Brot und Butter dieser Lokale aus – dürfen wochentags ab 16 Uhr herein, jedoch nur bis 21 Uhr, Kostenpunkt 75 Euro. Paare können schon für 15 Euro dabeisein. Das abendliche Diner zu zweit wird Sie etwa 130 Euro kosten, dafür gibt es Kerzenlicht und einen Drink frei. Am Eingang die üblichen schwergewichtigen Zerberusse, doch vermögen Sie einen Duft leicht verruchter Ausschweifung à la »Gefährliche Liebschaften« abzustrahlen, so sollte Ihnen das Eindringen nicht verwehrt werden. Für Herren unabdingbar: eleganter dunkler Anzug mit weißem offenem Hemdkragen oder Krawatte, für Frauen Rock oder Kleid. Der Präsident des Internationalen Währungsfonds, Dominique Strauss-Kahn – damals bloßer Finanzminister – war seinerzeit erstaunt, festzustellen (ich zitiere das Skandalwerk »Sexus Politicus«), daß die »Gruppe Cabaret« der Brigade für Unterdrückung der Zuhälterei seinen Namen im Register führte, obwohl er in diesem Lokal doch nur »von Zeit zu Zeit ein Glas Wein trinken gehe«. Métro Pyramides, Tel.: 01-4260 4331.

Ähnlich geartet der *Cupidon-Club* auf Nr. 3 der benachbarten Rue Villedo. Auch hier gibt es schon – außer sonnabends – einen Eintritt um 16 Uhr. Sowie einfaches Buffet gegen 20 Uhr, was Fremden den Einstieg erleichtern dürfte.

Die »Philosophie« des Lokals, laut Werbetext, soll Ihnen nicht vorenthalten bleiben. »Nach mehreren Jahren gemeinsamen Zusammenlebens suchen zahlreiche Paare nach neuen Anregungen, um ihr Privatleben zu würzen und doch einander treu zu bleiben … Flirten, den Hof machen, verführen für das Abenteuer eines Abends ohne Untreue, das ist der Zweck unseres Clubs … Männer, die zu verlocken wissen, Frauen, die als Frauen gekleidet sind, ein Ort der Romantik!« Mit anderen Worten, hier darf querbeet gestreichelt und gekost werden, doch bleibt der Vollzug den angestammten Partnern vorbehalten, wenn auch in nahem Kontakt mit der Umwelt. Eintritt variabel, Drinks 10 Euro. Métro Pyramides, Tel.: 01-4296 5653.

Zur Erfrischung anzuraten am nächsten Morgen: Die Waterbar von *Colette* bei 213 Rue Saint-Honoré. Mindestens sechzig verschiedene Mineralwässerlein aller Länder werden hier im Untergeschoß ausgeschenkt. Alles in japanischspartanischem Design, sehr im Gegensatz zu den vorangegangenen plüschigen Nachtlokalen. Oben dann die »concept and lifestyle store« genannte Gemischtwarenhandlung für Schönheitsprodukte, ausgefallene Modejournale, Tendenz-Klamotten, Kunstbücher über neuentdeckte Genies im Sinne von Warhol oder Lagerfeld, auch CDs aus eigenem Label, rare DVDs und sonstige Bild- und Musikträger sowie anmachende bunte japanische Gadgets mit undurchschaubarem Lebenszweck. Jeder, der wissen will, was cool und schick ist und morgen läuft (wenn auch nicht übermorgen), drängt sich hier am Eingang, doch wird zu Stoßzeiten nur grüppchenweise hereingelassen. Priorität gibt es höchstens für Jungmädchen, die per Motorrad angebraust kommen. Métro Tuileries, Tel.: 01-5535 3390.

II Das zweite Arrondissement

»Das funkelt, das lacht und lockt! Keckes Leben, ausgesprochen in Gold, Silber, Bronze, Edelstein!« Wo sind wir? Wo anders als in der Galerie *Vivienne* im Jahr 1823, als diese glitzernde Passage eingeweiht wurde und der Pariser Spaziergänger Henri Heine (sprich Enn) sich an ihr erfreute (4 Rue des Petits Champs, Métro Pyramides). Forschte er vielleicht nach einem farbenprächtigen Seidenschal mit indischen Motiven bei Wolff et Descourtis (Nr. 45 bis 47 der Galerie) für seine dicke Mathilde? Oder besuchte er, in Nr. 13, über ein noch vorhandenes monumentales Treppenhaus mit schmiedeeiserner Rampe, den ehemaligen Bagno-Sträfling François Vidocq, nunmehr zum allwissenden Chef der Sicherheitspolizei aufgestiegen, der hier nebenbei noch eine einträgliche Detektei betrieb? Oder gar bei Nr. 24 ein übel beleumdetes Haus namens »Suzanne«? Lieber sieht man ihn auf Nr. 45 in der schönen alten Buchhandlung Jousseaume, links bei der Rotunde, nach der neuesten »Physiologie« herumstöbern. Wie damals die kleinformatigen satirisch-soziologischen Parisbeschreibungen hießen (Physiologie der Liebe, der Kokotte, des Flaneurs, des Beamten, des Lebemanns, des Gourmets etc.), die von armen Lohnschreibern, u. a. Balzac, zu Dutzenden verfertigt wurden.

Bald wird Heine einen solchen überdachten Spaziergang von hier bis hin zu seiner geliebten Montmartregegend unternehmen können, praktisch ohne je ins Freie zu treten. Die Pariser der Zeit, gewöhnt an kotige Straßen ohne Bürgersteig oder nächtliche Beleuchtung, vergöttern ihre neuen Passagen, die zu Beginn des 19. Jahrhunderts überall aus dem Boden schießen. Und in denen sie ihren Lieblingspassionen nachgehen können, als da sind: a) schöne Auslagen zu betrachten ohne Geld ausgeben zu müssen (»lèche-vitrine«), b) sich selbst zur Schau zu stellen (»se produire«), und c) mit den jungen Damen anzubandeln, die dasselbe tun, wenn auch nicht immer ganz uneigennützig (»la drague«).

Kleiner Weitermarsch zur benachbarten Rue de Richelieu, 1638 auf Betreiben des Kardinals angelegt. In Nr. 63 wohnte seinerzeit ein Adeliger, dessen Name direkt aus Lessings »Minna von Barnhelm« entsprungen scheint, Le Riche de la Popelinière, mit seiner schönen Frau. Worauf sich Marschall Armand de Richelieu, Neffe des Kardinals, im Nebenhaus einmietete und einen Kamin anlegen ließ, der, auf eine Drehscheibe montiert, direkten Zugang zu Madames Schlafzimmer eröffnete. (Solche Kamine nannten sich nachher »Cheminée à la Richelieu«). Ähnlich Anzügliches bringt die nächste kleine Parallelstraße, die Rue du Chabanais. Hier stand auf Nr. 12 das europaweit bekannte »Haus der Illusionen«, genannt *Le Chabanais*. Ein Luxusbordell mit 35 Bewohnerinnen, sowie Ausstattungen nach jedem gewünschten Geschmack, von Pompeji über Ludwig XVI. bis hin zu jenem japanischen Schlafzimmer, das bei der Weltausstellung von 1900 einen Preis gewann. Für ausländische Diplomaten und sonstige hohe Besuche ließ sich auf Wunsch eine Visite des Hauses einplanen, die im offiziellen Programm unter »Zusammenkunft mit dem Senatspräsidenten« lief. Und als Werbung für das Haus bringt mein hundertjähriger »Führer des Lebemanns« das Porträt einer üppigen Dame, die unter Vorzeigung ihrer Reize den unsterblichen Satz spricht: »Das ist rund, das ist fest, das ist zehn Goldstücke wert.« Im April 1946 wurden dann auf Betreiben der Politikerin Marthe Richard (die selbst als »Sous-maitresse« hier Dienst getan hatte) alle 195 Freudenhäuser der Stadt geschlossen, 1150 Mädchen standen auf der Straße. Fünf Jahre später versteigerte der Auktionator Maurice Rheims das gesamte Mobiliar. Bis heute zu sehen: Die seinerzeit berühmten zwei Treppenhäuser samt Fahrstühlen (damit die Gäste einander nicht begegneten). Métro Pyramides oder Bourse.

Einziges Überbleibsel des verruchten Renommees der Straße: »La Champmeslé« auf Nr. 4, wohl das älteste lesbische Lokal von Paris, genannt nach der Geliebten des »Dramatikers der Herzen« Racine. Ein gemütlicher Ort mit familiärer Atmosphäre, wo auch das Bier nicht mehr als 5 bis 7 Euro kostet, und in dem, anders als in den männlichen Gay-Lokalen, auch Heteros willkommen sind. Am letzten Wochenende jedes Monats Wahrsagerei und Kartenlesen. Donnerstag Kabarett. Métro Pyramides, Tel.: 01-4296 8520. Noch ein Schritt vom Weg, und wir sind an der *Passage de Choiseul* (bei 42, Rue des Petits-Champs). Hier übernahm Jacques Offenbach ein Kindertheater und machte daraus sein erfolgreiches Operettenhaus »Bouffes-Parisiens«. Gern von Paul Verlaine und anderen Dichtern des »Parnasse« besucht, deren Verleger, Lemerre, auf Nr. 32 installiert war. In Nr. 64, später gegenüber bei 67, hatte eine weiter nicht berühmte Madame Destouches ein Wäschegeschäft inne. Ihr Sohn, zum Schriftsteller herangewachsen, konnte sich später nicht genug erbosen über »die Fäulnis, die Hundescheiße, den Gasgeruch« dieser »Passage Beresina« (wie er sie nach dem Ort von Napoleons russischem Debakel nannte): »Es ist scheußlicher als jeder Knast«, schrieb er unter dem Pseudonym Louis-Ferdinand Céline in seinem anarchischen Weltbestseller »Reise ans Ende der Nacht« von 1932, wozu angesichts dieser braven Butiken schon allerhand Phantasie gehörte.

Hinüber zur Rue Vivienne – ein Stückchen freie Luft zwischen unserem Passagengang. Bei Nr. 6 eine Hofhaltung von Modekönig *Jean-Paul Gaultier* samt Auslage. Tel.: 01-4286 0505. Nebenan bei Nr. 4 ein Pariser Traditionslokal, *Le Grand Colbert*, mit Meeresfrüchten als Spezialität. Billiger als es aussieht, Ihre Rechnung bleibt unter 50 Euro. Métro Bourse, Tel.: 01-4286 8788. Als Gegensatz dazu: *La Bourse ou la Vie* – also: Geld oder Leben, mit Anspielung auf die nahe Effektenbörse. Der Besitzer, vormals Architekt, sieht es anscheinend als seine neue Lebensaufgabe an, »die aussterbende Kunst des französischen Hauptnahrungsmittels, also Steak mit Pommes, zu erneuern« (laut dem zynischen britischen »Time-out«, einem unschlagbaren Informationsblatt, wenn es darum geht, die absackende französische Küche mit der aufsteigenden britischen zu konfrontieren!). 10 bis 18 Euro. Métro Bourse, Tel.: 01-4260 0883. Nicht zu vergessen auf der gegenüberliegenden Straßenseite der Hinterhof der alten Nationalbibliothek. Darin ein vorgebeugter, bebrillter und mit weitausholenden Schritten gegen den Sturm ankämpfender *Jean-Paul Sartre* aus Bronze, wohl auf dem Weg zu seinen geliebten »Wörtern« …

Nun aber weiter zu anderen »Durchhäusern« (wie man in Wien sagt), und zwar zunächst dem lebendigsten von ihnen, der *Passage des Panoramas* (11 Boulevard Montmartre, Métro Grands Boulevards). Um 1880 gegründet von Robert Fulton, dem Erfinder der Schiffsschraube. Der auch eines jener beliebten Rundumgemälde hinsetzte, auf dem man die Seeschlacht von Navarin gegen die Engländer sah, samt Applikation eines echten Schiffsbugs! Und gemalt von Daguerre, dem späteren Erfinder der Fotografie. (Kleine Randnotiz: Napoleon, als er ein solches Panorama mit seiner »Truppenrevue von Tilsitt« vorgeführt bekam, war von den Propagandamöglichkeiten des neuen Mediums dermaßen beeindruckt, daß er gleich acht Stück über sich selbst in Auftrag gab. Dazu einen eigenen Rundbau: das noch heute bestehende Théâtre de Marigny am Rond-Point.) Die Panorama-Arkade beschrieb dann 1880 Zola in seinem Roman »Nana« in dem blumigen Stil, den er so gern für »wissenschaftlich« ausgab: »Ein Strömen von Licht, weiße Lampenglocken, rote Laternen, gigantische Fächer aus Flammenstrahlen …« Da ist mein »Führer des Lebemanns« von ca. 1900 schon realistischer: »Hier trifft man Gecken aller Lebensstufen, am häufigsten alte. Diese laufen mit Vorliebe jungen Arbeiterinnen nach. Aber auch Kokotten promenieren da und lassen sich noch von Neunzigjährigen Anträge ins Ohr flüstern, die immer angenommen werden.«

42

Von den Rundgemälden gab es damals sogar zwei in der Galerie, je 97 Meter lang und 20 Meter hoch, erhellt von den ersten Gaslampen von Paris. Der Maler Jacques-Louis David war von ihnen so beeindruckt, daß er ausrief: »Hier, meine Herren, ist die wahre Natur!« Weiters zu erwähnen: diverse Antiquariate, Briefmarkenläden, Restaurants, aber vor allem der Graveur Stern, hier seit 1830 ansässig. Seine Spezialität, noch heute gefragt: Hochzeitsanzeigen, Einladungen, Visitenkarten, feine Briefköpfe. Nicht ohne Bedeutung im Pariser Geschäfts- und Gesellschaftsleben, wo überreichte Besucherkarten ja insgeheim nach Prägung abgetastet werden, und ein »papier-en-tête« im Reliefdruck noch immer seine Wirkung tut. Gegenüber der Börse dann, bei 9 Rue Notre-Dame-des-Victoires, *Elvis my Happiness*, bestimmt die größte Presley-Butik diesseits des Ozeans. Tausende Bücher, Plakate, T-Shirts, CDs … und eine Reise nach »Graceland« für 2200 Euro! Métro Bourse, Tel.: 01-4927 0843.

Zur Erfrischung bei 40 Rue Notre-Dame-des-Victoires die *Brasserie Gallopin*, eine Säule des Börsenviertels seit 130 Jahren. Einrichtung der letzten Jahrhundertwende, das Personal in altmodischen Schürzen, die Schalentiere frisch, die Preise bürgerlich: volles Menü für rund 40 Euro. Reservierung unbedingt angesagt, auch mittags. Métro Bourse, Tel.: 01-4236 4538.

 *Le Sentier*, sagt man in Paris, wenn es um Konfektion geht. Die Rue du Sentier ist ja das Herz des Pariser Prêt-à-Porter, ein geradezu mythischer Ort. Hier wird en-gros die Mode fabriziert, die man auf der Pariser Straße en-détail trägt. In

Kellern, Wohnräumen, Ateliers und Dachzimmern wird in vollem Tempo geschnitten, genäht, gerafft, plissiert, gestochen, denn der neueste Schrei wartet nicht sechs Monate, wie bei den Haut-Couturiers, sondern lauert schon um die nächste Straßenecke, und diese steht Gott behüte in Mailand oder in New York. Der Sentier ist eine Fabrik, die nie stille stehen darf und die wirtschaftlich gerade zurechtkommt, wenn sie Mindestlöhne bezahlt. Nichts hier von angesehener »première main« oder »seconde main« oder »pailletteuse«, wie bei den Großen. Sondern die Hände sind hier meistens dunkelbraun oder schwarz, und legale Einwandererpapiere haben sie auch nicht immer in den Fingern gehalten. Es ist ein Viertel, das dauernd unter Druck lebt und in Angst. Und dem entsprechen auch die eilenden Lastenträger und -schieber, die straßenverstopfenden Lieferwagen, das gesetzeswidrige Hupen. Aber dieser manische Betrieb ist eigentlich nichts Neues. Schon im 18. Jahrhundert hat man hier ja reichlich an Textilien verdient, und besonders an indischen, die überaus rar waren. Und daher strikt für den Adel reserviert, während die unteren Klassen zurückstehen mußten. Demnach wurde im Jahr 1737 – so berichtet der allwissende »Promenadeführer« von Rochegude und Clébert – eine bürgerliche Demoiselle de Lagny, wohnhaft Rue de Condé, zu 300 Livres Strafe verurteilt, weil sie »in einem indischen Rock gesehen wurde mit violetten Blumen auf weißem Grund«.

Allerdings hat sich der »Sentier« (wahrscheinlich wegen angestiegener Mieten) inzwischen weitgehend verlagert zu den Nebengassen *Rue de Cléry, Rue d'Aboukir, Rue du Nil, Place du Claire* usw., dem veritablen Konfektionszentrum heute. Eigentümliches Stadtviertel da im Hinterland der

Boulevards. Das man erst verstehen lernt, wenn man bedenkt, daß hier einst die zweite, erweiterte Stadtmauer von Charles V. aus der Mitte des 14. Jahrhunderts verlief. 13 Meter hoch, davor zwei Wassergräben, beschützte die Mauer 275 000 Pariser, bevor sie drei Jahrhunderte später, als zu eng gezogen, wieder abgerissen werden mußte. Was blieb ist, was man hier sieht. Die Rue de la Ville-Neuve und die zwei Straßen, die sie kreuzen: *Rue de la Lune* (einst berühmt für die Frenchy Girlie-Magazine, die von hier um die Welt gingen) und die schräge *Rue Beauregard* sind eigentlich Teil der alten Befestigungen. Und die nur 5,75 Meter lange *Rue des Degrés*, nicht mehr als eine steile Treppe von 14 Stufen ohne Türen und Fenster, zwischen 52, Rue Beauregard und 89, Rue de Cléry, führt über Reste der Festungsmauer. Die Rue de Cléry selbst entspricht hier dem Streifenweg vor der Mauer, die Rue d'Aboukir liegt über den aufgefüllten Wassergräben, die *Rue Sainte-Foy* ist der Wehrgang innerhalb der Mauer.

Und dann gibt es die enge *Passage Sainte-Foy*, nur auf wenigen Straßenführern verzeichnet, die kein vollgetankter Falstaff je hätte durchschreiten können. Diese geheimnisvollste aller Pariser Passagen beginnt, ohne jeden Hinweis, bei Nr. 14 der Rue Sainte-Foy und führt durch achtzig Meter, vorbei an verkommenen oder auch verschlossenen Textilläden, die weiß Gott wen beliefern, zur Nummer 263 der anrüchigen Rue Saint-Denis. Und damit wahrscheinlich direkt unter den früheren Befestigungen hindurch, als Ausfallstor oder auch als Fluchtweg. (Ein anderer, moderner Schleichweg, nur den Anrainern bekannt, bringt Sie durch das langgestreckte Café bei 13 Rue Sainte-Foy zur Rue d'Aboukir.) Alle diese bergigen Gassen in Richtung der »heißen« Rue Saint-Denis sind geradezu umlagert von Straßenmädchen vorgerückten Alters. Die übrigens auch die verborgenste Handy-Kamera auf hundert Schritt entdecken und furchtbar ahnden – dazu sind die ungemütlichen Herren da, die hier zeitunglesend gegen diverse Hausfassaden lehnen.

Die vorletzte Nebengasse vor dem Boulevard ist dann die *Rue Blondel*, schon im 14. Jahrhundert bekannt für ihre »Damen der kleinen Tugend«, welche auch bis heute das Trottoir umstehen wie eine bunte wogende Allee. Auf Nr. 16 lag einst das verfemte Haus *Les Moulins*, nicht zu vergleichen aber mit *Les belles Poules* (Die schönen Hennen) bei Nr. 32–34 der Straße. Noch heute verweist die übergroße Hausnummer – sie war in vergangenen Zeiten Vorschrift, wahrscheinlich um Betrunkene nicht im Stich zu lassen – und besonders der blutrote Kachelbelag der Fassade auf den Lebenszweck des Innern. Von dem man auch einige Häppchen der früheren Wandbemalung durch die Auslage des heutigen Ladens erhaschen kann. Das Treppenhaus, derzeit leider dem Hausfremden unzugänglich, zeigt, auch wieder in Kacheln angelegt, eine Amazone mit Fächer und hochgeschürztem Kleid. Hier pflegten Henry Miller und die abenteuerliche Anaïs Nin zu verkehren und so manche andere. Heute ist das Ganze denkmalgeschützt – immer die erste Stufe dazu, das Lebendige zu etwas Vergangenem zu machen.

 Im Zwickel zwischen der Rue de Cléry und der Rue d'Aboukir, da wo sie auf den Boulevard treffen, ein nur zimmerbreites, oft fotografiertes Haus, wahrscheinlich das zweitengste von Paris. (Auf das engste kommen wir noch.) Hier haben, in Nr. 97 Rue de Cléry, Didier und seine blonde Freundin Margot etwas eingerichtet, was den früheren »maisons de rendezvous« in etwa gleichkommt. Fünf Stockwerke, die dem Pläsir gewidmet sind, und zwar dem von Pärchen und auch nicht mehr als zehn auf einmal. Unten im Erdgeschoß eine kleine ganz unschuldige Bar. Dann geht es über eine Wendeltreppe zu einem winzigen Restaurant, wo man zu Mittag oder auch Abend speisen kann, weil ja in Frankreich der Verkehr mit dem Verzehr innig verknüpft ist. Wieder ein Stück Treppe und man kommt in das erste der Lasterzimmer. Dort von einem kleinen Tisch aus eine silberglänzende Stange, die bis zur Decke reicht – unerläßliches Utensil des Striptease, den man hier wohl auch von den Besucherinnen erwartet. Noch eine Etage, und Sie stehen in einem matratzenbelegten Boudoir, wo eben das Werk des Fleisches (»œuvre de chair«, wie es so schön im Französischen heißt) stattzufinden hat, zwar öffentlich aber doch möglichst anhand der mitgebrachten Partner. Schließlich die vierte, und nun schon sehr enge Etage des Dachstuhls mit Badezimmer und Dusche. Montag bis Donnerstag darf man auch einen Dritten mitbringen. Das Diner kostet etwa 50 Euro pro Person, weitere Drinks extra. Das Ganze heißt unübersetzbar: *Autrement chez soi*, also etwa: Daheim aber anders. Métro Strasbourg-Saint-Denis, Tel.: 01-4703 0914.

Das Rex oder *Grand Rex*, wie es sich gern tituliert, ist wahrscheinlich, nach Abriß diverser anderer Paläste, eines der größten Kinos von Europa und als »historisches Monument« eingestuft. Ein Art-Déco-Lichtspieltempel auf Nr. 1 Boulevard Poissonnière, 1932 errichtet von dem Produzenten Jacques Haïk, der aber mit seinen phantasievollen Plänen nach wenigen Monaten in Konkurs ging und verkaufen mußte. Damals 3300 Sitzplätze, die heute auf 2800 bequemere geschrumpft sind, dafür gibt es auch ein halbes Dutzend kleinere Säle im Keller. Unter der deutschen Besatzung als Soldatenkino requiriert, erlebte das Rex nach dem Krieg seinen größten Moment im Jahr 1963, als zur Premiere von »Cleopatra« mit Elizabeth Taylor sogar extra Métrozüge eingesetzt werden mußten. Métro Bonne-Nouvelle, Tel.: 01-4236 8393.

Zum Rex gehörig bei einem Nebeneingang rechts: *Les Étoiles du Rex*, eine recht unheimliche Kulissenwanderung durch die Geschichte des Filmtempels, so »interaktiv« gestaltet, daß es älteren Herrschaften nicht unbedingt zuzumuten ist. Fast alles findet im kompletten Dunkeln statt, Regenschauer sprühen gleich anfangs in Ihr Gesicht, Fahrstuhltüren öffnen sich geheimnisvoll, um Sie zum Einstieg zu bewegen und entlassen Sie in nicht weniger finstere Gänge. Stühle, auf die man Sie zur Beobachtung einer unheimlichen Drehszene einlädt, beginnen mit einemmal wild zu wackeln, zuletzt landen Sie auf einer gefährlich durchschüttelten Plattform, während Sie sich gleichzeitig im Monitor auf der Schiffsbrücke eines sturmumtobten Fischkutters zu sehen kriegen. Da es zuletzt keinerlei Hinweis auf

48

einen Ausgang gibt, hängt man sich am besten schon frühzeitig an die Fersen irgendwelcher Teenager, die ja immer Bescheid wissen. Mittwoch bis Sonntag ganztägig, Métro Bonne-Nouvelle, Tel.: 01-4221 1193.

Neben dem Kino-Palast, auf Nr. 5 des Boulevards: *Le Rex Club*, ein ebenso gewaltiger Technotempel für 700 Fans, dem man eines der modernsten Soundsysteme von Paris nachsagt. Eintritt 7–15 Euro. Die berühmtesten DJs treten hier auf und die Szene ist spät abends dermaßen jugendlich, begeistert und überhitzt, daß der Autor sich gern gegenüber in das bescheidenere *Max Linder Panorama* bei 24 Boulevard Poissonnière zurückzieht. Ein Kino für Cinéphile, einst mit Hilfe eines Filmklubs restauriert und ganz in Schwarz gehalten, auf daß auch nicht der geringste Reflex vom Geschehen ablenke. Hier gibt es nächtelange Events, auch Vorführung rarer Stummfilm-Juwelen aus der Kinemathek, natürlich mit live Klavierbegleitung. Tel.: 01-9268 0031.

Diese Gegend, die anscheinend nie schläft, da tagsüber und bis in die späten Abendstunden dem Kommerz und danach den Nachteulen bis zum Morgengrauen gehörig, weist noch ein weiteres rastloses Lokal auf: den – immer wieder von Schließung bedrohten – Lesbenkeller *Pulp*, bei 25 Boulevard Poissonnière. Ein Magnet der Girlie-Szene. Bekannte DJs erscheinen und heizen die Stimmung bis 5 Uhr morgens an, vor allem wenn am Mittwoch und Donnerstag auch »les garçons« zugelassen sind und für Aktion sorgen. Öffnet erst um Mitternacht, ist dann aber schnell verstopft. Keine Kreditkarten. Métro Grands-Boulevards, Tel.: 01-4026 0193.

Die *Place du Caire* – ebenso wie die Rue d'Aboukir, Rue du Nil etc. nach dem zunächst siegreichen ägyptischen Feldzug

Napoleons genannt, der die Pariser begeisterte – zeigt an der Fassade von Nr. 2 Köpfe der Göttin Hathor. Darüber frei erfundene Hieroglyphen, die eigentlich eine Art Comicstrip darstellen. Man erkennt undeutlich eine Frau, die einen Krieger am Strick zieht, einen Mann, der sein Pferd prügelt … und angeblich auch den Maler Bouginier, dessen hervorstechende Nase gern von seinen Kollegen karikiert wurde. Der Platz galt im Mittelalter und bis ins 19. Jahrhundert als »Cour des miracles«, Wunderhof. Ein Ort, wo sich abends nach getanem Tagwerk die Bettler und Krüppel zusammenfanden, ihre Krücken, Holzbeine und Blindenbrillen abwarfen und wie durch ein Wunder geheilt waren. Die anschließende, ewig lange *Passage du Caire* dient heute vor allem den Zuarbeitern des textilen »Sentier« als Arbeitsplatz. In den Vitrinen überwiegen leider Modesachen von ausgesuchter Geschmacklosigkeit. (Métro Sentier.)

Zur Erholung bitte in die uralte volkreiche Fußgängerstraße der Rue Montorgueil, von jeher bestückt mit traditionellen Eßlokalen. So das 1832 gegründete *L'Escargot Montorgueil* auf Nr. 38. Oder, falls Sie Schnecken weniger mögen als Meeresfrüchte, der schon von Balzac besuchte *Rocher de Cancale* von 1846, jetzt bei Nr. 78, damals Nr. 59. Einheimische besorgen sich ihre morgendlichen Croissants in Nr. 53 bei *Stohrer*, schon seinerzeit Hofbäcker König Ludwigs XV. Welcher übrigens auch als Erfinder des »Baba au rhum« gilt, einer Köstlichkeit, die sich nicht schriftlich definieren läßt. Der Dekor des Ladens stammt von Baudry, dem Ausgestalter der Pariser Oper unter dem Zweiten Kaiserreich. In der Fortsetzung der Straße, der Rue des Petits-Carreaux Nr. 12, ein gekacheltes Ladenschild für das ehemalige Café Zum Pflanzer *(Au Planteur)*. Darauf zu sehen ein Schwarzer in Unterhose, der einem weißen Kolonialisten in dito Anzug und Weste einen Kaffee serviert. (Der Pflanzer sitzt auf zwei Kaffeesäcken, wie einst der Speaker des britischen Unterhauses auf einem Wollsack.)

Für Fußgänger reserviert, und des Parisers ewiger Suche nach guten Restaurants, ist die einst verrufene Rue Tiquetonne. Dort auch das stille *Hôtel Tiquetonne* auf Nr. 6. Das billigste Zimmer kostet hier runde 40 Euro, für die Dusche am Gang muß man allerdings weitere 6 Euro hinlegen, dito für das Frühstück. Métro Etienne-Marcel, Tel.: 01-4236 9458.

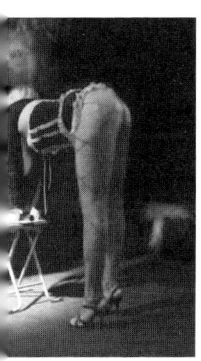

Nun zum eigenartigen und kaum definierbaren *Beverley* auf Nr. 14 des unheimlichen und nachts fast immer menschenleeren Gäßchens Rue la Ville-Neuve, das so gar nicht zum Betrieb der benachbarten Großen Boulevards passen will. Was passiert in diesem Haus? Hängt von der Stimmung des Abends ab. Das Beverley nennt sich das letzte Pornokino der Metropole, und tatsächlich werden solche »blue movies« auf 35 mm manchmal tagsüber gezeigt. (In diesem Haus bleibt alles beim Manchmal.) Manchmal gibt es »Sonderabende« für Paare, meist Donnerstag, Samstag und Sonntag ab 23 Uhr, oder auch am ersten Freitag des Monats. Manchmal strippen Stripperinnen live vor einem Stripfilm, oder da tanzt ein Tänzer im Rentneralter sehr schön vor einer hinreißenden expressionistischen Filmkulisse, die er selber gedreht hat. Da fährt auf der Leinwand ein Auto die Champs-Élysées hoch, dazu ertönt der verbrauchte Schlager »Oh, Champs-Élysées« … und quer über die Bühne marschieren halb entblößt die sexysten Frauen eines gewissen Alters, dirigiert von einem Geschlechtsverkehrspolizisten in Uniform. Während der Boß der ganzen Sache, Monsieur Maurice, die Damen im Publikum auffordert, sich der Parade anzuschließen, nicht immer erfolglos. Da zieht man einander wechselseitig an und aus – manchmal übernimmt ein hauseigener Gigolo die Arbeit, dann wieder ist es der Gatte persönlich, der seine willige Gefährtin stolz zur Schau stellt. Oder es müssen sich junge Männer aus dem Publikum auf der Bühne von schicken Frauen entkleiden lassen … wobei auch schon mal ein keuscher muslimischer Joseph einer Madame Potiphar das Letzte verweigert. Und manchmal muß ein ausländischer Filmemacher, der die Sache abzudrehen gekommen ist, mir nichts dir nichts auf die Bühne steigen und spontan erklären, was die französischen Frauen haben, das andere nicht haben … Métro Bonne Nouvelle, Tel.: 01-4026 0069.

Zum Schluß, völlig unpassend in diesem Geschäftsviertel, das einzige, so gut wie unverändert überlieferte Zeugnis mittelalterlicher militärischer Architektur in Paris: Bei Nr. 20 Rue Étienne-Marcel die *Tour Jean sans Peur*, der Turm des Johannes Ohnefurcht, Herzog von Burgund. Der, ganz im Gegensatz zu seinem Namen, nach Ermordung seines Vetters Louis d'Orléans zwecks eigener Thronbesteigung, um 1411 diesen siebenstöckigen, gegen die alte Stadtmauer gelehnten Festungsturm errichten ließ, um sich vor der Rache der Witwe zu schützen. Er selbst wohnte wahrscheinlich im höchsten Turmgemach, wo auch noch das tapetengezierte Plumpsklo zu bewundern ist. Wurde aber trotz aller Vorsichtsmaßnahmen seinerseits 1419 ermordet. Berühmt die immer steiler werdende Wendeltreppe, die mit den vegetabilen Emblemen der Burgunder bestückt ist. Und ja, es sind die gleichen Burgunden, die im Nibelungenlied von Etzels Hunnen vernichtet werden … in Wirklichkeit aber nach Südfrankreich abwanderten und dort das florierende Herzogtum Bourgogne errichteten. Geöffnet Mittwoch bis Sonntagnachmittag (im Winter nur Mittwoch, Samstag und Sonntag). Métro Étienne-Marcel.

III Das dritte Arrondissement

Die kleine Gasse, wo der eben genannte Johannes Ohnefurcht, Erbauer der Tour Jean sans Peur, 1407 seinen Vetter ermorden ließ (was den Hundertjährigen Krieg zur Folge hatte), ist erhalten, wenn auch in den meisten Straßenführern nicht aufzufinden. Sie heißt *Impasse des Arbalètriers*, Sackgasse der Armbrustschützen, welche hier zu üben pflegten. (Eingang bei 38 Rue des Francs-Bourgeois, Métro Saint-Paul.) Kopfsteinpflaster, Prellsteine, Erker … eine der letzten (fast) mittelalterlichen Straßen von Paris. Und keine eigentliche Sackgasse, denn sie führt über einen anderen Hof zur Rue Vieille-du-Temple. Diese schöne alte Straße beginnt schon mit einem Paukenschlag. Nämlich dem graziösen *Wachtturm* an der Ecke zur Rue des Francs-Bourgeois aus dem 16. Jahrhundert … angeblich eine Rekonstruktion, da das Original bei den Kämpfen vom Jahr 1944 zerstört worden sein soll.

Weiter zur Nr. 117 der Rue Vieille-du-Temple, allwo einer der geheimnisvollsten Orte des Marais … oder auch nicht. Hinter Gittertüren ein mittelgroßer Hof mit Gebäuden unbestimmbaren Alters, die hintenherum bis zur Nr. 6 Rue de Saintonge reichen. Und was liegt dazwischen? Jedenfalls ein Ding, das unter Denkmalschutz steht – angeblich das älteste Theater von Paris, noch dazu im elisabethanischen Rundstil! Angeblich das *Theater der Musen*, oder auch das *Boudoir der Musen* genannt, das zur Zeit der Marie-Antoinette von dieser besucht worden sei und dementsprechend als anrüchig gilt. 1807 soll es dann Napoleon endgültig geschlossen haben, wegen zu leicht geschürzter Darstellerinnen. Das Grundbuch zeigt eine Reihe von weiteren Besitzern, darunter eine amerikanische Umweltorganisation namens »Fliegende Elefanten«! Gibt es dieses Theater wirklich, das keiner betreten darf? Oder handelt es sich, wie jüngere Rechercheure behaupten, nur um einen Hersteller von Militärmützen, der anno 1831 seine Fabrik in Rundform errichtete, vielleicht weil dies dem Umriß seines Produktes entsprach? Derzeit wollen die Nachbarn Hammerschläge und Schlagbohrer hören, die im Begriffe sind, ihr schönes geheimnisvolles Theater abzureißen … falls es je eines gab. Auch Ihr Autor konnte es nicht erkunden.

Von dem Karikaturisten Mitelberg, der sich als Künstler Tim nannte, stammt das ergreifende Standbild des Capitaine Dreyfus mit dem zerbrochenen Degen, das nach Jahren unwürdigen Umherwanderns endlich seine Heimstatt am Boulevard Raspail fand. Ein weiterer Abguß steht im Hof des ehrwürdigen Hôtels de Saint-Aignan, jetzt *Museum der Kunst und Geschichte des Judentums*, 71 Rue du Temple. Auch die Tressen, die man Dreyfus bei seiner Degradierung abriß, sind hier zu sehen, unter Bildern solcher Künstler wie Chagall, Modigliani oder Soutine. Laufend Ausstellungen. Geöffnet alle Tage außer samstags, Métro Rambuteau oder Hôtel de Ville, Tel.: 01-5301 8660.

Das *Centre Pompidou* muß hier nicht eigens genannt werden, außer um zu erwähnen, daß der lang vernachlässigte Teich mit den beweglichen Skulpturen der Niki de Saint-Phalle nun endlich renoviert wurde – zuletzt bewegte sich nichts mehr, und nur eine der gewaltigen Brüste der Riesen-Nana spritzte noch Wasser! Am anderen Ende des leider nicht rostfreien Museums die deutsche *Buchhandlung Marissal* (42 Rue Rambuteau). Deutsch als Wahlfach steht allerdings derzeit hinter dem Chinesischen weit zurück – wozu es lernen, wo die Kids doch mit den deutschen Nachbarn einfach auf englisch talken? Métro Rambuteau, Tel.: 01-4274 3747.

Um die Ecke bei 22 Rue Beaubourg, in der Sackgasse Impasse Berthaud, ein allzu wenig besuchtes *Puppenmuseum*. Es enthält über 500 der schönsten Puppen von 1800 bis heute, die zu Genreszenen zusammengestellt sind. Auch eine rare Sammlung von Barbiepuppen kann es jederzeit auf die Beine stellen. Derzeit geöffnet alle Tage außer montags. Métro Rambuteau, Tel.: 01-4272 7311. Von da führt Sie die Rue Saint-Martin zu einem der aufregendsten Nachtclubs des Augenblicks: *Le Dépôt*, bei Nr. 10 Rue aux Ours. Phantastische industrielle Dekoration, abgestimmt auf die Dauerberieselung mit Techno. Oben eine softe Tanzfläche, unten im Keller wird's schon harder. Eintritt nur für Männer, außer am Mittwoch, wenn weibliche DJs die Stimmung hochtreiben. Métro Etienne-Marcel, Tel.: 01-4454 9696.

Unvermeidlich, hier die benachbarten *Les Bains* zu erwähnen, bei 7 Rue du Bourg-l'Abbé. Dieses Monument des Tanzkultes der siebziger Jahre, als sich noch Paloma Picasso und Andy Warhol, Caroline von Monaco und Lagerfeld da verausgabten, galt ja seit langem als alter Hut. Nun ist diese ehemalige Badeanstalt, in der einst Proust verkehrte, zu neuem Leben erwacht, mit modernisiertem Sound, internationalen DJs und einem künstlerischen Leiter, abgeworben aus dem berühmten »Queen« auf den Champs-Élysées. Eintritt 10–20 Euro, Drinks um die 10 Euro. Dazu finanziell aber auch kulinarisch vielleicht empfehlenswert, im Oberstock – wo sich auch ein kleiner Pool befindet – das Restaurant zu besuchen (Diner um 40 Euro), wonach dann der Zugang der Tanzfläche gratis ist und man auch Warteschlangen vermeidet. Métro Etienne-Marcel, Tel.: 01-4887 0180.

Die nämliche Straße nennt sich in ihrer Fortsetzung Rue Montmorency. Dort auf Nr. 51 die *Taverne Nicolas Flamel*, das älteste erhaltene Haus von Paris. Da nun schon seit Jahren mit Gerüsten umstellt, ist das Gebäude hoffentlich nicht zu Tode renoviert, wenn Sie es besuchen kommen. Die Straße datiert aus dem frühen 13. Jahrhundert, das Anwesen wurde 1407 von dem Gelehrten, Alchemisten und Philanthropen Flamel und seiner Frau Dame Pernelle erbaut. Ein Mann, dessen Leben eine neue Wendung genommen haben soll, als ihm eines Tages ein Fremder für zwei Gulden ein Buch verkaufte, das sich »Manuskript Abrahams des Juden« nannte. Und in dem nichts weniger als das Rezept verzeichnet stand, wie der sagenhafte Stein der Weisen herzustellen wäre. Nach Flamels nachgelassenem Werk »Chemischer Psalter« (siehe auch unter »Harry Potter« und »Da Vinci Code«) will er das Geheimnis der Umwandlung von Blei zu Gold am 25. April 1382 zum ersten Male entschlüsselt haben, wandte es aber nur dreimal an. Immerhin, das genügte. Mit seinem neuen Reichtum gründete er 14 Hospize, 7 Kirchen und 3 Kapellen. Und verwandelte die oberen

Stockwerke seines Hauses zu einer Unterkunft für die Armen. Auf dem Gesims läßt sich bis heute die Inschrift entziffern, daß »unsere Männer und Frauen« angewiesen seien, tagtäglich ein »Paternoster und ein Avemaria für verstorbene Sünder zu beten«. Noch jetzt auf der Fassade zu lesen – falls nicht mit Menükarten überklebt – die klösterliche Devise »Ora et labora«, bete und arbeite. Natürlich reichte diese Verschreibung seinen Nachfahren nicht. Und so erschien im 17. Jahrhundert eine mysteriöse Persönlichkeit beim Gemeindepfarrer und tat seine Absicht kund, sämtliche alten Häuser des Sprengels gratis zu erneuern. Unvermeidlich begann er mit Flamels Haus, riß Böden und Wände auf, fand aber weder Gold noch Rezept und verschwand auf alle Zeiten. Die Reparaturkosten trug die Pfarre. Das Buch Abrahams des Juden ist übrigens erhalten: Eine rare Reproduktion im »Führer zum mysteriösen Paris« zeigt ein Bild mit den vier apokalyptischen Reitern, auf Löwen und Stieren reitend, gefolgt von einem feuerspeienden Wolf. Derzeit enthält das Haus, lange Zeit im Besitz eines Amerikaners, im alten Balkenwerk ein zweistöckiges Restaurant, mit Menüs von 31 bis 50 Euro. Anerkannt seine Weinbar. Métro Rambuteau, Tel.: 01-4271 7778.

Für Eßlustige mit geringerem Einkommen liegt schräg gegenüber auf Nr. 46 ein ungezwungeneres Lokal, das eher wie eine ländliche Wohnküche wirkt, mit Bücherregalen und Flaschen längs den Wänden. In der Mitte ein großer Kochherd, rundherum Körbe mit den Ingredienzien, die in den Topf kommen. Es gibt nur drei Gerichte täglich, die allesamt nicht mehr als 10 Euro kosten. Das Ganze nennt sich etwas hochfahrend *Au Duc de Montmorency*, ist aber eine liebevolle Volksküche. Tel.: 01-4272 1810.

Nicht weit von dort ein Gebäude, das alle Reiseführer jahrelang als das älteste der Stadt ausgaben: *Nr. 3 Rue Volta*. Zwar ein schönes Fachwerkhaus mit je einer alten Butik rechts und links vom Eingang. Das Ganze hat sich aber inzwischen als eine auf mittelalterlich getrimmte Fassade aus dem 18. Jahrhundert herausgestellt … Am anderen Ende der Straße bei Nr. 49 dann das argentinische Restaurant *Anahi*, so »in«, »people«, »branché« und »tendance« wie man heutzutage nur sein kann. Südamerikanische Weine sowie alle Spezialitäten der Pampa (Vegetarier unerwünscht). Lassen Sie sich nicht von dem quasi-unauffindbaren Eingang abschrecken. Menü von 50 Euro aufwärts. Unbedingt reservieren, und möglichst unter einem ausländischen Medienlogo wie »Actors' Agency« oder dergleichen. Métro Arts-et-Métiers, Tel.: 01-4887 8824.

Um die Ecke ein weiteres »In«-Lokal: Und zwar die Szene-Pinte *Andy Whaloo* bei 69 Rue des Gravilliers. Diese Musikbar ist zwar schon ab 16 Uhr geöffnet, kommt aber erst um 21 Uhr richtig in Fahrt. Hier ist alles »tongue in cheek«, also verulkt, verdreht, parodiert. Beginnend mit dem Namen, der angeblich »Ich habe nichts« auf arabisch bedeutet, aber wahrscheinlich doch mehr mit Andy Warhol zu tun hat. Von Kopf bis Fuß designed, bunt, irgendwie marokkanisch, aber auch irgendwie verkehrt: Die Tische bestehen aus Signaltafeln, die Sitze sind Ölfarbenkanister mit einem Kissen obenauf. Aber wer bekommt hier schon einen Sitz? Häufig nicht einmal die Fashionistas, die zuhauf in das Lokal drängen, weil man eben im richtigen Moment dabeigewesen sein muß. Es gibt auch was zu knabbern, Tapas u. ä. Métro Arts-et-Métiers, Tel.: 01-4271 2038.

Verlassen wir das Modische und wenden uns dem Verläß-lichen zu, so finden Sie bei Nr. 32 der benachbarten Rue du Vertbois *À l'Ami Louis*. Eines dieser traditionellen wenn auch nicht mehr billigen Bistrots im Stil der Dreißiger, mit Fenstervorhängen, Bodenfliesen, Ofen … und einer altfran-zösischen ländlichen Küche aus dem Bordelais, bei der eigentlich gar nichts schiefgehen kann. Chirac und Bill Clinton gehörten einst zu den Stammgästen. À la carte 80 bis 200 Euro. Métro Temple, Tel.: 01-4887 7748.

Nur wenige Schritte, und wir sind in der *Métrostation Arts et Métiers*, der originellsten des ganzen Pariser Rie-sennetzes. Hier hat man 1994, also zum 200. Gründungstag des Gewer-bemuseums *Arts et Métiers*, das genau darüber liegt, die Haltestelle der Linie 11 in Kupfer ausgeschlagen und zu einer Art Unterseeboot mit Luken umgestaltet, das an den ersten Science-fiction-Autor Jules Verne erinnern soll. Das Museum selbst liegt bei 292 Rue Saint-Martin in einer der schönsten gotischen Abteien von Paris, um 1230 erbaut von Pierre de Montreuil, dem Architekten der Sainte-Chapelle. Da das Gebäude außerhalb der Stadtmauern stand, wurde es mit 18 Türmen befestigt, von denen einer noch an der Ecke der Rue du Vertbois zu sehen ist. Als er im 19. Jahrhun-dert abgerissen werden sollte, protestierte Victor Hugo mit dem noch jederzeit aktuellen Aufruf: »Den Turm umlegen? Nein! Den Architekten? Ja!« In der gleichen Straße noch andere Spuren der alten Befestigung. Und ein weiterer

Turm, der jetzt als Treppenhaus dient, in der kleinen Rue Bailly.

Im Innern zu entdecken die ganze Geschichte des menschlichen Erfindungsgeistes, von den Anfängen bis zum Dampfautomobil und den Aeroplanen von Ader und Blériot. Aber was uns am stärksten ergreift, ist üblicherweise das Foucault'sche Pendel unter der Decke der Kapelle. Täglich zu Mittag und um 17 Uhr in Bewegung gesetzt, beschreibt es ohne jeden weiteren Antrieb stundenlang seine eigentümlichen Kreise – bewegt von nichts als dem Schwung der Erdumdrehung... Dann unter tausend anderen Dingen im Labor des Chemikers Lavoisier ein eigentümliches Phänomen: Stellen Sie sich in eine bestimmte Ecke sowie einen Bekannten in die entgegengesetzte und murmeln dann einen Satz mit dem Gesicht zur Wand, so wird der andere den Satz deutlich abhören können, nicht aber das Publikum inmitten des Saales. Angeblich einst von Mönchen genutzt, um Pestbefallenen gefahrlos die Beichte abzunehmen.

Faszinierend von jeher der *Square du Temple*, obschon der Burgenkomplex, der hier einst stand, längst dem Erdboden gleichgemacht. Diese schwer ummauerte Ordensfestung der Tempelritter, 4000 Menschen, ein Staat im Staate, reich, unabhängig, steuerfrei ... das konnte sich keine Regierung bieten lassen. Nach und nach mußte alles verschwinden, zuletzt noch 1810 die befestigte Auffahrt bei 158 Rue du Temple, da wo heute die Rue des Fontaines-du-Temple mündet. Einziger erhaltener Überrest: die Türflügel der Einfahrt von Nr. 1 Rue Saint-Claude, die einst zur Palastpforte gehörten. Auch stehen auf Nr. 73 der Rue Charlot (Eingang auch über 32 Rue de Picardie) noch Reste eines Turmes und der Ringmauer des Temple von 1240, leider in Privatbesitz und unzugänglich … Es war der 13. August 1792, als Ludwig XVI. mit seiner Familie in den damals noch existierenden Hauptturm des Temple verbracht wurde, an der Stelle der heutigen Rue des Archives. Er verließ seine einräumige Wohnung nur am 21. Januar 1793, auf dem Weg zum Schafott. Erst danach wurde Marie-Antoinette zur Conciergerie gebracht. War das unselige Kind, das schließlich am 8. Juni 1795 starb, der letzte Dauphin Ludwig XVII. oder nicht? Diese Frage wird wohl nie mehr zu lösen sein.

Hinter dem Square du Temple – unter dessen Rasen sich noch allerhand Fundamente der ehemaligen Festung finden lassen müßten – der gedeckte *Marché du Temple*. Ein Kleidermarkt eigentlich schon seit dem 12. Jahrhundert, kann man sich in diesen hochgewölbten eisernen Hallen – wenn nicht gerade ein Sportereignis stattfindet – jeden Vormittag mit Jeans verflossener Marken und Lederjacken unnennbarer Tiere eindecken. Aber Achtung: Sind Sie einmal hier von einem Verkäufer angepolt worden, so kommen Sie nur schwer wieder aus seinen Fängen. (Eingang Rue Eugène Spuller.) Fortsetzung des Marktes in der benachbarten *Rue Dupetit-Thouars*, die ansonsten Kunstgalerien vorbehalten. Sehenswert immerhin die kleine Nebengasse *Cité Dupetit-Thouars.*

Um die Ecke in der ärmlichen krummen *Rue de la Corderie* (Métro Temple) auf Nr. 14 einer der vergessensten Orte von Paris. Hier hielt einst der 1864 in London gegründete Internationale Arbeiterverein seine häufig von Haussuchungen gestörten Sitzungen ab. Hier verfaßten die Mitglieder des Zentralkomitees der Pariser Kommune am 17. September 1870 ihre erste Proklamation. Und von hier ging auch an jenem 16. Februar 1871 das Signal zu dem unglücklichen Kommune-Aufstand aus, der später so blutig enden sollte. Kurz davor hatte der französische Schriftsteller Jules Vallès das Haus besucht: »Im dritten Stock eine Tür, die man mit einem Schulterstoß öffnen könnte, dahinter ein Saal, kahl wie ein Klassenzimmer. Grüßt ihn, hier ist das neue Parlament! Es ist die Revolution, die auf diesen Bänken sitzt, gegen die Wände lehnt, sich auf diese Pulte aufstützt. Die Revolution im Arbeitergewand!«

Ein paar Straßen weiter die *Rue Charlot* mit schönen alten Läden, gekreuzt von der Rue Pastourelle. An einer Stelle, wo Sie hoffentlich noch die uralte Weinbar *Le Baromètre* antreffen, in einem Haus aus dem 18. Jahrhundert. Ein beengtes, beklemmendes Nebengäßchen, *Ruelle Sourdis* (Métro Saint-Sébastien-Froissart) kann sich seit seiner Entstehung vor vierhundert Jahren nicht verändert haben. Kopfsteinpflaster, Abflußrinne in der Straßenmitte, Prellsteine vor den Häusern. Und an den Brandmauern hervorstehende Erker, die man heute allerdings eher als Plumpsklos bezeichnen würde. Das Pförtchen dahin ist manchmal geöffnet. Schön war das Mittelalter allemal … von den reichgewordenen Romantikern à la Victor Hugo oder Gustave Doré aus gesehen.

Schließlich die nahe *Rue des Haudriettes*, wo an der Ecke zum »Tabac des 4 Fils« (Zu den vier Söhnen) der Maler *Robert Combas*, bekannt als Meister der »Freien Figuration«, eine ganze hohe Hausfassade wie ein Riesencomic mit schreiend bunten Szenen bemalt hat. Beginnend mit einer prallen Nackten ohne Kopf, daneben ein ältlicher, bärtiger und bebrillter Herr im Lehnstuhl, aufgeschlagenes Buch auf dem Schoß … in dem sich der Autor unschwer wiedererkennt.

IV   *Das vierte Arrondissement*

Unzählige Male schon verunglimpft von Autoren, Histori-
kern und Romantikern: der Abriß des über Jahrhunderte
gewachsenen Stadtkerns vor der Notre-Dame durch den
Seine-Präfekten Baron Georges Haussmann. Zurück blieb,
wie ein Kritiker das nannte, »eine weite sibirische Steppe«.
15.000 Bewohner hatten damals abzuwandern, die im
Schutz ihrer Kathedrale gelebt hatten wie Küken unter der
Mutterhenne. Immerhin ließ Haussmann den Dom unan-
getastet – später unter der Revolution zum »Tempel der Vernunft« erklärt. Wozu unvermeidlich die Köpfe der Heiligen
an der Fassade abzuschlagen waren, die man für französische Könige hielt. (Arbeiter, die um 1978 im Keller eines
Hauses an der Chaussée d'Antin nach einer leckenden
Wasserleitung suchten, fanden dort die Köpfe wieder – sie
sind heute im Cluny-Museum zu besichtigen.) Danach
sollte das Gotteshaus an den Höchstbietenden versteigert
werden, was man immerhin verhindern konnte.
Von den jugendlichen Schwärmern meist übersehen, die
derzeit auf dem »Parvis«, dem Vorplatz, ihre Treffs abhalten:
der bescheidene Abstieg zu den *Crypte archéologique*
genannten Fundamenten des Stadtkerns … aufgefunden, als
man um 1970 nach Platz für eine Tiefgarage fahndete! Hier
geht es Jahrhunderte zurück zu den frühen Behausungen

des keltischen Fischerstammes der Parisii (»nahe der Isis«), der Gallier und natürlich der Römer, die den Ort Lutetia nannten. (In seinen Briefen nach Rom berichtet Kaiser Julian von den hier angebauten Weintrauben und Feigenbäumen – es gab also damals ein wärmeres Klima.) Weiters zu sehen alte Stadtmauerreste aus dem dritten und vierten Jahrhundert, nach der Invasion der Barbaren. Und 1970 unter einem dieser Steinblöcke aufgefunden: ein brauner Keramiktopf mit 700 Münzen, offenbar von jemandem vergraben, der keine Chance mehr hatte, seinen Schatz abzuholen. (PS: Des Autors Onkel Norbert bekam seinerseits diese Chance. Von Auschwitz zurückgekehrt, fand er allerdings anstelle seines Schatzes ein leeres Loch. Das Metall sei von einem einschlagenden Blitz hinweggeschmolzen worden, behaupteten die Nachbarn. Aber wir schweifen ab.) Auch Spuren mittelalterlicher Wohnhäuser sind da zu besichtigen, alter Schmuck, sogar ein vergoldeter Königshelm von Charles VI. mit seiner Devise: »Eh bien« (etwa: »Was soll's«). Sechzehn übereinandergeschichtete Jahrhunderte.

Gegenüber der jetzt – seit Malraux – wieder blendend weiß geputzten Fassade der Notre-Dame (das einstige Altersgrau wirkte jedoch stimmungsvoller) steht, was sonst, die Polizeipräfektur … wer nicht beten will muß fühlen! Dahinter immerhin der tägliche Blumenmarkt, der sich sonntags in einen zwitschernden Vogelmarkt verwandelt.

Weniger überlaufen, ja geradezu verlassen die kargen Nebengäßchen links der Kathedrale, die der große Saubermacher Haussmann diesem alten religiösen Viertel übrig ließ. In der *Rue du Cloître-Notre-Dame* drei historische Gebäude bei Nr. 14, 16 und 18, das eigentümliche mittlere unter dem Namen Dagobert bekannt. Davon abzweigend die *Rue Chanoinesse*, mit alten Wohnhäusern auf 22 und 24, letzteres von je (und hoffentlich auch noch, wenn Sie dies lesen) ein historisches Weinlokal. Bei Nr. 26 ein langgestreckter Innenhof, bepflastert mit alten Grabsteinen samt gotischer Beschriftung. Die abschüssige *Rue de la Colombe*, die auf das Jahr 1228 zurückgeht, zeigt das ursprüngliche Niveau der Insel vor Errichtung des vorgelagerten Deiches zur Seine. Eine urtümliche vergitterte Weinhandlung an dieser Stelle, bis vor kurzem Kabarett zur Taube genannt, enthält noch ein Stück der ältesten gallo-römischen Mauer, die einst die zwei Stadtinseln umgab. Auch die Häuser 3, 5 und 7 sind sehenswert. Mit der genannten Taube verbindet sich – laut dem nicht immer verläßlichen »Führer des mysteriösen Paris« – eine ergreifende Geschichte. Hier sei einst bei einem Landrutsch ein Täubchen verschüttet und nur gerettet worden, weil ein treuer Täuberich es mit Hilfe abgeworfener Körner ernährt habe. Noch bis in die heutige Zeit sollen zeitweilig Tauben um die Fenster des Lokals flattern, um diese selbstlose Tat zu feiern.

Das eigentümlichste Haus der Insel – und vielleicht der ganzen Stadt – steht auf Nr. 1 der *Rue des Ursins* (früher einmal Straße zur Hölle genannt, wie noch auf einer Straßentafel verzeichnet). Hier findet man, hinter einer kleinen vorgelagerten Treppe mit gotischem Pförtlein, die schönste mittelalterliche Fassade von Paris … sie wird auch als solche von sämtlichen vorbeimarschierenden Fremdenführern angepriesen. Nur daß das Ganze ein pures Pastiche ist, ein umfrisierter Nachbau, von einem Architekten namens Fernand Pouillon um 1958 errichtet. Gefälscht und auch wieder nicht gefälscht, denn es sind ja alle Bestandteile authentischen Ursprungs, die Quader, die Gitter, die Glasfenster. Aber eben nicht vor Ort gewachsen, sondern aus den Ruinen mittelalterlicher Bauten in ganz Frankreich eingekauft und wie ein Legospiel zusammengesetzt von diesem genialischen Nachempfinder und Aneigner alter Gemäuer. Das wuchtige dreistöckige Haus wirkt an dieser Stelle – vielleicht weil man es sich sosehr herbeiwünscht – absolut echt. Nur ergibt sich eben aus früheren Fotos, daß auch nicht eine einzige Fensteröffnung dem heutigen Zustand entspricht ... Klopft man an die Pforte, so erfährt man nach langen Palavern, daß hier ein »orientalischer Prinz« wohnhaft sei. Tatsächlich handelt es sich um Karim Aga Khan IV., Nachfahr des Propheten und Führer der 20 Millionen in alle Welt verstreuten Anhänger der schiitischen Sekte der Ismailiten, die ja ihrem geistlichen und weltlichen Oberhaupt traditionell den Zehnten abzuführen haben. Großvaters Foto, wie er schwergewichtig auf einer Waage sitzt und mit Goldbarren aufgewogen wird, gehört zum Bilderschatz der Weltgeschichte. Vater Ali Khan war dann jener einstmals berühmte Playboy, der vorübergehend Rita Hayworth ehelichen durfte. Karim IV. hingegen ist nicht nur Yacht- und Rennstallbesitzer, sondern auch ein angesehener Philanthrop, u. a. Stifter des mit einer halben Million Dollar höchstdotierten Architekturpreises der Welt. Ob er ihn je an Monsieur Pouillon vergeben hätte – der später in Marokko weiterhin »Autochthones« produzierte –, ist eine andere Frage.

Ein Treppchen führt Sie hoch zur Uferstraße *Quai aux Fleurs.* Dort auf Nr. 9 eine lange Marmortafel, die darauf hinweist, daß hier im Jahr 1118 das berühmte Liebespaar *Heloïse und Abélard* gewohnt hätten, ihre Geschichte vielleicht eine der Vorlagen für Romeo und Julia. Abélard, angesehener 39jähriger Professor an der Pariser Universität mit 3000 Schülern (er lehrte wahrscheinlich neben der Kirche Saint-Julien-le-Pauvre), soll Heloïse, die achtzehnjährige Nichte des Domherrn Fulbert, privat unterrichten. Sie verlieben sich ineinander und bringen einen gemeinsamen Sohn zur Welt. Fulbert läßt Abélard nachts überfallen und entmannen. Beide treten in die Kirche ein, ihre schönen Liebesbriefe über Jahre hinweg sind erhalten. Zum Beispiel Heloïse: »Ihr beschwört mich, meine Seele mit allen Sinnen Gott zu weihen. Wie kann ich das, wenn ich unaufhörlich an Euch denken muß?« Abélard stirbt 1142 nach fünfzigjährigem Klosterdasein, Heloïse überlebt ihn um weitere 22 Jahre. Laut ihrer letzten Verfügung wird ihr Leichnam zu ihm in den Sarg gelegt. 450 Jahre später läßt eine eifernde Äbtissin den Sarg aufbrechen und die sündigen Liebenden getrennt voneinander beerdigen. Im Jahr 1817 wird dann Abélard zum letzten Mal ausgegraben, obschon nur mehr Schienbeinknochen, Rückenwirbel und Kiefer auffindbar. Und zusammen mit Heloïse in ein schönes Mausoleum am Père-Lachaise-Friedhof überführt, seitdem beliebtes Wallfahrtsziel unglücklich Liebender.

Nahebei, am östlichen Bug des Inselschiffes und oft übersehen, eine steile Treppe, die ins Erdinnere führt. Es ist die Stelle, wo früher einmal, etwa bis 1914, das Leichenschauhaus der »Morgue« lag, für nicht identifizierte Tote, die man auf öffentlichen Straßen aufgelesen hatte. Heute liegt hier ein nicht identifizierter Toter aus dem Konzentrationslager Struthof im Elsaß. Stellvertretend für die Zehntausende Juden, Kommunisten, Homosexuelle und Widerständler, die von den Nazis deportiert wurden, unter tätiger Mithilfe der französischen Polizei und Miliz: *Mémorial de la Déportation*. Métro Cité.

Eine häßliche Brücke bringt Sie weiter zur Insel Saint-Louis, bis ins 17. Jahrhundert sumpfige Weide – die heutige Rue Poulletier liegt über einem der Entwässerungskanäle. Erst 1617 überzeugte ein cleverer Bauspekulant den König, die Insel mit Herrschaftshäusern auszubauen, die seither zu den Juwelen der Stadt gehören. Letzter Überrest aus der Vorzeit: Das *Cabaret du Franc-Pinot* an der Ecke Quai de Bourbon und Rue des Deux-Ponts, das sein altes Gitter und seine zwei Unterkellerungen bewahrt hat, unter denen sich ein noch tieferer Brunnen auftun soll. Das Ganze heute ein Jazz-Lokal. Métro Pont-Marie, Tel.: 01-4633 6064.

Wandert man die Hauptstraße, Rue Saint-Louis-en-l'Île, entlang, sozusagen das Rückgrat der Insel, so entdeckt man bei Nr. 24 einen winzigen Laden. Auf nur 25 Quadratmetern betreibt hier Madame Langlet einen Teesalon, eine Konditorei mit Dauerausstellung von Schokoladefiguren sowie ein kleines Marionettentheater, und bringt sogar ein Klavier für ihre »Minikonzerte« unter. *La Charlotte de L'Isle*. Métro Pont-Marie, Tel.: 01-4354 2583.

Nebenan in Nr. 31 *Berthillon*, genannt der beste Eissalon der Stadt, immer von Kundenschlangen umlagert und so ruhmreich, daß er sich manchmal herausnehmen kann, in den zwei heißesten Monaten des Jahres dichtzumachen. Eine seiner vielen Spezialitäten: Walderdbeereis. Métro Pont-Marie, Tel.: 01-4354 3161. Hierauf bei Nr. 69 das elsässische

Restaurant *Mon Vieil Ami*. Sein renommierter Koch, Antoine Westermann, stammt vom »Buerehiesel« in Straßburg, und für 40 Euro genießt man seine »einfallsreiche Küche«. Tel.: 01-4046 0135.

Die folgende Brücke, Pont de Sully, bringt Sie zu dem kleinen Square Henri-Galli, mit Überresten eines Festungsturmes der Bastille, weitaus geringer im Umfang als erwartet. Ein Stück linker Hand beginnt dann die ehrwürdige *Rue Saint-Paul*, nunmehr leicht modernisiert, wenn auch nicht immer zum passendsten. Gleich bei Nr. 6 ein *Sauna-Club*, der in einer anderen Stadtgegend vielleicht eher am Platz wäre. Mit Hammam und Mini-Swimmingpool, gewidmet einer Freikörperkultur, die ja in Paris wenig mit Sonnenanbetung zu tun hat. Métro Saint-Paul, Tel.: 01-4478 0210. Schräg gegenüber in Nr. 11 hingegen ein Ort, der sich in diese Straße einfügt wie angegossen: *Das Museum der Magie, zusammen mit Museum der Automaten*. Ein Labyrinth überwölbter Keller, in denen einst de Sade seine zügellosen Spielchen getrieben haben soll. Darin von Ihnen zu bewegende Roboter, eine schreibende Sphinx, eine ganze Vitrine voller Versatzstücke, mit denen der einst weltberühmte Prestidigitateur Houdini sein Publikum verblüffte u. v. a. Zu haben ein ganzer Lehrgang, wie man Tische rückt und Geistererscheinungen produziert (auch Thomas Mann glaubte daran). Und Behältnisse in Aktion mit solchen geheimnisvollen Namen wie »der indische Koffer« oder »der Spiegel des Teufels«, von Kartentricks nicht zu reden. Derzeit geöffnet Mittwoch, Samstag, Sonntagnachmittag. Samstags gibt es auch Unterrichtsstunden. Métro Saint-Paul, Tel.: 01-4272 1326.

Gerne tritt der Wanderer durch eine Passage in die Reihe

von Hinterhöfen ein, die sich *Village Saint-Paul* nennt. Hier hat man in den übereifrigen siebziger Jahren ein halbes Hundert verkommene »parasitäre« Bauten, zumeist aus dem 17. und 18. Jahrhundert, nicht etwa renoviert, sondern herausgerissen und abgetragen. (Eine Szene, die den Beschauer unvermeidlich an bestimmte Stellen aus Rilkes »Malte Laurids Brigge« erinnerte, die mit der sichtbar gewordenen Abortröhre vor allem.). Zurück blieb diese allzu baumlose durchgepflasterte Innenpromenade mit mehreren Antiquitätenläden und sonst nicht viel, doch wird derzeit über bessere Verwendung beraten. Die hübsche Rückseite des Village heißt *Rue des Jardins Saint-Paul*. Hier hielten vor gar nicht langer Zeit die Lumpensammler mit ihren hölzernen Handkarren ihre Waren feil. Auch sie sind verschwunden – fabriziert niemand mehr Hadernpapier? – und die gegenüberliegende Straßenseite hat man einfach zur Gänze abgerissen zugunsten eines Sportplatzes für das benachbarte Charlemagne-Lyzeum.

Immerhin wurde so das längste Stück der Stadtmauer von König Philipp-August freigelegt, das wir noch besitzen. Die zu beschützende Stadt von 250 Hektar muß man sich hinter der Mauer vorstellen. Diese – etwa zehn Meter hoch, drei Meter dick, alle 70 Meter ein Turm – ließ der König um das Jahr 1200 errichten, um die Stadt abzudecken, bevor er sich dem dritten Kreuzzug anschloß. (Er selbst entschied sich für den Seeweg und erreichte immerhin die Küste Palästinas. Während der ältliche Kaiser Barbarossa, um die teuren Schiffsmieten der Venezianer zu

sparen, den Landweg einschlug und bei einer Schwimm-
übung hinter dem Taurusgebirge umkam.)

Zurück zur Rue Saint-Paul, wo in Nr. 20 das anspruchslose
Hôtel du 7e Art liegt. Die siebente Kunst ist natürlich das
Kino, und ihm sind hier sämtliche Foyers, Gänge und Zimmer gewidmet, in Form von Plakaten, Starfotos und sogar
Statuetten beliebter Darsteller, eine Augenweide. Einzel-
zimmer ab 85 Euro. Fitneßraum. Métro Saint-Paul, Tel.:
01-4454 8500. Schräg gegenüber bei Nr. 45 der Straße eine
enge kopfsteingepflasterte Passage, die zu der *Kirche Saint-
Paul et Saint-Louis* hinführt.

Hier wurde am 20. November 1703 der sogenannte Mann mit der eisernen Maske unter
dem Namen Marchiali begraben oder zumindest eingesegnet. Um wen handelte es sich
wirklich? Möglicherweise um die Frucht einer
geheimen Ehe zwischen den Co-Regenten
Kardinal Mazarin und Königswitwe Anna von
Österreich, Mutter des späteren Königs Ludwig XIV. Die Maske, die der Unglückliche
während seiner Einkerkerung in der Bastille
von 1698 bis 1703 trug, soll aber aus Samt gewesen sein.
Hier in der Kirche lagerte auch während der Revolution die
Million Bücher, die man aus Klöstern konfisziert hatte.
Ebenso die einbalsamierten Herzen der Könige Ludwig
XIII., Ludwig XIV. und anderer Potentaten. Aus denen wollen – empfindliche Seelen bitte hier nicht weiterlesen – verschiedene Pariser Künstler einen braunen Farbstoff für ihre
Gemälde gewonnen haben, den es sonst nicht gab und der
sich »mummie« nannte.

Nicht auszulassen auf unserem Rundgang die trotz Renovierung mittelalterlich wirkenden Straßen Rue Charle-magne und Rue Eginhard – letzte Überreste eines uralten jüdischen Ghettos. In einem Stück Hinterhof – an Ihnen, es zu finden – der Gedenkstein der Familie Zajdner. Nach drei-ßigjährigen Demarchen dank Chirac von einer Schwester für ihren Vater und drei Brüder hingesetzt, sämtlich im KZ umgekommen bei »medizinischen Experimenten«. Allen 76 000 aus Frankreich deportierten Juden geweiht – darun-ter besonders viele Emigranten – ist das *Shoah Memorial*, 17 Rue Geoffroy-l'Asnier.

Eine jüngst errichtete Gedenk-mauer trägt alle ihre Namen, dar-unter den von Viktor Selmeczi, Onkel des Autors. Unvermeidlich forscht man nach seinem eigenen Namen, irgendwie erstaunt, ihn nicht hier zu finden. Neben dem Archiv gibt es Sonderausstellungen, etwa über die Ermordung von anderthalb Millionen Juden in der Ukraine – die Forschungen von Pater Desbois werden sich noch über Jahre hinziehen. Oder über das alltägliche Leben im Ghetto, mit Lebensmittelkarten, Produkten, die dort hergestellt wurden, gefälschten Dokumenten… Kin-dern wird der Besuch des Hauses abgeraten. Freier Ein-tritt, geöffnet Sonntag bis Freitag, Métro Pont-Marie, Tel.: 01-4277 4472.

Die schöne alte Rue Beautreillis enthält zwei bemerkens-werte Adressen. In einer Mietwohnung der Nr. 17 endete am 3. Juli 1971 der amerikanische Rockmusiker *Jim Morrison*, 27 Jahre alt, wahrscheinlich an einer Überdosis Heroin. Er wurde tot in der Badewanne seiner Freundin aufgefunden.

War aber nach anderer Version schon in einem Nachtklub am Linken Ufer tot umgefallen, wurde von seinen zwei Dealern in die Wohnung gebracht und dort in der Badewanne abgeladen. Sein Grab am Père-Lachaise-Friedhof blieb lange ohne Bezeichnung. Eine Büste, zehn Jahre nach seinem Tod von einem kroatischen Bildhauer geschaffen, wurde einige Jahre später wieder gestohlen. Heute gibt es einen neuen Grabstein, darauf ein Motto auf griechisch: »Sich selber treu«. Das Grab ist selten ohne Blumen … Andererseits findet man bei Nr. 9 der Straße noch jetzt den Laden der Schmuckdesignerin Anne Glaser, Witwe des ehemals dort ansässigen rheinhessischen »Buntschmiedes«, Anarchisten und Vagabunden *Georg K. Glaser*, dem Autor des allzu vergessenen Memoirenbandes »Geheimnis und Gewalt«.

In der *Rue François-Miron* fallen uns vor allem zwei schmale mittelalterliche Fachwerkbauten auf – bei Nr. 11 und 13 –, die allerdings nur wenig mit den ursprünglichen Fassaden zu tun haben dürften, aus denen sie herausgeschält wurden. Immerhin stellt sich bei den meisten Pariser Renovierungen heraus, daß bis tief ins 19. Jahrhundert, und auch dort wo man Stein oder Gußstein vermutet, mit Fachwerk gearbeitet wurde. Bei Nr. 44–46 der Straße dann ein unscheinbarer Laden, in dem sich nichts weniger verbirgt als ein Retter des historischen Marais-Viertels: *Die Assoziation für die Rettung und Aufwertung des historischen Paris*. Alte Häuser sterben, besonders wenn man sich aus Budgetgründen nicht um ihre Erhaltung kümmern kann. Also wird ein ganzer Straßenzug zum Slum erklärt (oder, nach dem damals gängigen französischen Ausdruck, zum »Îlot insalubre«, zum unhygienischen Häuserblock). Danach darf man unbedenklich einreißen und niederwalzen. Eine der ersten Pariser Fernsehreportagen, vom Autor gedreht, zeigte, wie's gemacht wurde: Zwei Raupenschlepper rechts und links, eine starke Kette zwischen die beiden gespannt … und das alte Haus, in seinen Grundfesten durchsägt, brach in sich zusammen wie ein Haufen mürber Zunder. »Ein Kind«, schrieb der Autor damals im Text, »ein Kind tupft mit dem Finger dagegen. Lebewesen, Pflanze, Mineral? Oder der Stoff, aus dem die Träume gemacht sind?« Es war dann diese kleine Vereinigung, die im Sommer 1962 das erfolgreiche »Festival du Marais« ins Leben rief. Musik, Umzüge, Straßentheater, aus denen sich schließlich die rettenden Bürgerinitiativen entwickelten. Rettung auch für das eigene kleine Haus, in dessen Untergeschoß man einen historischen Keller aus dem 13. Jahrhundert entdeckte. (Ältere Besucher sollten die steile Treppe nicht allein zu bewältigen trachten.)

Bei Nr. 68 der Straße steht schließlich – jetzt leider verbeamtet und nur mehr durch Führung zugänglich – ein im Jahr 1655 für die einäugige Hofdame *Mademoiselle de Beauvais* errichtetes Privathôtel. Welches sie dafür belohnte, den damals 16jährigen Thronfolger des Königs Ludwig XIII. erfolgreich in die Geheimnisse des Liebeslebens eingeführt zu haben. Später wohnte in diesem theatralischen Bau, der etwas an eine Bühne erinnert, als Gast des Bayerischen Gesandten der siebenjährige Mozart samt Familie.

Die *Rue du Pont Louis-Philippe* wird gern besucht wegen einiger schöner Läden mit japanischen Geschenkartikeln und feinen Schreibutensilien. Auf Nr. 4 wohnte im Sommer 1860 der schon schwer an Syphilis erkrankte Baudelaire zusammen mit seiner dunkelhäutigen Geliebten Jeanne Duval. Die ihn allerdings gleichzeitig mit einem anderen Hausgenossen betrog, den sie als ihren Bruder ausgab. In

Nr. 13 der entsprechende *Pluriel Club*. Ein Fachwerkhaus aus dem 14. Jahrhundert, eines der ältesten der Stadt. Enthaltend in drei unterirdischen Stockwerken samt steinernen Treppen alles was das Herz begehrt sowie benachbarte Körperteile. Bis hin zu dem üblichen schrägen Andreaskreuz, an das man den begehrten Partner anketten darf. Das leider in solchen Lokalen übliche Zahlenverhältnis der Geschlechter drückt sich schon darin aus, daß einzelstehende Herren 94 Euro Eintritt zahlen, die erwünschten unbegleiteten Damen hingegen nur 22 (abendliches Buffet inbegriffen). Tel.: 01-4029 0752.

Allen Pariser Heimwerkern rühmlich bekannt sind die Schätze des Untergeschosses in dem kurz »BHV« genannten Kaufhaus *Bazar de l'Hôtel de Ville*, 10 Rue de la Verrerie. Was man hier nicht findet, gibt es nicht, oder so gut wie. Versteckt und nicht leicht aufzufinden hingegen das dazugehörige *Café Ateliers*. Wo überdies zweimal täglich einfache Bastelkurse gratis abgehalten werden. Billige Verpflegung. Zwei Flipper. Man kann auch bloß ein Gläschen trinken, umgeben von lauter wild umhergestreuten Sägen und Bohrern. Métro Hôtel de Ville, Tel.: 01-4887 9907.

Die *Rue de la Verrerie* gehört schon zum Gay Paris, also dem Schwulenviertel, das derzeit den Kern des Marais bestreitet. Die *Quetzal-Bar* bei Nr. 10 gilt als einer seiner unumgänglichen Ankerplätze, wie Rick's Bar für »Casablanca« oder die Deux Magots für den Existentialismus. Métro Hôtel de Ville, Tel.: 01-4887 9907. Auch Nr. 16 und 22 sind beachtenswert. Bei Nr. 78 hat sich dann ein ehemaliges Presbyterium in ein kleines Liebeshotel verwandelt, das *Hôtel Saint-Merri*. Die elf Zimmer mit holzverschalten Decken und noblen Kaminen gelten als bevorzugter Treffpunkt für Homos und

Lesben. Zimmer ab 160 Euro pro Paar. Métro Hôtel de Ville, Tel.: 01-4278 1415. Um die Ecke auf der treppenbestückten Rue Saint-Bon bei Nr. 5 eines der ältesten Echangistenlokale des Marais, geradezu ein Klassiker der Libertinage: *Chris et Manu*. Ein Club-Restaurant, so erfolgreich, daß es sich sogar erlauben kann, tatsächlich nur Paare einzulassen. Taxe 60 Euro, wobei immerhin schon zwei Drinks inbegriffen sind. Tel.: 01-4272 5218. Bei so viel Ausschweifung leicht zu übersehen: Auf Nr. 56 der Rue de la Verrerie ein geheimnisvoller Durchgang, der sich tief durch das bauliche Urgestein des Viertels hindurchwindet bis zu einem überraschend sonnigen Hinterhof.

Die nachfolgende *Rue des Lombards* – die Straße der Wucherer – gibt sich womöglich noch verruchter, zumindest amüsanter. (Alle genannten Lokale ohne Gewähr, da man hier so häufig Name und Bestimmung zu wechseln pflegt, wie manche Autoren ihre Vergangenheit.) In Nr. 6: *Le Bear's Den*, ein Lokal für Teddybären und sonstige rundliche Figuren sowie ihre Bewunderer. Auf Nr. 8 stand einst das berühmte Freudenhaus Rita, heute eine Bar. Bei Nr. 42 *Au Duc des Lombards*, ein angesehener Jazzclub seit 20 Jahren. Métro Hôtel de Ville, Tel.: 01-4233 2288. Dazwischen alle möglichen anderen Bars, Diskos und Sexshops.

Die schier unaussprechliche *Rue Quincampoix* hieß ursprünglich nach einem Seigneur de Kiquenpoit – wahrscheinlich ein Holländer, der wie viele andere hierher eilte, um schnell sein Vermögen zu verdienen. Diese pittoreske Straße, vor allem in ihrem engen südlichen Teil, war ja einst berüchtigt für die enormen Summen, die da gewonnen wurden und alsbald zerrannen. Wie es dazu kam, ist lehrreich, auch für neuere Wallstreeter. Im Jahr 1716 veranlaßte der schottische Bankier John Law hier an dieser Finanzecke im Auftrag der Regierung die Umstellung des bisherigen Metallgeldes auf Papier. Es entstand eine sechs Milliarden schwere Inflation, die zahlreiche Existenzen vernichtete, aber immerhin das Land von den Schulden befreite, die es seit Generationen bedrückten. Nebenher gründete Law eine Firma, die mit Anteilen der »Compagnie des Indes« (Indiengesellschaft) spekulierte, was sich übrigens keineswegs auf Asien bezog, sondern das – damals französische – Louisiana. Also praktisch ganz Amerika zwischen dem Mississippi und den Rocky Mountains (später von Napoleon für einen Pappenstiel an die USA verkauft, um seinen Rußlandfeldzug zu finanzieren). Alles riß sich um die Aktien – man erinnert sich an den ähnlichen Tulpenskandal in Holland –, und die Anteile stiegen in kürzester Zeit von 200 auf 20 000! Wer früh genug einstieg, wurde reich … einschließlich eines Buckligen, der seinen Höcker als Schreibtisch verlieh. Und jedes Haus der Straße, die man nur noch den Mississippi nannte, vermietete sich als Finanzkontor zu Höchstpreisen. Bis dann die Blase platzte und nichts zurückblieb als »eine menschenleere Wüstenei« – so der maßgebliche Stadtführer von Rochegude und Clébert noch um 1960! Sie dürften nicht genau hingeschaut haben, denn im gleichen Jahr filmten wir aus einem Fenster der Rue des Lombards das Gedränge der Straßenmädchen, die um Kunden der nahen Markthallen warben, nebst ihren zeitunglesenden Zuhältern. Während die Fensterbesitzerin angstvoll zeterte: »Stop, stop, man wird uns alle umbringen, Monsieur!«

Heute ist die Straße Teil der – schwer zu unterscheidenden – Vergnügungs- und Kunstindustrie, die den ganzen

Marais durchzieht. Auf Nr. 9 das *Imprévu Café* mit vier immer anders möblierten Räumen – ein guter Treffpunkt. Auf derselben Straßenseite bei Nr. 41 der *Club 41*, eine »Disko für Erwachsene«. Geleitet von Denise, ehemals Pornoqueen und jetzt selbststilisierte »Königin der Pariser Nacht«, die jeder hier »Maman« nennt. Gemischtes Publikum aus Bourgeoisie und Populo, auch echte »people« sind vertreten, wenn auch vielleicht nicht mehr so häufig wie einst. Das Ganze nennt sich eine Bums-Disko und öffnet meist erst gegen Mitternacht. Viel spielt sich ab, aber immer mit Respekt, darauf legt Denise Wert. Métro Châtelet, Tel.: 01-4277 9804.

Nr. 51 heißt *Dans le Noir*, Im Dunkeln, und ist bislang einzigartig in Paris. Kurz gesagt, ein Lokal für Blinde oder solche, die es werden wollen. Schon beim Eintritt muß der Kunde alles, was Licht machen kann, in Schließfächern ablegen. Dann erscheint eine Bedienung, die ausschließlich aus Blinden besteht, und man wird ins Stockdunkle geführt, wo man sein Essen serviert bekommt. Was angeblich »zu einer völligen Umwertung unseres Geruchs- und Geschmackssinns« führt. Dazu »relaxierende Musik aus Shiatsu-Centern samt beruhigenden Gerüchen und auf Wunsch kinesitherapeutischer Massage des Rückgrats durch Blinde«. Auch Lesungen, Weinverkostung, Theaterabende im Dunkeln werden angeboten. Mittags ein Zen-Déjeuner unter Einschluß von Vitaminen, Mineralien und »Omega 3« – hoffentlich wissen Sie, was das ist. Métro Rambuteau, Tel.: 01-4277 9804.

Nahebei auf Nr. 62 *Le Troisième Lieu*, der Dritte Ort, der irgendwie mit dem Dritten Geschlecht zu tun haben muß, aber auch dem Dritten Weg, der Dritten Welt, und überhaupt allem Beunruhigenden. Heißt der Untertitel dieser Resto-Bar doch »Kantine der bewaffneten Lesben«! Allerdings sind hier auch Heteros gefragt, Gays natürlich auch. Unterirdische Tanzfläche im Innern eines U-Bootes, dort alle Abende andere Musik, manchmal live oder mit DJs. Preiswerte Snacks. Métro Rambuteau, Tel.: 01-4804 8564.

Bei Nr. 82 bietet dann die enge Passage Molière auf fünfzig Metern: ein Restaurant mit Autographen seiner literarischen Stammkunden an den Wänden … das *Haus der Poesie*, wo wir auch schon mal ein Stück über Rimbauds letzte Tage zu sehen bekamen … und eine Boutique, in der man Gipsabdrücke aller gewünschten Körperteile für Sie vornimmt.

Im übrigen dient die Straße mehreren modernen Kunstgalerien als Standort, Ausleger des weltbeherrschenden Centre Pompidou, von den Einheimischen *Le Beaubourg* genannt. Die nur zwei Meter breite *Rue de Venise* führt Sie hin. Die kurze Rue Simon-le-Franc – auf Nr. 12 eine notorische »Cruising Bar« – bringt dann den Parisforscher zur Rue du Temple. Einst Zentrum der Kürschner und Pelzhändler von Paris, bleibt heute nicht ein einziger Laden. Hingegen auf Nr. 41 das *Café de la Gare*. Keineswegs ein bloßes Kaffeehaus, sondern eine Kabarett- und Theaterkommune, die ihre Einnahmen – wenigstens bis vor kurzem – gleichmäßig unter ihren Mitgliedern aufteilte. Und an deren Gründung alle Größen des französischen Schaugeschäfts beteiligt waren, von Brel bis Depardieu. Der Eingang liegt in einem wohltuend alten Innenhof, vormals Pferde-Relais. In dem aus allen Poren Musik ertönt, denn hier sind rundherum diverse Ballett- und Tanzschulen angesiedelt, vom Bauchtanz bis hin zum japanischen Buto. An schönen Tagen erblickt man durch alle offenen Fenster graziöse Tänzerinnen ihre Körper wiegen. Einer der angenehmsten Orte des Viertels – doch dürfen Sie nicht vergessen, daß Kabarett in Frankreich häufig auf einem einzigen Solo-Akt beruht, der sich mit viel Stimmverstellung und Mimik über Leute und Ereignisse lustig macht, von denen Sie möglicherweise nie gehört haben. Métro Rambuteau, Tel.: 01-4278 5251.

Auch sonst bietet die Straße einiges. So auf Nr. 11 das *Hôtel Duo*, sehr »branché«, sehr »design«, die Direktion seit vier Generationen von Müttern ihren Töchtern vermacht. Im Treppenhaus schmiedeeiserne Geländer und historisches Fachwerk. Die gegenwärtige Patronne, Madame Turmel, vermietet ihre Zimmer »für eine Nacht oder für eine Stunde« zu 120 Euro plus. Tel.: 01-4272 7222.

Bei Nr. 20 *Le Latina*, eines der ältesten Kinos von Paris, gegründet 1913. Jetzt für lateinamerikanische Filme reserviert. Im ersten Stock ein preiswertes einschlägiges Restaurant, meistens auch zu Mittag geöffnet, das *Bistro Latin*. Nachher rückt man die Tische beiseite und es wird Tango getanzt, sonntags auch Salsa. Montag und Mittwoch gibt es sogar Pauschaltickets mit Kinobesuch, Diner und argentinischem Tango, alles zusammen für rund 20 Euro.

Die Hauptschlagader von Gay Paris aber ist, neben der genannten Rue de la Verrerie, heutzutage die Straße, auf die wir jetzt unvermeidlich stoßen, mitgerissen von den hinstrebenden Jugendlichen, die *Rue Sainte-Croix-de-la-Bretonnerie*. Hier fanden sich einst die ersten Pariser Bestattungsinstitute (»pompes funèbres«) zu einer Gilde zusammen. Deren Werbeagenten glockenläutend durch die Straßen zogen und dabei mit jämmerlicher Stimme ausriefen: »Betet für die

Hingeschiedenen!« Später eine Bordellstraße, berühmt das »Paquita« auf Nr. 2. Heute hat fast jedes Haus etwas Originelles zu bieten: Gleich auf Nr. 6 die einschlägige Buchhandlung bzw. Auskunftszentrum für Gays, daneben ein Modeladen für Transsexuelle (der aber jederzeit voller schicker Mädchen steckt). Gegenüber in Nr. 7 das *Point Virgule*, ein winziges Kabarett (früher Tischlerei), das seit 30 Jahren junge Chansonsänger und Komödianten vorstellt. Gedacht für brotlose Kunstfreunde, kostet ein Abonnement für zwei auf Lebenszeit (!) nicht mehr als 80 Euro. Hier erzählt mit viel Verve und Humor ein Escort-Girl seine irdischen Abenteuer. Oder es wird im Paradies über die Himmelstauglichkeit des Heiligen Sebastian gestritten, Schutzpatron der Schwulen. Sonntags um fünf Amateurwettbewerb, jeder Zuschauer hat über den Witz der Humoristen abzustimmen. Métro Hôtel de Ville, Tel.: 01-4278 6703.

Auf Nr. 16 das *IEM Marais* – wer nicht weiß, wofür die Abkürzung steht, gehört nicht dazu! Nur nachmittags und abends geöffnet. Dreiteilige Butik: Vorne Klamotten und Schmuck, im Hinterzimmer Sadomaso-DVDs, von dort klettert man in den unheimlichen Keller, der die harten Sachen enthält: Handschellen, Masken, Kapuzen, Peitschen, Käfige sowie fußlange rosarote Dildos, wie sie kein Lebender wagt zu erträumen … Wie unschuldig hingegen der *Giftshop* auf Nr. 21, spezialisiert auf den Stil der Neunzehnhundertsiebziger, derzeit wieder groß im Kommen. Gegenüber bei Nr. 22 das stilvolle *Hôtel de la Bretonnerie*, ein geborenes Herrschaftshaus aus dem 17. Jahrhundert, wie so viele Gebäude des Viertels. Labyrinthe aus Korridoren und Gängen führen zu den 29 Zimmern. Viel historische Atmosphäre bis hin zu den Himmelbetten und echten Tapisserien. Ab 120 Euro. Métro Hôtel de Ville, Tel.: 01-4887 7763. Nebenan bei Nr. 24 hinter einer imposanten Einfahrt ein gepflasterter Hof mit Bambusstauden. Nicht zu übersehen in Nr. 43 die *Bar Le Feeling*, eine Institution des Viertels, beliebt bei Journalisten und Auslandskorrespondenten, die den Puls der Stadt fühlen möchten. Métro Rambuteau, Tel.: 01-4272 7597.

Ein Nebengäßchen, Square Sainte-Croix-de-la-Bretonnerie, da ein wenig abgelegen, ist für schüchternere Gemüter bestimmt. Bei Nr. 8 ein *Menstore plus Hardshop*. Hier läßt sich alles an Gummi, Latex oder Leder besorgen, was zum Phantasiesex unerläßlich. Natürlich auch die einschlägigen Videos, inkl. seltenerer Marken wie »Titan«. Leider ist auch diese stimmungsvolle Gasse vom Ruin bedroht. Schon steht das Haus Nr. 11 auf der Abschußliste und soll sich demnächst in einen Supermarkt verwandeln, der etwa so hierherpassen würde wie das kürzlich eingepflanzte Starbucks. An der Ecke dann die rotgestrichene *Cox-Bar* bei 15 Rue des Archives, die tatsächlich nicht viel mehr enthält als einen langen Tresen und wenige Hocker. Es wird aber, wie man dem Autor versichert, die Dekoration alle paar Monate gewechselt. Dies ist, besonders wenn an sonnigen Tagen die Stühle ins Freie kommen, eine Art Hauptquartier und Gefechtsstand der Homos des Viertels. Gilt zur Happy Hour bei Elektromusik als »Before« … also bevor sich die Nachtschwärmer zu seriöseren Dingen in Bewegung setzen. Métro Hôtel de Ville, Tel.: 01-4272 0800.

Gegenüber auf der anderen Straßenseite ein allzeit offener mittelalterlicher Kreuzgang – der einzige in Paris –, genutzt als Kulturzentrum der benachbarten protestantischen Kirche *Les Billettes*. Häufig sitzt da auch ein Pfarrer oder eine

Diakonissin zwecks Auskunft oder spirituellem Beistand. Ursprünglich soll hier ein Sühnekloster gestanden haben, an der Stelle einer abgerissenen Wohnstatt, die einst »dem Juden Jonathas« gehört hatte. Dieser war angeklagt, zu Ostern 1290 eine Hostie mit dem Messer angestochen, ins Feuer geworfen und dann auch noch in kochendes Wasser getan zu haben. Welches sich danach umgehend in Blut verwandelte, während die Hostie frei davonflog, aber dennoch bis zur Französischen Revolution noch im Kloster zur Schau gestellt wurde. Der Jude Jonathas aber wurde wie gewohnt zum Tode verurteilt und verbrannt, sein Haus dem Erdboden gleichgemacht. Und die Straße bekam eine Zeitlang den Namen »Où Dieu fut bouilli«, wo man Gott gekocht hat.

Um die Ecke die stimmungsvolle Rue Vieille du Temple, die als unüberschreitbare Grenze zum prüden Israelitenviertel um die Rue des Rosiers gilt … obwohl man kürzlich erfuhr, ein orthodoxer Jude habe tatsächlich einen Schwulenklub gegründet! Bei Nr. 33 die *Bar Le Central*, die Tränke des ältesten Gay-Hotels von Paris. Alles spielt sich um den Jugendstiltresen ab, wo man einander beäugt, inspiziert und natürlich anmacht. Präservative gibt es hier gratis. Direkt über der Bar die sieben Zimmer (plus einer Suite) des Hotels. Métro Hôtel de Ville, Tel.: 01-4887 9933. Im Nebenhaus bei Nr. 31 *La belle Hortense*, eine gemischte Kneipe und Buchhandlung, auch Fotoausstellungen und Autorenlesungen finden in den beschränkten Räumen statt. Tel.: 01-4804 77160. Schräg gegenüber in Nr. 28 *Les Philosophes*, halb Literatencafé halb Eßlokal zu gemäßigten Preisen. Außen eine beliebte Terrasse, innen dunkle Holztäfelung und im Hintergrund eine Wendeltreppe, die weiß Gott wohin führt.

Der Bruder des Autors verkehrt, wenn in Paris, an diesem gedankenvollen Ort. Métro Hôtel de Ville, Tel.: 01-4887 4964. Nebenan, aber schon der Fußgängerzone Rue du Trésor zugehörig, das Restaurant *La Chaise au Plafond*, der Stuhl an der Decke. Auch die Dekoration hat irgend etwas mit diesem Stuhl zu tun. Komplettes traditionelles Menu für 30 Euro inkl. Wein. Die witzige Toilette besitzt Gucklöcher, die aber Gott behüte nicht die Nachbarkabine zeigen sondern abstrakte Bilder (Métro Saint-Paul, Tel.: 01-4276 0322). Auf Nr. 34 der Straße eine Snackbar mit noch viel eigentümlicherem Design, darauf getrimmt, diesem artistischen Viertel das I-Tüpfelchen aufzusetzen: *L'Étoile Manquante*, der fehlende Stern, was immer das bedeutet. Auch hier – der Patron ist der gleiche wie oben – lohnt es, die Toiletten zu besuchen. Allwo ein kleiner Eisenbahnzug umhersaust und man auch insgeheim abgefilmt wird, wenn auch nicht bei den intimsten Verrichtungen. Tel.: 01-4272 4834. Aber das traditionelle In-Lokal bleibt *La Perla* auf Nr. 78. Hetero, homo und alles dazwischen. Eine Bar, nicht ganz so jugendlich wie ähnliche Orte, sehr »tendance«, verraucht aber preiswert. Tel.: 01-4272 6993.

Die Rue des Francs-Bourgeois nennt sich nach 24 älteren Bürgern, die einst so verarmt waren, daß sie als steuerfrei eingestuft werden mußten. Sie ist vor allem bekannt für einen mächtigen historischen Bau auf Nr. 55, den »Berg der Pietät«. Mit anderen Worten, das städtische Pfandleihhaus *Crédit Municipal*, das hier seit 1778 seines Amtes waltet. Auch »Der Nagel« oder »Meine Tante« genannt. Nämlich seit ein junger Sprößling des Königs Louis-Philippe, der Prinz von Joinville, hier wegen Spielschulden seine goldene Uhr versetzen mußte und als Entschuldigung angab, sie bei seiner

Tante vergessen zu haben. Die 40 000 Quadratmeter des Hauses sollen Hunderttausende Objekte enthalten, im Gesamtwert von 100 Millionen Euro. Die erste Etage ist dem Schmuck vorbehalten, in der zweiten beginnen dann die Klamotten, unterm Dach dürften gestapelt nach wie vor die Matratzen liegen, das letzte Besitztum der Armen. Heute empfängt das Haus an die 600 Kunden täglich, die durchschnittliche Leihsumme beträgt immerhin 680 Euro und beläuft sich grundsätzlich auf 70 % des geschätzten Wertes.

Um das ganze Haus zu besichtigen, sollte man am besten mit einem kleinen Paket in der Hand wie suchend umherirren. Da der historische Zweck dieses städtischen Kreditinstituts ja ist, den Bürger vor Wucherzinsen zu bewahren, gibt man sich hier Besuchern gegenüber aufgeschlossener als in anderen öffentlichen Gebäuden. Es werden auch Versteigerungen abgehalten, wobei vor allem Teppiche gefragt sind. Eine beliebte – und hoffentlich vergangene – Gaunerei findet sich in dem seinerzeit berühmten Werk von Ange Bastiani: »Les mauvais lieux de Paris«, die gefährlichen Orte von Paris (leider ins Deutsche übersetzt als »Paris höchst intim«): »Da tritt vor dem Pfandhaus eine angebliche Witwe auf Sie zu, die Ihnen zwischen zwei Schluchzern ihren wertvollen Familienschmuck vorzeigt und ihre ganze Pein kundtut, dies Andenken anonymen Händen zu überlassen. Worauf der Gerührte höchstwahrscheinlich selbst mit der Summe herausrückt und verspricht, das Schmuckstück bis zum nächsten ausgemachten Termin zu behalten … der allerdings nie stattfindet. Versucht er dann seinerseits, das Stück zu versetzen, so stellt es sich natürlich als wertloser Tinnef heraus.« Métro Rambuteau, Tel. 01-4461 6400.

Weiters im Hof des Hauses zu inspizieren: Reste eines acht Meter hohen Turmes der schon genannten Stadtmauer von Philipp-August aus dem 12. Jahrhundert. Nebenan auf Nr. 53-bis steht das Restaurant *Le Dôme du Marais*, das frühere Auktionshaus des Versatzamtes, mit edler achteckiger Kuppel über dem Speiseraum. Traditionelle französische Küche je nach Jahreszeit. Vornehme Atmosphäre. Dinner 35 bis 45 Euro. Tel.: 01-4274 5417. Nahebei auf Nr. 6 Rue des Guillemites ein – hoffentlich nicht inzwischen verschlossener – Durchgang, die *Passage des Singes* (Affenpassage). Einige Häuser weiter bei Nr. 14 ist einer der Türme der alten Stadtmauer ins Pflaster eingezeichnet.

Zentrum des jüdischen Ghettos von Paris, auch »Le Pletzl« genannt, ist die *Rue des Rosiers* (Métro Saint-Paul). Einst Patrouillenweg der Schildwachen auf der Mauerkrone der Befestigungen von König Philipp-August, deren Spuren noch in den Kellern der Häuser 8, 10 und 14 sichtbar. Auch sonst reichen viele der Häuser Jahrhunderte zurück. So sieht man Reste eines Handwerksladens auf Nr. 23 mit eigentümlicher Holztreppe. Leider ist in den letzten Jahren vieles Historische, so auch das Le Hammam genannte Dampfbad, den alles verschlingenden Modeboutiquen und Kunstgalerien zum Opfer gefallen. Anderes steht noch, dank Bürgerinitiativen und entgegen dem Wunsch der Stadtverwaltung. Die nach dem Zweiten Weltkrieg ja nur noch auszuradierende Slums sah, wo gewachsene Bausubstanz zu retten war. Um so mehr, als das ganze Judenviertel seit Jahren fast leerstand, die Einwohner zumeist der berüchtigten Razzia du

Vélodrome d'Hiver im Juli 1942 zum Opfer gefallen. Darunter auch über 2000 Kinder, wie abzulesen an jeder Schule des Marais. Von 75 000 Deportierten kehrten weniger als 2000 zurück.

Als Inbegriff des Pletzl gilt oder galt Restaurant und Delikatessenladen *Jo Goldenberg*. An den Wänden Bilder seiner vielen prominenten Gäste. Mittendrin ein Einschußloch – Zeuge des arabischen Terroristenüberfalls vom Sommer 1982. (Einer der sechs tödlichen Schüsse traf den arabischen Küchenjungen.) Warum das Lokal derzeit geschlossen und vergittert ist, fragt man auf der Straße vergebens. Die Erklärung liegt vielleicht beim Bäcker gegenüber, dessen Matzen die eigentümliche Aufschrift tragen, die koschere Qualität dieser traditionellen ungesäuerten Osterfladen sei nicht garantiert. Nanu, hat man sich hierorts vielleicht gegen die Speisegesetze vergangen? Und wären die süß-sauren Gurken, das Pickelfleisch, die Strudel, das Kümmelbrot, das »Rasvane-breit« (Roggenbrot) und Gott behüte die ungarische Pick-Salami gar chinesische Billigimporte?

Immerhin findet man das Nötige auch beim traditionellen Bäcker *Finkelsztajn* auf Nr. 25, wenn der Laden jetzt auch renoviert und schreiend gelb gestrichen ist. Bittet man den Patron, einen Brotlaib in Scheiben zu schneiden, so heißt es lachend: »Wenden Sie sich an die Blonde!« Und natürlich sind alle vier Servierdamen blond, es ist der Witz des Ladens … Ergreifend um die Ecke bei der winzigen Nr. 21 Rue des Écouffes ein Abschiedsbrief des bärtigen Friseurs Yoram, der kürzlich sein Geschäft aufgab, um in den Ruhe-

stand zu treten. Über viele Zeilen hinweg eine Hymne frommer Danksagungen an seine treue Kundschaft.

Aus dem klassischen Werk von Sophie Monneret über die Zeit des Impressionismus erfahren wir die erstaunliche Tatsache, daß damals die meisten Malermodelle dem jüdischen Ghetto zugehörig waren, ja zum Teil über Generationen hinweg diesem Beruf anhingen. Manets Lieblingsmodell Victorine Meurent posierte für seine »Olympia« und das »Frühstück im Grünen« (1863 vom Salon zurückgewiesen, weil hier eine Nackte zusammen mit bekleideten Männern zu sehen war). Später wurde sie selbst Malerin, glitt ins Elend ab und wurde gelegentlich von Toulouse-Lautrec mit Mahlzeiten unterstützt. Als schönstes der jüdischen Modelle aber galt Ellen André.

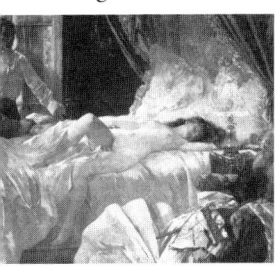

In dem Skandalbild »Rolla« (1887 wegen Unmoral abgehängt) posierte sie für den Kopf, Marie Renard für den Körper der erschöpft auf das Bett hingegossenen Kokotte … während ihr Liebhaber – das Gedicht stammt von Musset – sich gerade anschickt, aus dem Fenster zu springen. Was überdies die Zeitgenossen besonders empörte, war der Stoß neben dem Bett abgeworfener Kleider. Aus welchem klar hervorging, daß zuerst die Dame sich nackt ausgezogen haben mußte, während der Herr sich erst nach und nach seiner Hüllen entledigte … und den Zylinder anscheinend bis zuletzt auf dem Kopf behielt! Auch gibt es da ein Stück Spazierstock in genau dem richtigen Winkel, aber lassen wir das.

Liegt Ihnen noch an weiteren Indiskretionen? Modelle wurden immer am Montag für die Woche ausgewählt. Dabei bekamen Männer 3 Francs für eine Sitzung von fünf Stunden, Mädchen hingegen 4 Francs … weil sie ja ihre Schönheit nicht so lange bewahrten. Gefürchtet unter weiblichen Modellen war der reiche Degas, der ihnen am meisten zumutete: »Du weißt nicht, was dich bei Degas erwartet! Entweder er steckt dich in die Badeschüssel, oder du mußt dir den Hintern waschen!« Viele der großen Maler der Zeit heirateten ihre Modelle, zuletzt noch 1925 Bonnard, nachdem er sich dreißig Jahre hindurch den Kaprizen seiner Marthe de Méligny unterworfen hatte. Nur Seurat blieb lebenslang, ohne zu heiraten, mit der schönen Jüdin Knoblock liiert. Und der sparsame Renoir, der die Pariser Modelle zu teuer fand, hielt sich gern hübsches Hauspersonal, das gleichzeitig Modell stehen konnte, so die berühmte Gabrielle … Eigentümlich übrigens, daß laut meinem hundertjährigen »Führer des Lebemanns« die Rue des Rosiers mehr Bordelle enthalten haben muß als jede andere Pariser Straße: Auf 22 »Alençon«, auf 38 »Aux Rosiers«, auf 40 »Marillou«, auf 43 »Marguerite«, auf 44 »Ida«.

Bei Nr. 10 Rue Pavée (sprich: die gepflasterte Straße, im Mittelalter eine Seltenheit) steht, wie in eine Baulücke hineingezwängt, die schlanke elegante Jugendstil-*Synagoge*, die Hector Guimard, der Schöpfer der Métroeingänge, 1913 hier errichtete. Alles wirkt wie aus teurem Stein gehauen, dabei ist das Ganze einer der ersten Eisenbetonbauten, mit bloß vorgesetzten hohlen Gußsteinen. Auch die Innenausstattung stammt vom selben (nicht-jüdischen) Künstler, den sich da erstaunlicherweise die strenggläubige zumeist russische Gemeinde angelacht hatte. Herzlich mißbilligt von den offiziellen Vertretern des französischen Judentums, die nicht einmal zur Einweihung erschienen. Métro Saint-Paul, Tel.: 01-4277 8151. In der gleichen Straße, leider ist dem Autor die Hausnummer entschlüpft, wohnte einst Marie-Louise Denis, die Voltaires geheime Liebe war: »Ich umarme Ihren lieben Po und Ihre ganze Person. Meine Seele ist die Ihre auf ewig!«

In der Nähe bei Nr. 24 Rue du Roi-de-Sicile das *Dollhouse*. Ein Laden für die Fans der Insel Lesbos, voller Spitzen, feiner Unterwäsche (wenn sie überhaupt noch innen getragen wird und nicht à la Madonna), auch sanfte rosa Peitschen sind zu haben. Ein »semi-realistischer« – ich entnehme das der einschlägigen Werbung – Vibromasseur kostet hier 52 Euro. Geöffnet nachmittags und abends bis 20 Uhr. Métro Saint-Paul, Tel.: 01-4027 0921.

Le Double Fond – der doppelte Boden – nennt sich das Café-Theater der Magie in Nr. 1 Place du Marché-Sainte-Catherine. Betrieben von fünf Zauberkünstlern, darunter drei Mitgliedern der Familie Duvivier. Oben hocken die amüsierten Gäste an kleinen Tischchen und lassen sich direkt vor ihrer Nase ins Bockshorn jagen. Unten im Keller speist man dann zusammen um eine herzförmige Tafel und es findet eine große theatralische Prestidigitations-Show statt. Unterschiedliche Öffnungszeiten, meist 21 und 23 Uhr, Eintritt um 18 Euro. Auch nachmittags für Kinder. Métro Saint-Paul, Tel.: 01-4271 4020.

Die *Rue Saint-Antoine* und ihre Fortsetzung zum Faubourg hin folgt einer alten Römerstraße, daher ihre unverwinkelte Geradheit. Sie war auch allezeit die fiebrigste und aufgeregteste der Stadt, hallte wider von Vivatrufen und Morden,

Maskenprozessionen und Aufständen. Irgendwo um das Hôtel de Sully bei Nr. 62 fiel jener schöne Quélus im Duell mit einem anderen Favoriten (»mignon«) des Königs, womit wir unser erstes Kapitel begannen. Einheimische wissen den Weg zu schätzen, der vom Hof dieses Hauses in den Garten und durch ein Pförtchen im Hintergrund direkt zur bekannten Place des Vosges führt … die wir hier nicht eigens evozieren. Schon um nicht das überladene Victor-Hugo-Museum erwähnen zu müssen, das daran liegt. Immerhin war es der ewig aufsässige Hugo, der in seinen Büchern die Barrikaden beschrieb, die 1830 und 1848 das Volk hier errichtete. Und an der Ecke zur Rue des Tournelles hat auch Beaumarchais sein Denkmal, dessen freche »Hochzeit des Figaro« wohl mehr zum Ausbruch der Revolution beigetragen haben mag als alle Pamphlete … weil nämlich die Betroffenen selbst über sich zu lachen begannen. Auf Nr. 5 der Straße soll sich auch das Tor zum Vorhof der Bastillefestung befunden haben, durch das am 14. Juli 1789 die Aufständischen eindrangen.

Da die *Bastille* damals von nur 32 Schweizergarden und 82 Invaliden gehalten wurde, ließ sie sich an einem einzigen Tag überrennen. Sieben Gefangene wurden befreit: zwei Irre, vier Schwindler und ein junger adeliger Tunichtgut, den seine eigene Familie eingeliefert hatte. Daß sich unter den Befreiten nicht auch der Marquis de Sade befand, der hier seit sechs Jahren wegen des »Skandals der kleinen Mädchen« in einem der achteckigen Turmverliese einsaß – und sich dort von seiner Frau privat verpflegen ließ   beruht auf einer vielleicht apokryphen Geschichte, die Ihnen nicht vorenthalten sein soll. Damals sei jedem Gefangenen zur Befriedigung seines kleinen Bedürfnisses ein langer Trichter ausgehändigt worden, den er einfach durch die schmale Fensterluke in der Mauer zu stecken hatte. Solch einen Trichter nun hätte der »Göttliche« umgedreht als Sprachrohr benutzt, um draußen das Volk zu seiner Befreiung zu animieren. Worauf man ihn als Ruhestörer zehn Tage vor dem Bastillesturm in das Irrenhaus Charenton überstellte. Zurück blieb sein Hauptwerk, »Die 120 Tage von Sodom«, beidseitig beschrieben auf 33 Blätter, die er zu einer zwölf Meter langen Rolle zusammenfügte. (Jack Kerouacs »On the road« wurde auf einer ähnlichen Rolle konzipiert.) Der Verlust entlockte dem Autor »blutige Tränen«, und tatsächlich wurde das Manuskript erst 1904 wieder aufgefunden und gedruckt. De Sade schmachtete noch, mit einer einzigen Unterbrechung von neun Monaten, viele Jahre in diversen Strafanstalten und Irrenhäusern dahin, auch als schon längst die Republik ausgerufen war, ja über das Empire hinweg bis fast zu Napoleons Sturz! Seine zynische Auffassung der »Natur« paßte eben nicht zu deren Vergöttlichung als Inbegriff der Vernunft, wie sie jetzt im Schwange war. Und nicht zu den weißen Täubchen, die man hier am Bastilleplatz – jedes mit einem Artikel der Menschenrechte um den Hals – 1793 zur Feier der neuen Verfassung aufsteigen ließ. Während eine nagelneue Kolossalstatue der Natur mit den Händen zwei Wasserstrahlen aus ihren Monumentalbrüsten quetschte (zu dieser Idee siehe unter Niki de Saint-Phalle beim Centre Pompidou). Den Gipselefanten, der später dieses Standbild ersetzte, hat Victor Hugo in seinen »Elenden« beschrieben.

Unter den anderen berühmten Gefangenen der Bastille: Hugues Aubriot selber, ihr Erbauer um 1370, auf Lebenszeit eingekerkert wegen seines Liebesverhältnisses mit einer

Jüdin. Der Abenteurer Latude, der einen ausführlichen Bericht über seine Flucht schrieb (mit aus zerrissenen Hemden gedrehten Stricken), aber zuletzt wieder eingefangen wurde. Schließlich Voltaire, der sich, bald freigelassen und mit einer Rente von 1000 Ecus versehen, mit den Worten verabschiedete: »Ich danke Eurer Hoheit, daß Sie mich mit Nahrung versorgte, doch bitte Sie fürderhin, sich nicht mehr um meine Unterkunft zu bekümmern.«

Die Umrisse der Bastille, in kleinen quadratischen Steinen ausgelegt, ließen sich seinerzeit am besten von der Spitze der *Julisäule* aus erkennen, deren Besteigung jetzt leider nicht mehr gestattet ist. (Dafür beobachten uns Videokameras von oben.) 800 Arbeiter brauchten drei Jahre, um diese einst stärkste Festung Europas abzureißen. Reste der Grundmauern sieht man noch im Métrotunnel der Linie 1 bei Station Saint-Paul, ebenfalls auf dem Bahnsteig der Linie 8, Station Bastille. Ein Jahr nach der Zerstörung fand, laut Heine, »der Besucher des Platzes, an dem die alte dumpfe, mürrisch unangenehme Bastille gestanden hatte, ein luftiglustiges Gebäude mit der lachenden Aufschrift: ›Ici on danse‹ – hier wird getanzt.« (PS: Eigentlich hätte es richtiger geheißen: »Ici l'on danse«, aber Heines Französisch war immer ein bißchen wacklig.) Viele der Steine wurden zum Bau der neuen Concordebrücke verwendet, damit »das Volk die Tyrannei unter seine Füße trample«. Ein Unternehmer namens Palloy ließ sogar Einzelsteine zu kleinen Bastilles zurechtmeißeln – eine davon findet sich noch im Stadtmuseum Carnavalet – und konnte sich mit dem Erlös ein Schlößchen in Sceaux erbauen, das heute noch steht. Für Musik und Tanz am Platz sorgen in unserer Zeit die traditionellen Umzüge am 1. Mai, die Nächte des 13. und 14. Juli, schließlich die neue Bastille-Oper, deren gesangliche Qualitäten weniger in Zweifel stehen als ihr bereits baufälliges Äußeres. Leider verschluckte der Neubau auch eines der malerischsten Altpariser Viertel, darunter das Elendshaus, in dessen kahlem Keller der »Prinz der Poeten«, Paul Verlaine, einst sein Dasein fristete.

V *Das fünfte Arrondissement*

Der *Petit Pont*, die Kleine Brücke, stammt ursprünglich schon aus Römerzeiten. Wurde aber elfmal von Überschwemmungen weggerissen, bis endlich im Jahr 1394 König Charles VI. hier eine steinerne Brücke errichten konnte. Und zwar mit Hilfe der Bußgelder, die man sechs Juden aufbrummte, die angeblich einen zum Katholizismus übergetretenen Schicksalsgenossen ermordet hätten. Die Brücke war zollpflichtig, eigentümlicherweise mit Ausnahme der Vorführer von Jahrmarktsaffen. Daher der noch heute geläufige französische Ausdruck »mit Affengeld zahlen«, also ohne Eintrittsgeld hereinkommen. Daß die stilleren Kais des Linken Ufers nicht, wie die des Rechten, zu einer Autobahn umfunktioniert wurden, verdankt man Pariser Bürgerinitiativen. Auch die Bukinisten dieses Ufers sind die weitaus interessanteren. Übrigens steht gegenüber Nr. 11, Quai de Montebello, der einzige Bukinist, der deutsche Bücher verkauft.

Landeinwärts liegt dann das Quartier Latin, womit etwa das 5. und 6. Arrondissement gemeint sind. Von jeher das Viertel der Studenten, Künstler, Intellektuellen, der Bohème … und der politischen Aufsässigkeit, von der Kommune 1871 bis zur Studentenrevolte von 1968. Sein Zentrum: die Sorbonne – nunmehr zum Teil in andere Stadtviertel ausgelagert. Noch erinnert der Autor dieses Buches die zahlreichen Cafés und Buchhandlungen der »Boul' Miche'« genannten Arterie Boulevard Saint-Michel, durchstreift von Studenten in Samtbaretts … und heute zumeist durch Modeboutiquen ersetzt. Auch gehörte es damals zum studentischen Aberglauben, der Statue des Philosophen Montaigne gegenüber dem Seiteneingang Rue des Écoles vor Prüfungen den Schuh zu streicheln (der tatsächlich abgewetzt wirkt) und dazu zu murmeln: Montaigne, hilf! Fast unverändert die – nach dem Magier Albertus Magnus genannte – uralte Rue Maître-Albert, wenn auch jetzt verbürgerlicht, wo bis vor kurzem noch Burnus und Couscous vorherrschten. Bei Nr. 1 der Straße das Restaurant *Atelier Maître-Albert*, jetzt neu dekoriert mit offener Küche direkt neben dem marmorgepflasterten Speisesaal. Das Diner wird Sie etwa 40 Euro kosten. Métro Maubert-Mutualité, Tel.: 01-5681 3001. Die ganze Straße ist ein pittoreskes Stück Altparis, mit Läden, die allerdings zu verschwinden drohen.

Nebenan die, trotz ihres Namens, kleine Rue des Grands-Degrés, bis vor wenigen Jahren ein Zentrum Pariser Lumpenhändler. Bei Nr. 10 ein malerisches Hotel, *Les Degrés de Notre-Dame,* mit einem knappen Dutzend Zimmern samt antiken Möbeln und Balkenplafond, auch ein kleines Restaurant. (Laut einem Ondit besitzt der Patron noch zwei nahe Miniwohnungen, die er an Lieblingsgäste vermietet.) Zimmerpreis 110–160 Euro. Tel.: 01-5542 8888. Anspruchsloser aber auch billiger das *Hôtel de Notre-Dame* auf Nr. 19. Von höheren Zimmern Blick auf die Seine und auch das Panthéon. Tel.: 01-4326 7900.

Unter Vermeidung der Rue Saint-Séverin mit ihrer bekannten hochgotischen Kirche (manche Städte würden alles für ein solches Juwel geben), lassen wir uns zur Rue de la Huchette treiben mit ihrer nie versiegenden Karnevalsatmosphäre. Was bringt diese Schwärme von Jugendlichen hierher? Ist es die Stimmung des Quartiers? Ist es das Gefühl der Freizügigkeit, die auf Schritt und Tritt angebotenen billigen Snacks aus tausend levantinischen Gewürzen kaufen oder auch verschmähen zu dürfen? Immerhin galt die Straße schon im 18. Jahrhundert als Freßpassage, »dank der Bratbutiken und der angenehmen Gerüche, die ihnen entströmen«, laut einem Zeitgenossen. Auf Nr. 5 findet man immerhin den ehrwürdigen Musikkeller *Caveau de la Huchette*. Schon Templer und Rosenkreuzer sollen in diesen unterirdischen Höhlen (das ganze Viertel ist unterkellert) gefeiert haben, ebenso die Revolutionshelden Danton und Marat. Auch vier Freudenhäuser vermeldet die »kleine Historie«: »Madame Savy« bei 1-bis, »Madame Maguy« auf 19, »Lise« in 23 und »Madame Emery« in 26. Doch nichts wurde je so berühmt wie das Caveau, ab 1947 Inbegriff existentieller Tanzwut. Heute bringt dieser klassische Jazztempel die ganze Palette sämtlicher Popmusiken des 20. Jahrhunderts. Métro Saint-Michel, Tel. 01-4326 6505.

Sentimentalisten eines gewissen Alters gedenken hier auch des lang verflossenen *Chez Popoff* bei Nr. 8. Das erste Lokal für Rucksacktouristen und Vorzeit-Hippies, wo in den frühen Fünfzigern sich die kumpeligen Beats, bärtigen Gitarreklimperer und nacktbeinigen Wesen unbestimmbaren Geschlechtsdrangs aus allen Kontinenten trafen, ihre Deckenrollen im verkommenen Hinterzimmer verstauten und vor einer längst erkalteten Tasse Kaffee, ihnen serviert von dem gutmütigen griechischen Patron, der sich fälschlicherweise Popoff nannte, auf was warteten? Man wußte es nicht. Aber es hatte wohl etwas mit der vorausgeahnten Jugendwelle zu tun, die ein Jahrzehnt später die eingefahrene westliche Gesellschaft auf den Kopf stellen würde.

Eine andere Pariser Institution existiert bis heute auf Nr. 23: Es ist das *Théâtre de la Huchette*, wo man, seit irgend jemand zurückdenken kann (am Eingang steht die Jahreszahl 1947, in Wahrheit wohl 1957) die gleichen drei Stücke von Eugène Ionesco vorführt, »Die Stühle«, »Die Lektion« sowie die »Kahle Sängerin«, ein Drama, in welchem meines Wissens keine Sängerin auftaucht, ob kahl oder nicht. Métro Saint-Michel, Tel.: 01-4326 3899.

Unvermeidlich treibt es den Paris-Schnüffler jetzt zur Nr. 37 Rue de la Bûcherie in das »Wunderland der Bücher« (Henry Miller) *Shakespeare and Company*. Nicht das sagenhafte Original von Joyce-Herausgeberin Sylvia Beach aus der Rue de l'Odéon ist gemeint, aber immerhin seine gut gelungene Nachahmung. Gegründet 1951 von George Whitman, angeblich mit dem Poeten Walt Whitman verwandt, aber George ist eben ein großer Fabulierer. Derzeit Mitte der Neunziger, taucht er noch ab und zu in seinem Laden auf, der aber praktisch jetzt von seiner Tochter Sylvia geleitet wird. Ein chaotischer, labyrinthisch verschlungener Bau, in dem man stundenlang herumfummeln kann und muß, da nichts an seinem Platz steht. Ein weiterer Ausleger, links nebenan, ist manchmal zugänglich und bietet überraschende Schätze. Die erste Etage, jetzt über eine nicht mehr ganz so halsbrecherische Treppe erreichbar, enthält die unverkäufliche Reserve (da keine Preise markiert sind und auch niemand dafür Zeit hat). Auch ein Raum für allfällige Dichterlesungen ist vorhanden sowie diverse Bettstellen und Matratzen für durchreisende hungrige Poeten und Poetinnen (die George gerne als Verkäuferinnen einsetzt). Dennoch funktioniert alles, aber fragen Sie nicht wie. Die Stadtverwaltung mit ihrem Musealwahn kann es bestimmt kaum erwarten, daß George abkratzt, um das Ganze als Arche Noah in Plastik auszugießen. Und oh, bevor ich vergesse: mitten im Laden ein Brunnen à la römischem Trevi, aufnahmebereit für Münzen aller Provenienz, und mit einem Gitter versehen, auf daß keiner als George hineinlangen kann. Geöffnet: 12–24 Uhr. Métro Saint-Michel, Tel.: 01-4325 4093.

Um die Ecke die nicht weniger ehrwürdige *Rue Saint-Julien-le-Pauvre*, im Mittelalter ein Zentrum studentischen Lebens. Abélard soll da 4000 Scholaren um sich geschart haben. Über dem Eingang von Nr. 14 eine gemeißelte Justitia mit Handwaage: Hier residierte im 17. Jahrhundert Polizeichef Laffémas, später Scharfrichter Ludwigs XIV. Während der Revolution stopfte man überzählige Gefangene in die Keller dieses Hauses. Ähnliche Unterkellerungen in dem benachbarten Kabarett zu den drei Hämmern *(Aux trois Mailletz)*, das in seinen Gewölben allerhand mittelalterliche Keuschheitsgürtel und Marterwerkzeuge zur Schau stellt. Die Räume waren einst ein Anhängsel des gefürchteten staatlichen Verlieses »Petit-Châtelet«. (Furchtbar zu denken, daß auch noch Jahrhunderte später die Folterkammer des Lagers Theresienstadt »Kleine Festung« hieß.)

Der hübsche *Square René Viviani*, an dem dies alles liegt, enthält den ältesten Baum von Paris, eine Robinie oder falsche Akazie, gepflanzt zu Anfang des 17. Jahrhunderts und jetzt durch vielerlei Krücken vor dem Umfallen bewahrt. Gegenüber bei Nr. 4 das kuriose kleine *Hôtel Esmeralda*, in dem einst Gainsbourg mit Jane Birkin hauste sowie viele andere Bohémiens. George Whitman träumte lebenslang davon, sich dieses kleine Juwel einzuverleiben, heute wäre es unerschwinglich für jeden Buchhändler (oder Sachbuchautor). Die 19 Zimmer, möbliert mit historischen Flohmarktstücken auf nicht immer ebenen Fußböden, gehen auf das Jahr 1640 zurück. Davon acht Zimmer mit Ausblick auf Notre-Dame, ein Muß für Hochzeitsreisende. Métro Saint-Michel, Tel.: 01-4354 1920.

Das dem *Heiligen Julian dem Armen* gewidmete Kirchlein (ungewiß ob dieser mit dem Gastfreien identisch) ist – zusammen mit Saint-Germain-des-Prés – das älteste und gewiß das kleinste Gotteshaus von Paris. Sein Gemäuer sah einst einen Villon und Rabelais, Dante und Petrarca, sogar Thomas von Aquin soll da gepredigt haben. So groß war der Zulauf von Lernern und Lehrern aus ganz Europa, daß hier zum ersten Mal der Begriff »Universität« auftauchte. Was die Behörden nicht daran hinderte, im 17. Jahrhundert das verfallende Gebäude um die Hälfte zu amputieren und ihm eine unmögliche neoklassische Fassade aufzupfropfen. Heute dient das Haus dem pittoresken Ritus der griechisch-melchitischen Kirche.

Neben dem Eingang ein alter Brunnen, welcher einst »alle Übel der Welt« heilte. (Und darf man dazu den wehmütigen Satz des jungen Doktors Arthur Schnitzler zitieren: »Es gibt so viele Krankheiten … und nur eine Gesundheit.«) Rechts davon eine massive Holztür, bis vor wenigen Jahren mit der Inschrift versehen: »Von 9 Uhr bis Mitternacht, Besuch der drei unterirdischen Keller, Zellen, Verliese, auch unterseeischem Strom. Darüber Museum der Revolution, Guillotine, Keuschheitsgürtel etc.« Es war der Eingang zu dem *Caveau des Oubliettes* (Keller der Verliese) genannten Kabarett, wo man zu diesen braven Zeiten hauptsächlich Volkslieder sang. Heute zu betreten durch ein gleichnamiges Lokal an der Ecke zur Rue Galande, die Gewölbe aus dem 12. Jahrhundert sind aber die gleichen. Es wird vor allem gejazzt und trompetet, gibt aber auch Jam Sessions, an denen jeder teilnehmen kann. 52 Rue Galande, Métro Saint-Michel, Tel.: 01-4634 2309.

Die kleine Straße selber, zum ersten Mal 1202 nachgewiesen, galt lange Zeit als eine der anrüchigsten des Lateinischen Viertels und war als solche das Paradestück der »Tournée des Grands Ducs«, jener beliebten Rundreise braver Bürgersöhne des 19. Jahrhunderts, die auch mal die Unterwelt kennenlernen wollten. Bei Nr. 42 über der Tür ein Basrelief von 1380, wahrscheinlich die älteste Straßentafel von Paris, das die Legende von Julian dem Gastfreien illustriert. Dieser beschloß, nachdem er irrtümlich seine Eltern getötet hatte, einfacher Fährmann zu werden. Einmal meldet sich ein Leprakranker am Ufer, und Julien nimmt ihn trotz Ansteckungsgefahr in seinen Nachen auf. Danach wurde er mit ewigem Leben belohnt, denn der Verseuchte war kein anderer als der Erlöser selbst.

Die Tür unter dem Wahrzeichen führt dann in eines der kleinsten Reprisenkinos der Stadt, *Studio Galande*, das »Filmhaus der zweiten Chance«. Tagsüber zu Unrecht vergessene Klassiker von Claude Berri bis Margarethe von Trotta, freitags und samstags um 22.10 Uhr aber ein Pandämonium! Da spielt man nämlich »The Rocky Horror Picture Show«, Jim Sharmans unvergeßlichen Flop von 1975. Halb Musical halb psychedelische Oper, versetzt der Film regelmäßig seine Fans in interaktives Delirium. Vom Publikum mitzubringen oder notfalls an der Kasse zu erwerben: eine Flasche Mineralwasser (bei Regenszenen auf sich oder die Nachbarn zu verschütten) und 125 Gramm Reis (bei der Hochzeitszeremonie auszustreuen). Profis bringen auch noch Klappern, Gummihandschuhe und Rollen Klosettpapier zu passenden Szenen. Man singt mit, man rezitiert die bekannten Repliken, der kleine Zuschauerraum wandelt sich zur Prolongation des Geschehens auf der Leinwand. (Einzig verboten: Ketchup, Eier oder Mehl!) Nach der Vorführung wird es manchmal noch interaktiver durch den tragikomischen Live-Auftritt zweier Trans-Truppen in Kostüm: Am Freitag die »Irrational Masters«, am Samstag die »Sweet Transvestites«. Nicht immer, aber an guten Abenden ist da die Hölle los. 42 Rue Galande, Métro Maubert-Mutualité, Tel.: 01-4354 7271.

Die Rue des Écoles heißt nach den »Großen Schulen«, die jeder besucht haben muß – jedenfalls bis zu Sarkozys Aufkommen – der in der französischen Administration etwas werden will. Ein anderer wichtiger aber nicht billiger Ort, an dem man seinerzeit viel lernen konnte, als noch Sartre und eine ganze Riege Pariser Intellektueller hier auf Lederbänken ihrer existentiellen Verzweiflung durch erstklassige Weine und Menüs Herr wurden: die *Brasserie Balzar* bei 49 Rue des Écoles, Métro Maubert-Mutualité, Tel.: 01-4354 1367. In Nr. 31, das sich jetzt vornehm *Sully-Saint Germain* titulierende Hotel mit drei Sternen. Ehemals, das heißt vor guten fünfzig Jahren, ein Wohnhotel mit billigen Monats-preisen für arme Studenten wie den Verfasser, oder auch arme Dichter wie Paul Celan, der, vom Autor ungekannt, das benachbarte Dachzimmer bewohnte. Zimmerpreise heute um 200 Euro. Tel.: 01-4326 5602.

Von der Métrostation Maubert-Mutualité aufwärts führt dann die steile alte Rue de la Montagne-Sainte-Geneviève. Dies ist die Schutzpatronin der Stadt, eine einfache Schäfe-rin, die im Jahr 422 bei einer Belagerung durch die Hunnen (kann das stimmen?) den verhungerten Parisern elf Getrei-deschiffe herangeschafft haben soll. Auf Nr. 4 der Straße ein Alptraum »moderner« Architektur, der grüngefleckte Qua-der einer Polizeiwache (die Polizisten sind dafür besonders nett). Im zweiten Stock das *Museum der Polizeipräfektur*, allerdings früher viel stimmungsvoller im Dach des Quai des Orfèvres untergebracht. Eintritt frei. Makabre Ansamm-lung von Mordwaffen des Staates (ein Richtschwert, eine Guillotineklinge) und seiner Verächter (Pistolen, Messer, bizarre elektrische Apparate, ein explodierender Blumen-topf). Die Brennschere eines der Opfer von Frauenmörder Landru, geköpft 1922. Eine runde Handschneidemaschine für Panzerschränke, in Aktion zu sehen in dem Film »Rififi« von Jules Dassin. Auch ein Instrument, um Briefe aus Post-kästen zu klauen. Wachsmodelle von Köpfen und Händen berüchtigter Verbrecher. Ebenfalls die Haftbefehle gegen Charlotte Corday (die Mörderin Marats) sowie auch Dan-ton … den menschenfreundlichen Doktor Guillotin … die Dichter Verlaine und Rimbaud. Schließlich einen Erschie-ßungspfahl der deutschen Exekutionskommandos während der Besatzungszeit. Métro Maubert-Mutualité, Tel.: 01-4441 5250.

Auf Nr. 14 der Straße das preiswerte und preisenswerte *Hôtel du Commerce*. Kein Restaurant, aber Küche mit Eisschrank und Mikrowelle steht den Gästen im Eingang zur Verfügung. Zimmer 30–50 Euro. Tel.: 01-4354 8969. Einige Häuser weiter auf Nr. 34 einer der geheimnisvollsten Orte des Viertels. (Wochentags genügt manchmal ein Knopfdruck, oder Sie wenden sich an den Laden im Hause.) Dies ist der Durchgang zu dem längst vergessenen *Seminar der 33* von 1657, so genannt nach der Anzahl seiner Stipendiaten, die ihrerseits auf das Alter Christi bei seinem Tod beschränkt blieb. Der gepflasterte Hof führt Sie zuerst zu einigen efeuüberwachsenen Häuschen. Dann kommt ein größeres Arkadengebäude. Ein winziger dreieckiger Fahrstuhl bringt Sie dort zur vierten Etage mit weitem Ausblick über das Viertel. Vorsicht beim Abstieg über die höchst unregelmäßige Treppe. Im Zwischenstock – Mezzanin sagt der Wiener – ein verstecktes Pförtchen, das Sie durch ein Hinterhaus zu dem sehenswerten *Impasse des Bœufs* bringt (dieses »Sackgäßchen der Rinder« ist ansonsten zugänglich durch einen Schwibbogen an der Rue des Carmes, siehe weiter unten).

Bei Nr. 40 war ein ehemaliges Kabarett Treffpunkt der Sansculotten der Revolution. Nr. 58 (»Katzen im Käfig«) ist ein schönes Wohnhaus aus dem Mittelalter. Und wir kommen zur Kirche *Saint-Étienne-du-Mont* – unbegreiflicherweise nicht nach der Heiligen Geneviève benannt, deren sterbliche Überreste sie bewahrt. Die innige Religiosität, die fast musikalische Harmonie, die stilsichere Eleganz, die dieses Gotteshaus ausstrahlt, stammt zum großen Teil aus dem Kontrast zwischen der vergilbten gotischen Anlage und dem durchbrochenen, wie gehäkelten weißen Lettner aus der

Renaissancezeit, der sie umgarnt und umschlingt. Dafür fand sich unvermeidlich um 1735 eine Mehrheit der Kirchgänger, die dazu aufrief, den allzu ästhetischen Lettner abzureißen (er ist heute der letzte von Paris), und ein Banause spendete dafür sogar 3000 Livres!

Hinüber zum *Panthéon*, dessen pompöse Stilmischung manchem Parisliebhaber wenig behagen will. Napoleon natürlich hatte für diesen angeberischen Prachtbau etwas übrig. Sowie immerhin seit dem Jahr 2007 eine Pariser Untergrundszene von angeblich sieben Stadtforschern (»explorateurs urbains«), die den eigentümlichen Namen »Unter Gunther« trägt. Und sich anscheinend in den weiten Hallen, den Kellerungen und den 35 Meter hoch gelegenen Kolonnaden des Baus häuslich eingerichtet hat. Obwohl vom Verfasser nicht auffindbar, soll es jetzt hier versteckte Übernachtungsgelegenheiten geben, sogar Fernsehapparate. Und die Besitzer hätten überdies in Hunderten von nächtlichen Arbeitsstunden die große napoleonische Turmuhr zu neuem Leben erweckt … worauf die Behörden nichts wichtigeres zu tun hatten, als sie mit Hilfe eines Uhrmachers wieder in den früheren Stillstand zurückzuversetzen!

Rund um das Panthéon viel Anregendes für den Wanderer. So bergab die *Rue Valette* mit einem mittelalterlichen Turm bei Nr. 21, wohin sich der polizeilich gesuchte Student Johann Calvin einst geflüchtet haben soll. Dann die *Rue de Lanneau* mit dem versteckten und wie verwunschenen Restaurant *Le Coupe-Chou* bei Nr. 11. Ein Haus aus dem 15. Jahrhundert, ein holzgetäfelter Salon, der Speisesaal mit steinernem Kamin aus dem Siebzehnten, sogar ein kleiner Wintergarten ist vorhanden. Traditionelle Küche, das Menü zu 32 Euro. Métro Maubert-Mutualité, Tel.: 01-4633 6869.

Von dort wegführend die *Rue d'Écosse* und *Rue d'Arras,* eine Straße aus dem 13. Jahrhundert, ihr Ende verschlossen durch einen Block alte Stadtmauer. Sehenswert auch die stets einsturzbereite *Rue Laplace.* Nicht zu vergessen der *Impasse Chartière,* ein finsteres Sackgäßchen von 1260, das am Ende auf die vergitterte *Rue du Cimetière-Saint-Benoît* stößt, eine Straße ohne Häuser (aber auch ohne den genannten Friedhof). Angeblich dafür berüchtigt, daß Studenten, die eine Zufallsbekanntschaft loswerden wollen, diese Straße als ihre Adresse angeben!

Die Rue Descartes hat zwar wahrscheinlich nie den Philosophen dieses Namens beherbergt, dafür einen sterbenden Verlaine und einen aufsteigenden Hemingway. Auf Nr. 47 nochmals Spuren der Stadtmauer von Philipp-August. Und bei Nr. 50 ist der Hof dieses alten Gebäudes mit Grabsteinen gepflastert. Am Ende führen ein paar Stufen direkt auf die Mauerkrone. Ein schönes Stück des Walles, hier sogar vier Schritte dick und zehn Meter hoch, liegt bei Nr. 5 der Rue Clovis zutage. Bei 62 Rue du Cardinal-Lemoine sieht man dasselbe eindrucksvolle Trumm von innen, wenn man – wochentags sollte ein Knopfdruck genügen – in den Hof eindringt. Rechts hinten eine verborgene enge Wendeltreppe, dicht an die Mauer geschmiegt. Schließlich bei Nr. 36 der Straße eine von Meister Alechinsky bemalte Hausfassade, einen blauen ökologischen Baum darstellend. Danach die caféumrundete Place de la Contrescarpe (= Bastei). Der Brunnen, an den sich manchmal noch ein paar letzte Vertreter der früheren Clochard- und Lumpensammlerkommune des Viertels lehnen, ist jüngeren Datums. Etwas bergabwärts bei Nr. 75 der Rue du Cardinal-Lemoine finden Sie dann das charmanteste – und ausgebuchteste – der vielen »Charme-Hôtels« des Quartier Latin: *Hôtel des Grandes Écoles*. Am Ende eines gepflasterten Weges drei kleine Land-häuser aus dem 19. Jahrhundert, dazwischen ein Gärtlein, in dem man dieses Buch lesen und/oder auch sein Frühstück einnehmen kann. Die Zimmer sind mit blumigen Tapeten und alten Möbeln ausstaffiert. Das alles für 110–135 Euro. Métro Cluny-La Sorbonne, Tel.: 01-4326 7923.

Die dem Platz folgende *Rue Mouffetard* heißt tatsächlich nach den muffigen Gerüchen, die diese Straße der Gerber und Färber damals ausströmte … und für Verschmäher orientalischer Küche noch immer strömt! Der berühmte Markt auf der abschüssigen Straße gehört leider zu den teu-ersten von Paris. Bei Nr. 104 führt Sie dann eine enge Pas-sage zu der schönen alten Rue Lhomond. Von der dem Ver-fasser ein Haus in Erinnerung ist (leider die Nummer vergessen), in dem der betagte Opa Victor Hugo 1871 wäh-rend der aufregenden Tage der Kommune, die doch angeb-lich seine ganze Passion in Anspruch nahm, eine neue Geliebte besuchte … und den Besuch ins Tagebuch mit zwei Kreuzen und einem Rufzeichen eintrug! (Zitat aus einem Brief des französischen Olympiers: »Bis zu einem bestimm-ten Alter dachte ich tatsächlich, das zwischen meinen Bei-nen sei ein Knochen.«) Was uns zu einem anderen literari-schen Marathonläufer der Liebe bringt, Georges Simenon. Denn irgendwo hier in der Straße muß ja auch die Pension der dicken, freundlichen Mademoiselle Clément gelegen haben, bei der sich Kommissar Maigret einst einmietete (siehe »Maigret als möblierter Herr«), um einen Mordversuch an seinem getreuen Helfer, Inspektor Javier, aufzuklären… Beim Zwickel der Straße mit der Rue Tournefort schließlich das beliebte Restaurant *Chez Léna et Mimile* mit der schönsten direkt nach Süden gelegenen Sonnenterrasse der Stadt, die einen hübschen ruhigen Platz mit Brunnen und spielenden Kindern überblickt. Auch die Küche ist nicht zu verachten. Bei entsprechendem Regenwetter, wenn sich alles hineinflüchtet, wird es allerdings drinnen ziemlich laut. Menü um die 40 Euro. Métro Censier-Daubenton, Tel.: 01-4707 7247.

Am unteren Ende der Rue Mouffetard das Kirchlein *Saint-Médard* und sein Friedhof, einst berüchtigt für seine Zeloten und Flagellanten, »Konvulsionisten«, »Beller« und »Miauler«. Als die Massenhysterie politisch auszuarten drohte, wurde sie kurzerhand untersagt. Worauf an der Kirchentür ein Anschlag erschien: »An dieser Stelle ist es Gott verboten, Wunder zu tun.« Auch der Friedhof wurde zugemauert – die Stelle an der Rue Daubenton (bei der Place Bernard-Halpern) ist noch heute sichtbar.

Derzeit findet vor Saint-Médard jeden Sonntagvormittag ein spontanes Volksliederkonzert statt (insgeheim von der Stadt organisiert). Gegen elf trifft zuerst ein Mann mit Baskenmütze und Akkordeon ein, dem sich bald wie von selbst ein paar Sängerinnen und manchmal auch tatsächlich Amateurmusiker anschließen. Dann verteilt man hektografierte Texte zu Chansons, die jeder kennt aber doch nicht unbedingt auswendig weiß. Wobei Piaf oder Brassens so ungeniert zu den Volksliedern gezählt werden, wie einst Heines Lorelei bei den Nazis. Zuletzt darf man sogar tanzen, und alles löst sich unter vielen Freundschaftsbezeugungen gegen 13 Uhr auf.

Die Rue Monge führt uns dann wieder stadteinwärts zu dem ersten aller Pariser Theater, den *Arènes de Lutèce* bei Nr. 49. Ein echtes römisches Amphitheater wohl aus dem zweiten nachchristlichen Jahrhundert, mit Rängen für 10 000 Zuschauer, die hier wahrscheinlich Theaterstücke, Tier- und Gladiatorenkämpfe vorgesetzt bekamen. Viele Steine fehlen, da über Generationen weggekarrt für Stadtmauern und Kirchen. Eine Zeitlang stand hier eine Remise für Pferdeomnibusse, dann wieder sollten die letzten Trümmer wegen Unordnung geschleift werden. Wieder einmal war es ein Aufruf Victor Hugos, der das Stadion rettete. Heute spielen in der sandbestreuten Arena die Jungen Fußball, die Alten Boule. Und Ihr Autor weiß noch den Stein rechts im letzten Rang, auf dem er achtzehnjährig, ohne viel zu verstehen, Spinoza las. Métro Cardinal-Lemoine oder Monge.

Weniger unschuldig geht es am Fuß der Rue du Cardinal-Lemoine bei Nr. 28 zu, in dem einzigen internationalen Nachtklub des Linken Ufers, dem *Paradis Latin*. Eine typische Pariser Revue à la Folies Bergère mit schönen und möglichst textilfreien Tänzern und Tänzerinnen, in einem Saal aus verborgener Metallstruktur, die von Gustave Eiffel herstammt. Einmal im Leben sollte man solche Luxus-Show schon gesehen haben. Für das Diner mit Spektakel rechnen Sie mit 110 Euro aufwärts. Métro Cardinal-Lemoine, Tel.: 01-4325 2828. An der gleichen Ecke ein Postamt, wo man – falls Sie zufällig in Paris sind – jeden ersten Mittwoch des Monats um 14:30 Uhr einen dramatischen Abstieg in die Unterkellerung dieses Hauses veranstaltet, und auch wiederum faszinierende Reste der alten Stadtmauern zu sehen sind. Und nicht weit von da, bei Nr. 18–24 Rue de Poissy, wird soeben auf Initiative des verstorbenen Kardinals Lustiger, vor Ihren Augen eine der ältesten Spuren des mittelalterlichen Paris ausgegraben (ein Blick durch den Bauzaun ist erlaubt): die lang von der Seine überschwemmten massiven Fundamente des *Klosters der Bernhardiner* aus dem 13. Jahrhundert, mit 32 achteckigen Säulen und ihren gotischen Spitzbögen. Gelingt es, nachdem man schon die hier zwischen 1845 und 1993 ansässige Feuerwehr ausgesiedelt hat, auch noch die weiteren Mieter, nämlich ein Musikkorps von Notre-Dame und ein Schlafzimmer der Hilfspolizei (also der Damen, die unsere Strafprotokolle ausstellen) zu vertreiben, so steht der wahrscheinlich letzten großen Entdeckung von Altparis nichts mehr im Wege!

Die Rue des Fossées-Saint-Bernard, die zur Seine hinunterführt, weist dann einige authentische Bistros auf. Vielleicht weil da, wo jetzt die Wissenschaftliche Fakultät der Sorbonne vier stillose Blocks belegt, bis vor einigen Jahren (na ja, einer hübschen Reihe von Jahren) Weinhallen mit Riesenfässern dastanden, die geradezu nach blutigen Steaks schrien. *Chez Henri* auf Nr. 20 empfiehlt expreß sein Fleisch und seine Weine in bezug auf diese verflossenen Hallen. Métro Cardinal-Lemoine, Tel.: 01-4354 9937. Wenige Schritte, und wir sind beim Quai Saint-Bernard.

Wo bei Nr. 9 ein mit Skulpturen bestandener Uferplatz nach dem einst so beliebten korsischen Schnulzentenor *Tino Rossi* benannt ist. Hier findet jeden Sonntagabend von Mai bis September gegen 19 Uhr Tangotanz im Freien statt. Bunte Mischung aus romantischen jungen Dingern in Jeans und Pullis … und den ältlichen

Paaren in weißem Anzug und Glockenrock mit dem zum Tanz gehörigen strengen Blick. Jeder kann mittun. Vor Beginn informeller Unterricht, alles gratis. Métro Austerlitz.

Schließlich der weithin vernachlässigte *Jardin des Plantes* mit seiner Menagerie, darin ein altmodischer Bärenzwinger, wo man auf die dicken braunen Teddys herabblickt und ihnen verbotene Brocken zuwirft, die sie mit erstaunlicher Gelenkigkeit auffangen. Beglückend auch der Alpengarten: drei Meter unter der Oberfläche ein beschütztes Mikroklima mit Bächlein, Edelweiß und 2000 Bergpflanzen bis hin nach Fernost. Zwei eigentümliche Denkmäler zieren den Garten: eines beim Eingang Rue Geoffroy-Saint-Hilaire Nr. 36, von dem berühmten Tierbildhauer Henri Jacquemont (er hat auch die Drachen des Saint-Michel-Brunnens entworfen), auf dem ein Löwe sich gerade anschickt, einen menschlichen Fuß zu verschlingen, der Rest ist schon weg. Und ein anderes in der Rosenallee nahe dem Hauptgebäude, von einem Felix Sanzel oder so ähnlich (die Signatur ist längst ausgewaschen): eine Art Schwulendenkmal, wo ein faunsohriger Dionys mit antizipatorischem Grinsen auf einen geflügelten Amorknaben herunterblickt, dessen Arme – wie denn sonst – auf den Rücken gefesselt sind.

Vor uns nun das Naturhistorische Museum *Musée National d'Histoire Naturelle*, dessen Große Galerie der Evolution keinen Besucher gleichgültig läßt. Eine Riesenparade ausgestopfter Tiere (auch Ludwigs XV. Lieblingsnashorn ist darunter), die alle im Sturmschritt der rettenden Arche Noah zuzustreben scheinen: Giraffen, Zebras, Elefanten, in die Tiger verkrallt sind, Affen, die sich vergnügt darüber tummeln … eine endlose Prozession von Wesen, die wir vielleicht nicht mehr lange genießen können. Denn ein Stockwerk darüber wird uns schon klargemacht, wie der Mensch in die Umwelt eingreift: Krokodil zu Handtasche, Stoßzähne zu Schnitzerei. Und noch eine Etage höher, und wir sehen, was keiner von uns je mehr sehen wird: verschwundene tropische Schmetterlinge, zu Tode gejagte Tapire, neuseeländische Dodos. Dann irgendwo eine Inschrift: »Wissen ohne Gewissen ist der Tod der Seele«, wer immer das gesagt hat. Métro Censier-Daubenton, Tel.: 01-4079 5601.

Schließlich nah am Park gelegen auf Nr. 39, Rue Geoffroy-Saint-Hilaire, die im maurischen Stil gehaltene Pariser *Moschee* samt Minarett. Erbaut in den zwanziger Jahren, als Dank für den Beitrag nordafrikanischer Soldaten im Ersten Weltkrieg. (Im Zweiten war er nicht weniger bedeutsam, unzählige »Goums« und »Harkis« kämpften auf Freifranzösischer Seite oder später im Algerienfeldzug, und wurden anschließend schnöde im Stich gelassen.) Unter den allgemein zugänglichen Teilen der Hammam mit Massage, Enthaarung und vier Dampfbädern, jedes heißer als das andere, bis hin zu höllischen 90 Grad! Nicht alles funktioniert wie es könnte, und Besucherinnen sollten an die Sache nur mit Vorsicht (und jedenfalls immer im Bikini) herangehen. Empfehlenswerter der beschattete Innenhof mit weißgetünchten Wänden und bequemen Stühlen. Dazu ein freundlich servierter Minztee oder dicker türkischer Kaffee, mit unwiderstehlich matschigen süßen Honiggebäcken, über deren Kalorien man besser keine Berechnungen anstellt. Métro Censier-Daubenton, Tel.: 01-4331 1814.

VI Das sechste Arrondissement

Der Drachenbrunnen an der *Place Saint-Michel* ist und bleibt der Jugendtreff aller Länder, vielleicht weil es hier keinerlei Sitzmöglichkeiten für Erwachsene gibt. Gebot: Man hockt auf dem Gehsteig und lehnt mit dem Rücken gegen den Brunnenrand. Warum gerade hier? An der Schönheit des Denkmals kann es jedenfalls nicht liegen, über das schon anno 1860 ein Zeitgenosse dichtete: »An diesem Brunnen, ohne Zweifel / sieht man kein Zeichen des Geschmacks. / Der Teufel wiegt hier keinen Klacks / und Saint-Michel nichtmal den Teufel.« Den Autor dieses Buches zog es von der Zeit her, als er selber hier hockte (und die zwei Drachen noch vom Befreiungskampf der Pariser mit Schüssen durchlöchert waren) zu dem geheimnisvollen Schwibbogen auf der anderen Straßenseite der Rue Danton.

Hier beginnt nach einigen Treppen die verschwiegene, enge und leicht unheimliche Schwalbenstraße (*Rue de l'Hirondelle*). Wo leider seit kurzem der ehrwürdige Musikkeller *Caveau de la Bolée* verschlossen zu sein scheint, einst eine Lieblingstränke von Baudelaire und seiner schwarzen Maitresse Jeanne. Gegenüber liegt immerhin eine der unbekannteren Herbergen von Paris, das *Delhy's Hôtel*, ein Hort der Rucksacktouristen, da

Zimmer schon für 45 Euro zu haben. (Allerdings mit WC am Gang und Duschkabinen im Erdgeschoß.) Métro Saint-Michel, Tel.: 01-4326 5825. Das Gäßchen führt zu einer der eigentümlichsten Straßen von Paris, der *Rue Gît-le-Cœur* (Hier liegt das Herz). Anscheinend eine Verballhornung von »Gilles-le-queux«, also Gilles der Koch, der hier einmal gewohnt haben muß. Auf Nr. 9 das *Hôtel du Vieux Paris*, vor einem halben Jahrhundert Billigabsteige amerikanischer Beatniks wie Ginsberg und Burroughs. Heute ein Viersternepalast mit entsprechenden Preisen. Tel.: 01-4432 1590. Auf der gegenüberliegenden Straßenseite »André Minos, Relieur«, der sich als letzter der traditionellen Buchbinder ausgibt, welches denn doch nicht ganz zutrifft. Aber was ist tatsächlich aus diesem – auch meinem – Handwerk geworden, das hier noch in den dreißiger Jahren solche unsterblichen Buchkünstler hervorbrachte wie Legrain, Bonet, Rose Adler – ja zuletzt noch Alain Devauchelle oder einen Jean de Gonet, der aus Plastik, Kunstleder und Gummisohlen ästhetische Collagen zaubert?

Nebenan bei Nr. 10 die altmodische Buchhandlung von Jonas Delaborde, deren chaotisch übereinander gestapelte Bände aller Ordnung und Schwerkraft Hohn sprechen. Und die sich dementsprechend *Un Regard Moderne* nennt, ein moderner Blick! Auch die Auslagenfenster sind zur Gänze mit Veranstaltungskalendern zugekleistert. Immerhin findet man hier auf 30 Quadratmetern u. a. alle großen erotischen Texte, Comics und Untergrundliteratur. Folgt die Rue Saint-André-des-Arts, einst bestanden mit aufregenden Antiquariaten, die sich jetzt großteils zu Kla-mottenläden gemausert haben. In Nr. 34 *Chochotte*, ein win-ziger Stripkeller mit höheren Ansprüchen. Intime, raffinier-te Atmosphäre, Teppiche, Spiegel und graziöse junge Frauen, die sich in diesem »erotischen Theater« zu lebenden Bildern formieren. Für 50 Euro können Sie den ganzen Abend hier verbringen. Die Privaträume, in die man die Darstellerinnen bestellen darf, kosten dann allerdings extra. Métro Saint-Michel, Tel.: 01-4354 9782. Auf Nr. 41 *Allard*, ein altmodi-sches Bistrot von 1800 mit hochkultiviertem Menü, in dem schon Picasso sich mit seiner jeweiligen Gefährtin gütlich tat, dessen Atelier ja um die Ecke stand. Das traditionelle Mahl wird Sie um die 100 Euro kosten. Métro Odéon, Tel.: 01-4326 4823. Weiter zu dem einstigen Privathôtel von Nr. 47, seit Anfang 2007 mit seinen drei Etagen zur Kunstgale-rie Kamel Menour geworden. Moderne Kunst gilt ja immer noch als Geldanlage (in Auswahl), vor zwanzig Jahren star-ben die Galerien wie die Fliegen, heute gibt es wieder 250 von ihnen und ihre Preise halten sich. Auch ihre Tantiemen, die sich derzeit um die 45 bis 60 Prozent bewegen.

Bei Nr. 59 der Straße die oft beschrie-bene *Cour du Commerce-Saint-André*, mit dem Hinterausgang des illustren Literatencafés *Le Procope* (Métro Odéon). Auf Nr. 2 der Passage wohnte der Kritiker Sainte-Beuve, der hier ab Dezember 1831 regelmäßig Madame Adèle Hugo empfing, die Frau des großen und von ihm vormals so bewunderten Dichters, die er nach vierjährigen Anstrengungen endlich für sein Bett gewann. (Den körperlichen Vorgang nannte er übrigens »den goldenen Nagel einschlagen«.) Auf Nr. 8 gab Marat zwischen 1790 und 1793 sein aufrührerisches Blatt »L'Ami du Peuple« heraus. Sein Lehrling, er hieß Brune, hängte allerdings das Druckerhandwerk bald an den Nagel und wurde Soldat. Er endete als Marschall von Frankreich. Möglicherweise in der Nr. 9 lebte und arbeitete der deutsche Klavierbauer Schmidt, bei dem der menschenfreundliche Dr. Guillotin seine »philanthropische Maschine« an Stroh-bündeln und später an Schafen ausprobierte. Schmidt gelang es dann allerdings, die Enthauptungsmaschine im eigenen Namen zu patentieren, so daß er an den 83 von ihm für alle Provinzen hergestellten Exemplaren ein Vermögen verdiente. Später ergab er sich dem Trunk und starb unter Napoleon an Delirium tremens. Zwischen 1792 und 1794 endeten 1019 Menschen auf dem Schafott, das übrigens auch in Deutschland populär war. (Noch viele »Wehr-kraftzersetzer« wurden einst damit hingerichtet.) Guillotins Zeitgenossen waren allerdings weniger erbaut von seiner Erfindung, da sie das Spektakel allzusehr abkürzte. Man verlangte die Rückkehr zum Galgen, was aber von der Regierung abgelehnt wurde. Schließlich endete auch Guillo-tin selbst unter der Guillotine.

Marats ehemalige Druckerei diente dann lange Zeit einem Schlosser als Werkstatt. Sein riesiger Schlüssel hing bis vor kurzem da, wo heute leere Räume auf einen neuen Besitzer warten. Durch die Auslage erkennt man aber jetzt noch den runden Kamin, der ihm als Feuerstätte diente, und der in Wirklichkeit nichts anderes ist als ein weiterer Festungs-turm der alten Stadtmauer von Philipp-August. Nahebei der Eingang zu den *Cour de Rohan* genannten drei pitto-resken Nebenhöfen (noch sind sie wochentags dem Publikum zugänglich). Der erste enthält eine Terrasse, die auf der ehemaligen Stadtmauer aufsitzt – dahinter bis vor wenigen Jahren ein vergnügliches Antiquariat. Im zweiten Hof ein Wohnhaus aus der Renaissance. Auch eine »pas-de-mule« genannte schmiedeeiserne Steighilfe, womit übergewichtigen Prälaten und bereifrockten Damen das Aufsteigen erleichtert wurde. Im stimmungsvollen dritten Hof dann ein schöner mittelalterlicher Brunnen.

Die *Place Saint-André-des-Arts*, pittoresk bis dahinaus, beherbergte einst einen Tierpräparator, auch den letzten Flickschuster des Viertels sowie den deutschen Autor Georg K. Glaser u. v. a. Die Fassaden, früher viel farbiger gestrichen und eines der beliebtesten Malermotive von Paris, sind heute schier unsichtbar geworden hinter den zahlreichen Cafétischen. Von dem Platz weg führt dann eine fast unbekannte Straße, da selten begangen oder befahren: die gewundene *Rue Suger* aus dem 12. Jahrhundert. Hinter dem modernisierten Haus Nr. 13 soll sich ein aufgelassener Friedhof verbergen.

Die *Rue des Grands-Augustins* bezieht ihren Ruhm vorab aus dem immensen Dachboden, den Picasso 1936 auf Nr. 5–7 der Straße bezog, als Nachfolger übrigens von Jean-Louis Barrault und seinem Bühnenensemble. Es ist auch der Ort, an den Balzac die Handlung seiner Erzählung »Das unbekannte Meisterwerk« verlegte. Hier erreicht Picasso ein Auftrag der umkämpften spanischen Republik, für ihren Pavillon bei der Pariser Weltausstellung vom Sommer 1937 ein Fresko zu produzieren. Seine ersten Skizzen zeigen einen Maler mit Modell bei der Arbeit. Der Überfall der deutschen Kondor-Legion auf das Städtchen Guernica am 26. April 1937 gibt ihm dann sein endgültiges Thema. Erschüttert, schafft er in nur fünf Wochen das wohl berühmteste Gemälde des 20. Jahrhunderts, welches alle seine bisherigen Themen in eins zusammenfaßt (nur die nackte Glühbirne an der Decke scheint uns neu). Oft zitiert die Anekdote, nach der Besetzung von Paris habe ein deutscher Offizier angesichts des Bildes gefragt: Haben Sie das gemacht? Worauf der Maler: Nein, Sie!

Die Rue Christine weist auf ihrer Nr. 3 ein Kloster aus dem 16. Jahrhundert auf, nunmehr zu einem jener mehreren Charme-Hotels umgestaltet, die das Linke Ufer zieren, *Relais Christine*. In diesem Fall hat man für den Charme, die Lage und das Frühstück in der alten Kapelle aber auch zu zahlen: das Doppelzimmer von 360 Euro aufwärts. Métro Odéon, Tel.: 01-4051 6080. Danach an der Ecke zur Rue Dauphine der einstmals, in der Großzeit der Existentialisten, berühmte Tanzkeller des *Tabou*, von Juliette Gréco entdeckt. Um unserer sentimentalen Gedanken darob Herr zu werden, zwei lustige Lokale. Da steht auf Nr. 29 der Rue Dauphine *Il Gattopardo* (wie in dem klassischen Film mit Burt Lancaster und Alain Delon). Regionale süditalienische Küche, deren Schätze man über eine steile Treppe erreicht, verfertigt von Signor Procopio. Heißt er wirklich so, oder nennt er sich bloß so, nach dem Gründer des nahen und erzberühmten Café Procope? Das Menü für ca. 20 Euro. Métro Odéon, Tel.: 01-4633 7592. Auf der anderen Straßenseite bei Nr. 32 *La Taverne de Nesle*, eine vielfach untergeteilte Zapfstelle für etwa hundert verschiedene Biere, einschließlich Eigenbräu. Etwas für Nachtvögel, bleibt wochentags bis vier, am Wochenende bis sechs Uhr geöffnet. Gemeinschaftstische, Karaoke, witzige bis kaustische Atmosphäre, Disko im Untergeschoß. Métro Odéon, Tel.: 01-4326 3836.

Der Name des Lokals weist schon auf eines der geheimnis-umwittertsten Gebäude des Linken Ufers hin, die *Tour de Nesle*. Gab es diesen Schreckensturm je wirklich, das Gegen-stück zur Louvrefestung am gegenüberliegenden Seineufer, mit einer Kette zwischen den beiden, um notfalls feind-lichen Schiffen die Durchfahrt zu verwehren? Angeblich um 1270 erbaut, wurde der Turm schon 1663 wieder abgerissen, um einem Kollegium Platz zu machen, aufs edelste errich-tet mit den von Kardinal Mazarin hinterlassenen zwei Milli-onen. Welches nun, nach einem vielfältigen Schicksal (u. a. als Salzdepot während der Revolution) seit 1805 die Franzö-sische Akademie beherbergt. Der Turm aber spukt weiter in den Köpfen, besonders seit Alexandre Dumas ein fünfakti-ges Melodram dorthin verlegte. Worin drei Prinzessinnen von Burgund, die schöne Margarete und ihre Schwestern Blanche und Jeanne, ihre männlichen Opfer, zumeist wohl junge Studenten, von der Straße weglocken und sich mit ihnen verlustieren, nur um sie dann am nächsten Morgen in die Seine schmeißen zu lassen. Auch Buridans berühmtem Esel soll dieses Schicksal nicht erspart geblieben sein, was sogar François Villon in einem Gedicht erwähnt.

Taucht man vom Quai Conti kommend – sei-nerzeit der erste Uferkai der Stadt – durch einen modernen Schwibbogen in die enge, meist menschenleere *Rue de Nevers* ein, so meint man nicht anders, als müßte man jeden Augenblick den berüchtigten Turm vor sich erblicken … oder die drei Musketiere! Erst später merkt man, daß dieses kahle Mauer-werk aus dem 13. Jahrhundert doch einige Läden besitzt, die dem Bücherhandel, besser gesagt dem Ramsch gewidmet sind. Das Ende der Gasse ist aber dann doch wieder von einer haushohen Wand versperrt, die sich bei näherem Zusehen als Teil der allgegenwärtigen Stadtmauer von Philipp-August erweist. (Weitere Spuren der Mauer sind zu finden im ersten und zweiten Untergeschoß des Parkhauses 27 Rue Mazarine, bei den Parkplätzen 134 und 229!)

Wir sind jetzt in der vielfach ansprechenden *Rue de Nesle*. Nr. 13 soll einen unterirdischen Gang gekannt haben, der besagter Prinzessin Margarete von Burgund den versteckten Zugang zu ihrem Turm erlaubte. In Nr. 8 ein Theater von 80 Plätzen, das sogar ab und an Vorstellungen gibt: das *Théâtre de Nesle*. Métro Odéon, Tel.: 01-4634 6104. Im gleichen Haus, es datiert von 1608, einer der unbesuchteren Ausstellungsräume von Paris, das *Musée des Lettres et Manuscrits*, also für Briefe und Manuskripte großer Persönlichkeiten bestimmt. Napoleon entwirft in Geheimschrift seinen Feldzugsplan gegen Rußland, Einstein fummelt auf kleinen Blättchen an seiner Relativitätstheorie, daneben Mozart, Magritte und Mitterrand. Dazu wechselnde Ausstellungen: Da leiht ein Amerikaner aus dem Westen seine Sammlung von Andenken an Buffalo Bill, auch ein authentischer Film von dessen berühmter Wandershow »Rough Riders of the World« ist darunter. Oder man sieht das ungedruckte Tagebuch der amerikanischen Autorin Helen Churchill Candee, das den Horror des Untergangs der Titanic beschreibt: »Als wäre Noahs Arche mit dem Berg Ararat zusammengestoßen«, dazu Lagepläne der Kabinen, SOS-Telegramme, die Speisekarte des letzten Tages … Meist werden Sie allein durch die Räume wandern. Métro Odéon, Tel.: 01-4051 0225.

Nebenan bei Nr. 6 ein Haus, das ganz in die Stimmung der Straße paßt. Zwar verkündet eine kleine Leuchtschrift ebenerdig, daß es sich hier um ein Lokal namens *La Tour de Nesle* handelt. Warum aber sind sämtliche Fenster aller drei Stockwerke auf Dauer mit roten Gardinen verhängt? Und warum antwortet niemand über Tage hinweg auf die Plastikklingel neben der Bohlentür? Endlich einmal, an einem späten Nachmittag, ein Mann mit nacktem Oberkörper, der sich aus dem Fenster beugt und mit dickem Akzent verkündet, daß jetzt nicht die Zeit sei, sondern später, weil er nämlich wieder schlafen möchte. Später antwortet dann überhaupt niemand mehr. Erst am nächsten Morgen um zehn gibt es eine kleine unscheinbare Dame, die behauptet, daß man Donnerstag bis Samstag von fünf Uhr früh bis mittags geöffnet habe. Geöffnet um was zu tun? Der Herr solle doch einfach telefonieren. Nach der Nummer gefragt, kommt unvermeidlich die Antwort, daß man eigentlich gar kein Telefon besitze, da bei diesem Lärm ohnehin nichts zu verstehen sei. Aber man könne ja am Internet … welches allerdings zu diesem Thema beharrlich schweigt. Ist es ein »Maison de Rendezvous«? Oder eine »After-Bar«, für Leute, die sich noch um 5 Uhr früh nicht genug ausgetanzt haben? Oder gar ein unbekannter Rest des Nesle-Turmes? Wie man fast glauben muß, wenn man um die Ecke bei 18 Rue Dauphine in den zweiten Hinterhof »D« vordringt, dort links eine Glastür öffnet und auf einmal in einem unheimlichen runden Treppenhaus mit drei weiteren Türen steckt, die wohin führen? An Ihnen es herauszufinden.

Auch das *Hôtel de Nesle* gegenüber auf Nr. 7 hat seine Besonderheiten. Oder warum hängt dort ein Zimmermädchen beim Saubermachen plötzlich ein Moskitonetz aus dem Fenster? Moskitos? In Paris? Auf Nachfrage erfährt man, daß dies eben »unser tropisches Zimmer« sei. Es gibt auch Zimmer mit gemalten Fresken, orientalische Zimmer mit blauen Töpferwaren und ländliche mit Trockenblumen an der Decke. Das Foyer ist als Tropfsteinhöhle ausgebaut, vom 1. Stock geht ein wuchernder Hintergarten mit Bassin ab, einer der verschwiegeneren Orte von Paris. Ein Haus für Bohemiens. Zimmer 4 besitzt übrigens ein privates Dampfbad! Kein Frühstück. Kein Zimmertelefon. Preise zwischen 60 und 120 Euro. Métro Odéon, Tel.: 01-4354 6241.

Die Bücher- und Galerienstraße Rue de Seine enthält u. a. zwei kleine unterhaltsame Lokale. Auf Nr. 62 *La Palette*, ein Bistrot für Studenten, Künstler, Kunsthändler und die Kunstwanderer der Straße. Beim ersten Sonnenstrahl, auch wenn keine Sonne scheint, werden die Stühle und Tische herausgestellt. Charlie, der Patron, weist Besucher mit Nachdruck darauf hin, daß sich hier alles unverändert seit den zwanziger Jahren erhalten hat, »auch die Stimmung«. An Ihnen mitzutun. Mit einem »petit café« zu 2,50 Euro können Sie hier stundenlang herumlungern. Es gibt auch Snacks. Métro Odéon, Tel.: 01-4326 6815. Anders die *Bar au Marché* auf Nr. 75, Ecke zur belebten Rue de Buci. Hier kommt der berühmt aggressive Pariser Argot zum Tragen. Die Kellner in Overalls, Basken- oder Schlägermützen geben die schweren Jungs und beleidigen auch schon mal den Klienten, wenn er nicht schnell genug spurt mit seiner Bestellung. Es ist ein bißchen wie in den Pariser Markthallen seligen Angedenkens, rauh aber herzlich. Und die nie zur Ruhe kommende Marktstraße Rue de Buci hat ja auch etwas von dieser Stimmung.

Unwiderstehlich für den Parisflanie-
rer die alte *Rue de l'Échaudé* – noch
unwiderstehlicher war sie für Dichter
wie Alfred Jarry oder Guillaume
Apollinaire, die hier auf Nr. 26 ein
angesehenes Freudenhaus besuchten.
Daneben die historische *Rue Visconti*,
zur Gänze aus dem 17. Jahrhundert
stammend. Natürlich sollte auch sie in den Sechzigern von
einem Ende zum andern abgerissen werden, eine Bürgerinitiative verhinderte es im letzten Moment. Sie gilt als so
schmal, daß die Straßenkehrer (noch gibt es sie hier und da,
wenn auch ihre Reisigbesen durch grünes Plastik ersetzt) sie
mit einem bloßen halbkreisförmigen Schwung ausfegen
können. Es ist die einzige Straße von Paris, deren hugenot-
tische Einwohner in der Bartholomäusnacht ihr Leben zu
retten vermochten. Später installierte bei Nr. 17 der große
Beschreiber des Geschäftslebens, aber selber hoffnungsloser
Geschäftsmann, nämlich Balzac, hier seine Druckerei, und
verließ sie mit 40.000 Francs Schulden. Zur selben Zeit
eröffnete auch Delacroix ein Atelier, um die nahe Saint-
Sulpice-Kirche mit Wandbildern auszuschmücken (die seitdem im Dunkeln dahinsiechen). Heute enthält die enge
Straße den kleinsten Park von Paris: drei Steinbänke um ein
Boskett, gut zum Ausruhen (leider derzeit gesperrt).
Daß Saint-Germain-des-Prés »nicht mehr existiert«, hört
man nun schon seit einem guten halben Jahrhundert. Für
die Eingeweihten zählten ja doch nur die Kriegsjahre, alles
nachher war »Intellotourismus«. Was bleibt tatsächlich
von dem »goldenen Dreieck« zwischen den Lokalen *Deux
Magots, Lipp* und *Flore* (Métro Saint-Germain-des-Prés)?

Im Grunde nur das letztere, ein Café, in dem »man« sich trifft. Und in dem immerhin manchmal solche Mode-Autoren wie Bernard-Henri Levy (sprich »BHL«) oder Frédéric Beigbeder zu finden sind (er vergibt hier einen literarischen Preis). Unten tut sich was, oben (»Sibirien«) ist es ruhig genug, um nicht nur zu reden, sondern auch zuzuhören. Manchmal finden hier auch Lesungen statt, der erste Mittwoch im Monat ist eigentlich (d. h. nie) einem Philosophieabend auf englisch gewidmet. Das Lokal steckt voller Leute, die aussehen, als ob man sie unbedingt kennen müßte. Habitués begrüßen sich mit einem Kopfnicken und kurzem Heben des Armes, würden sich aber nie zueinander setzen oder gar Freundschaft schließen. Gott schweigt, Intellektuelle haben einsam zu sein, essen aber ganz gerne die billige Spezialität des Hauses: weichgekochte Eier mit Toast. Von dem (serbischen) Besitzer Monsieur »Miro« links bei der Kasse begrüßt zu werden, ist dann doch wie ein Ritterschlag. 172 Boulevard Saint-Germain, Tel.: 01-4544 3339.

Die anschließende *Rue Saint-Benoît* gilt von je als die Dorfstraße des Viertels. Im 17. Jahrhundert hieß sie Abwässerstraße, da hier ein Wassergraben verlief, der die Abtei beschützen sollte (von der die bestehende Kirche, immerhin die älteste von Paris, nur einen kümmerlichen Rest darstellt). Die Straße beginnt aufs beste mit dem legendären Buchladen *La Hune* (der Mastkorb – sonntags geöffnet, in der Woche bis Mitternacht). Unten das Notwendige zu den geistigen und künstlerischen Bestrebungen der Zeit bzw. des Quartiers, Nabel der Welt. Oben eine gute Auswahl von Werken über Kino, Fotografie, Grafismus, Comics, Mode, Dekoration. Nach dem Ersatz des Drugstore und der Buchhandlung Le Divan durch Modeboutiquen bangt man jetzt auch um das Überleben der »Hune«, bei deren Besitzer, dem Verlag Flammarion, geradezu unglaubliche Kaufangebote, z. B. von Chanel, eingehen sollen. 170 Boulevard Saint-Germain, Tel.: 01-4548 3585.

Gegenüber dann das *Montana*, ein historischer Jazzclub, wo einst Boris Vian, Bud Powell, Billie Holiday auftraten. Mitte der Sechziger war es dann vorerst aus mit dem Jazz, ein Pizzaladen machte sich hier zu schaffen, bis Mitte der Achtziger die Jazzmusik, diesmal als Retro-Klassiker, wieder in das Haus einziehen durfte: 28 Rue Saint-Benoît. Ein ähnliches Schicksal brach über den sagenhaften *Club Saint-Germain* auf der anderen Straßenseite herein, in welchem eigentlich die ganze Jazz- und Tanzbegeisterung der Nachkriegszeit begann, unter der Schirmherrschaft solcher Größen wie Miles Davis, Duke Ellington, Charlie Parker. Derzeit ist die berühmte niedrige Eisentür verschlossen, die Glocke ausgebaut, die oft beschriebene steile Treppe ins Erdinnere führt zu Bauarbeiten, die auch das Eckhaus, bislang als Jazzlokal Bilboquet berühmt (und vordem als elegantes Bordell D'Orsel), mit einbeziehen. Das Ganze soll in Bälde als Glanzstück der Restaurantkette Costes, zu der auch u. a. Chez Julien, das MK2 Café und das Hotel Amour gehören, wiederauferstehen.

Über die kurze Straße hinweg, die nach dem Dichter Apollinaire heißt (und immerhin eines der besten Reprisenkinos der Stadt aufweist), kommen Sie bei Nr. 11 zum *Petit Zinc*, eine klassische Brasserie, die sich auf ihrem früheren Standort an der Rue de Buci doch etwas volkstümlicher gab. Und jetzt mit Jugendstildekor und feinen Weinen angibt, die allerdings im Menü für 34 Euro nicht inbegriffen sind.

Métro Saint-Germain-des-Prés, Tel.: 01-4286 6100. Die Habitués des Viertels ziehen die andere Straßenseite vor, mit drei preiswerten Eßlokalen: einem Japaner, bei seinen eigenen Leuten so beliebt, daß ausländische »Gajin« gern abgewimmelt werden, wenn man mehr Einheimische erwartet (immer ein gutes Zeichen für Qualität). Daneben das *Relais de l'Entrecôte* bei Nr. 20-bis. Ein freundliches und überlaufenes Lokal mit Servierdamen in weißen Schürzen, das nur ein Einheitsmenü kennt: Vorspeise grüner Salat mit Nüssen, Hauptgang ein feingeschnittenes Steak mit dieser fabelhaften Soße, die so geheimgehalten wird wie das Rezept von Coca Cola, dazu dünne Pommes frites. Jeder bekommt einmal nachserviert. Nur das Dessert darf man sich selber aussuchen. Es gibt keine Reservierung, wer nicht Schlange stehen will, tut gut daran, um Punkt zwölf oder Punkt sieben aufzukreuzen. Tel.: 01-4549 1600.

Schließlich auf Nr. 4 das Juwel der Armen, *Le Petit Saint-Benoît*. Gute Adresse für brotlose Intellos, oder solche, die aus Prestigegründen so tun müssen als ob. Eng, eilig, das handschriftliche Menü manchmal von Analphabeten verfaßt. Braucht man mehr als drei Sekunden, es zu entziffern, so werden die ansonsten so lustigen Kellnerinnen bereits ungehalten und blicken sich verzweifelt nach weiteren Gästen um, die man zu Ihnen an den Tisch stopfen kann. Die ausgezeichnete Hausmannskost erreicht maximal eine Summe von 20 Euro für drei Gänge, Wein inbegriffen. Ob man hier reservieren kann, weiß der Verfasser nicht, er hat es jedenfalls nie gewagt. Tel.: 01-4260 2792. Neben

dem Haus eine inkongruente Sackgasse zu den Zwei Engeln. Und ein Graffito mit dem Bild der Autorin Marguerite Duras (die hier wohnte) und dem Spruch: »Aus einem Wort den schönen Liebhaber eines Satzes machen.« Wir sind eben im Dichterviertel.

Dem üblicherweise auch einige Straßen auf der anderen Seite des Boulevard Saint-Germain zugerechnet werden. So vor allem die Rue des Canettes, die ins 13. Jahrhundert zurückreicht, mit den entsprechenden drei Entlein in einem Relief auf Nr. 18. In diesem Restaurant war der amerikanische Künstler Man Ray fast jeden Abend zu finden. Nr. 17 wohnten einst die angeblichen Grafen La Motte-Valois, Urheber der berüchtigten Halsbandaffäre und damit indirekt der Französischen Revolution. Auf Nr. 14 steht hinter blauem Glanzkleid das Hotel *La Perle* in einem Haus aus dem 17. Jahrhundert, heute stolze drei Sterne wert, aber einst als billige Künstlerherberge gegründet von Céleste Albaret, Marcel Prousts geduldiger Haushälterin und Manuskriptkleberin. Métro Saint-Germain-des-Prés, Tel.: 01-4329 1010.

Etwas für Kannibalen ist bei Nr. 24 die *Boucherie Roulière*, spezialisiert auf Fleischgerichte – na, zur Not darf man auch Fisch bestellen. Ein sehr französisches Bistrot mit einfachem aber hervorragend zubereitetem Menü, das mit Kreide auf eine Tafel angeschrieben steht, sowie Kellnern, die nicht begreifen, was daran unleserlich sein soll. Etwa 40 Euro. Métro Mabillon, Tel.: 01-4326 2570.

Die Glorie der Straße aber ist für die »Germanopraten« – wie sich die Bewohner des Viertels nennen – auf Nr. 11 *Chez Georges*, das letzte authentische Bollwerk seiner großen Zeit. Ein seit Jahrzehnten unveränderter Weinausschank, gefüllt an guten Abenden bis zur Straße mit graubärtigen Poeten, ihren schicken Inspiratorinnen samt einer Prise Bobos, die das nötige Geld hinlegen. Der alte Georges ist nicht mehr, dafür ein freundlicher Jean-Pierre mitsamt Nicole. Den Tresen haben seinerzeit die Deutschen ausgebaut, um ihn zu Stukas umzugießen. Es bleibt der stimmungsvolle alte Verkaufstisch mit den guten Flaschen. Und darunter ein klaustrophobisch niedriger Keller, so eng, daß Paare keine weitere Entschuldigung brauchen, um sich aneinander zu reiben. Von mittags bis 2 Uhr morgens. Métro Mabillon, Tel.: 01-4326 7915.

Die Rue Princesse enthält an ihrem Anfang bei Nr. 6 die kleine amerikanische Buchhandlung *Village Voice*, bekannt für ihre Dichterlesungen. Am Ende dieser Straße aus dem 17. Jahrhundert dann der Inbegriff Pariser Auserlesenheit: Hinter einer anonymen braunrot gestrichenen Fassade ohne weitere Bezeichnung verbirgt sich der exklusivste Nachtclub der Stadt, der Club Princesse, von den Eingeweihten *Chez Castel* genannt, bei Nr. 15.

Der Gründer, Jean Castel, ehemaliger Rugbymann mit vielen Freunden, ist nun verblichen, aber sein Prinzip hält noch immer: Eintritt nur per kleiner schwarzer Karte mit dem Wappen des Hauses darauf. Um sie zu erlangen: zwei Sponsoren und ein Mitgliedsbeitrag von 400 Euro jährlich. Plus jenem Unwägbaren, das in Paris über Erfolg und Mißerfolg entscheidet. Das hat natürlich mit Ihrem Bekanntschaftsgrad zu tun (Medienmenschen haben es leichter), Ihren Verbindungen (»Beigbeder hat gesagt, es geht okay«), Ihrer Attraktivität (schöne junge Frauen in »casual chic« schaffen es sogar manchmal, auch ihre Männer hineinzulotsen, wir anderen werden mit »heute leider schon voll« abgewimmelt). Bezeichnenderweise gibt es hier auch ein Restaurant, denn für den Franzosen besteht das erotische Vorspiel aus gutem Essen. Eintritt gratis, die Drinks keineswegs. Métro Mabillon oder Saint-Sulpice, Tel.: 01-4051 5280.

Parallel dazu die Rue Mabillon, auf deren Nr. 10 das altmodische Restaurant *Aux Charpentiers* – Zu den Zimmerleuten. Solide Bistroküche für abends 27 Euro. Im Fenster jetzt leider nur mehr ein einziges dieser Holzmodelle unfaßbar komplizierter Dachdeckereien, vor allem Kirchengestühle, mit denen das Lokal früher bestückt war. Der Rest findet sich z. T. im Nebenhaus, wo die Zimmermannszunft (genannt »Les Compagnons«) ihr Museum besitzt. Davor eine Gedenktafel für ihren Vorsitzenden, Lucien Térion, genannt Tourangeau der Furchtlose, ermordet im KZ Mauthausen am 3. Mai 1945. (Métro Mabillon, Tel.: 01-4633 0798.)

Um die Ecke eine Antwort auf die oft gestellte Frage, wo eigentlich die Pariser Clochards geblieben sind. Nun ja, hier zum Beispiel, wo sie mittags vor Nr. 4 Rue Clément an der »Soupe populaire« Schlange stehen. Ansonsten bleibt die Tür zumeist verschlossen, weist aber einen Schlitz auf, durch den man sein Scherflein beiträgt.

Wir sind in Reichweite der mächtigen *Saint-Sulpice-Kirche*, die aber schon wegen ihrer vermischten Stilarten und ungleich hohen Türme als Mißgeburt gilt. Unter der Revolution »Tempel der Vernunft«. Hier wurde am 5. November 1799 ein Bankett mit 700 Gedecken für den Verteidiger der Republik und Eroberer von Ägypten, General Bonaparte, veranstaltet … der drei Tage später den berüchtigten Staatsstreich vom 18. Brumaire unternahm. Heine und Victor Hugo heirateten in dieser Kirche. Rechts vom Eingang die drei Wandgemälde, an denen Delacroix bis zu seinem Tode arbeitete.

Aber was nutzt das alles, wenn doch die Mehrzahl der Eintretenden ausschließlich an Dan Browns Bestseller samt folgendem Film über den angeblichen »Da-Vinci-Code« interessiert ist. Wo ein kurioser Mönch von der Empore dieser Kirche aus einen Mord begeht und linker Hand »ein kolossaler ägyptischer Obelisk steht, Überrest eines heidnischen Tempels«. Dazu der Autor: »Alle Beschreibungen von Kunst, Architektur, Dokumenten und geheimen Riten in diesem Buch sind authentisch.« Ein Anspruch, gegen den hier allenthalben auf Warntafeln protestiert wird. Und tatsächlich fällt es schwer zu glauben, daß da ernstlich recherchiert wurde. Sonst wäre Mr. Brown nicht entgangen, daß der ägyptische Obelisk tatsächlich ein Gnomon ist, ein wissenschaftliches Instrument, um damit die Sommersonnenwende und den Beginn des Osterfestes zu messen. Und zwar, was der Autor offenbar gar nicht bemerkt hat, mit Hilfe zweier Metallscheiben und einer darin befindlichen runden Bohrung, die in eines der Farbfenster gegenüber eingelassen sind (und sich leider jetzt verschoben haben). Auch nicht, daß bei der Inschrift auf dem Obelisken zwischen den Worten »Gnomon astronomicus Opus D.O.M. sacrum« und den Worten »elaborit Le Monnier 1743« sechs Zeilen herausgemeißelt worden sind sowie ein Emblem, das darunter stand. Ist hier das eigentliche Geheimnis zu finden, das ihm entging? Oder handelt es sich viel prosaischer um irgendeinen politisch verdächtigen

Namen, der verschwinden mußte … so wie man bei einem ähnlichen Gnomon im Park Montsouris später den Namen Napoleon herauskratzte? Übrigens ist auch die in Bronze markierte Linie, die quer durch das Kirchenschiff verläuft, nicht der Meridian von Paris (der ein Stück weiter östlich hingehört) und wurde auch nie die Rosenlinie genannt. So wenig sich die Buchstaben S und P im Glasfenster über dem Eingang auf einen mythischen »Prieuré de Sion« beziehen, Beschützer des Heiligen Grals, sondern einfach auf Sankt Peter, dessen Statue darunter steht. Aber wer würde nicht, nach dem Wort eines Philosophen, »lieber glauben als wissen«?

Der Platz um die Kirche, und die nach ihr genannte Straße, ist von je den – inzwischen rar gewordenen – Devotionalienhändlern gewidmet, die hier ihre »Bondieuserien« feilbieten. Und notabene auch den Bordellen, von denen zwei ihre Spuren hinterlassen haben. Das schmale Haus Nr. 36 gehörte einer »Miss Betty« (die unübliche Größe der Hausnummer war für diese Einrichtungen bezeichnend), bei Nr. 15 residierte »Alys«, deren Name noch immer im Mosaik des Eingangs sichtbar, wenn nicht gerade von einer Fußmatte bedeckt.

Hinüber zu der Rue de Vaugirard, wo rechts unter den Arkaden des Hauses Nr. 36 – der ehemaligen Agentur für Maße und Gewichte – in Marmor gemeißelt seit 1796 der Original-Meter steht, etwa ein Zehnmillionstel des Erdmeridian-Quadranten. (Und wie man das damals vermessen hat, bleibt uns unbegreiflich, wahrscheinlich mit Hilfe irgendeines Gnomons.) Nicht weit von da bei Nr. 16 *Au petit Suisse*, die letzte auch für die Intellos des Quartiers akzeptable Tränke vor dem Eingang des Luxembourg-Parks. Sehr ein-

heimisch, ein bißchen überheblich … und für Bücher-
freunde ideal, da drei Antiquariate in Rufweite. Métro
Odéon, Tel.: 01-4326 0381. Wir sind in der längsten Straße
von Paris, wenn auch nicht ihrer interessantesten. Und eilen
hinüber zum Odéon, Lieblingstreffpunkt der Kinogänger
am Linken Ufer.

Von hier nur ein Sprung zur Rue Monsieur le Prince, in der
einst der 16jährige Rimbaud mystisch den Sonnenaufgang
erlebte, bevor er sein morgendliches Besäufnis antrat. Es
ihm gleichzutun, gibt es hier (oder gab es bis zur Verfassung
dieses Berichtes) auf Nr. 45 eine *Urgence Bar* mit OP-Dekor
und Kellnern in Pflegeruniformen, die solche Getränke ser-
vieren wie »Zäpfchen«, »Darmol«, »Viagra« oder »Brech-
mittel« (wegen der Farbe), – und zwar in Reagenzgläsern –
wohl bekomm's! Dazu einmal wöchentlich Salsa-Strip.
Métro Odéon, Tel.: 01-4326 4569. Als größtmöglichen
Kontrast dazu bei Nr. 41 das *Polidor*, ein ehemals literari-
sches Restaurant von 1845 im hölzernen Originaldekor.
Gute Hausmannskost zwischen 15 und 30 Euro für mittel-
ständische Berufsesser. Tel.: 01-4326 9534. Um die Ecke bei
Nr. 3 Rue Racine der *Bouillon Racine*, eine frühere Suppenküche für arme Studenten und Künstler des Lateinischen
Viertels, später über Jahre geschlossen und jetzt mit seiner
superben Art-Noveau-Meublage wiedererwacht als Stim-
mungsfalle, in der Möchtegern-Künstler ausländische Tou-
ristinnen bettreif reden. Daher gute französische Küche
unter 40 Euro. Tel.: 01-4432 1560.

Neben ihren vielen Kinos weist die Place de l'Odéon noch
zwei gute Adressen auf. Einerseits direkt gegenüber der
Métro Odéon die Brasserie *Les Editeurs* (Die Verleger), wo
die Büchermenschen des Viertels sich gern in bequemen

Lehnstühlen zu einem Kaffee treffen und ihnen tatsächlich auch Nachschlagewerke zur Verfügung stehen, wie einst im Wiener »Central«. Dazu jazzy Klaviermusik und ein verschwiegenes Obergeschoß. 4 Carrefour de l'Odéon, Métro Odéon, Tel.: 01-4326 6776. Nebenan bei Haus Nr. 9 des Carrefour ein versteckter Ort: die Brasserie des Hôtel Le Relais Saint-Germain, genannt *Le Comptoir*. Feine Küche in Art-Déco-Atmosphäre von einem echten Chef, und bis Mitternacht geöffnet. An Wochentag-Abenden ein ausgesuchtes Standard-Menü zu 42 Euro. Schöne Terrasse. Tel.: 01-4427 0797. Schließlich weiter oben in der Rue de l'Odéon Nr. 6 ein neueres Szenelokal: *Le Six Odéon*. Hinter abgedunkelten Scheiben, die keinen indiskreten Blick ins Innere erlauben, eine Art Tea-Room unter altmodischem Lüster, eine diskrete Sache. Wohin sich alternde Stars gerne zurückziehen, um von den Gästen leise betuschelt zu werden, ohne daß man sie Gott behüte ganz übersieht. Tel.: 01-4441 0972.

In die Place de l'Odéon mündet die geschichtsträchtige Rue de l'École de Médecine. Dort etwas versteckt auf Nr. 15 das letzte Überbleibsel eines einst großen Franziskanerklosters, des *Couvent des Cordeliers*: sein Refektorium in flamboyanter Gotik von zirka 1506. Die Cordeliers nannten sich nach dem dreiknotigen Strick, den sie statt eines Gürtels um die Kutte trugen, angeblich um sich als Bettlerorden stets ihrer Armut bewußt zu bleiben, doch waren nicht alle Mönche der gleichen Auffassung. Es gab zwei Parteien, von denen die eine das Kloster reichlich mit Speisen und Weinkellern versehen wollte, die andere jedes Besitztum strikt ablehnte, worauf sie Papst Johannes XXII. prompt exkommunizierte.

Die Französische Revolution löste dann den Orden auf, dafür traf sich hier der Radikalenklub der Cordeliers, noch links von den Jakobinern angesiedelt. Die Historiker der Zeit beschreiben folgende Szene: Da habe sich Danton, von seiner Behausung in der Cours du Commerce-Saint-André kommend, regelmäßig vor dem Haus von Jean Paul Marat auf Nr. 20 der Straße aufgebaut und gerufen: »He, Marat!« Darauf erschien Marat in seinem Fenster und brüllte zurück: »Ich komme!« Und dann kam er: »Der Kontrast zwischen diesem Riesenkopf und dem kleinen Körper war geradezu grotesk. Auch bebte sein ganzer Leib von konvulsivischen Zuckungen. Offenes Hemd, das die Brust sehen ließ, geflickte Hose, Schuhe mit Bindfäden geschnürt. Die Haut voller Leberflecken und Blut, fliehende Stirn unter einem schmutzigen Tuch. Das ganze Wesen flößte Horror ein.« Am 13. Juli 1793 dringt Mademoiselle Charlotte Corday, in einem gepunkteten Kleid und auf dem Kopf eine Revolutionskokarde, beim »Freund des Volkes« ein, um, wie sie nachher aussagte: Einen zu töten um hunderttausend zu retten. Marat sitzt wegen seines ewigen Juckreizes in der Badewanne. Charlotte: »Bürger Marat, ich habe etwas, das Ihr Herz berühren wird.« Zieht das Stilett und stößt es ihm in die Brust. Es war dann natürlich die Concierge, die sie an der Flucht hinderte. Marats Tod ist auf einem berühmten Gemälde von David festgehalten, darauf die Inschrift: »Sie konnten mich nicht bestechen, also haben sie mich umgebracht.« Anders der Philosoph André Glucksmann: »Immer ist Charlotte bei mir, sie hält mir beim Schreiben die Hand.« Marats Leiche wird im Klub aufgebahrt, zusammen mit seiner Badewanne, etwa da, wo heute der offene Platz vor dem Refektorium liegt (hier hat auch David ihn gezeichnet). Eine Zeitlang lag er auch an dieser Stelle begraben. Danton seinerseits wurde im März 1794 hingerichtet. Seine letzte Botschaft an Robespierre: »Ich verliere meinen Kopf im selben Moment wie die Nation ihren Verstand. Wenn sie ihn wiederfindet, wirst du deinen verlieren.« Und so geschah's.

Das Refektorium mit seiner beeindruckenden Holzkonstruktion ist leider nur zu besonderen Anlässen geöffnet. Es lohnt aber, rechts um das Haus herumzustreichen. Gegenüber dem Eingang führt dann eine kleine Tür zu dem seltsamen *Musée Dupuytren*, 1835 begründet von dem berühmten Chirurgen dieses Namens. Eine Schreckenskammer mit 6000 Objekten, die teils in Alkohol (etwa ein Paar siamesische Zwillinge), teils in Wachsnachbildung alles nur Erdenkliche an menschlichen Mißbildungen und Siechtümern zeigen: Krebsgeschwüre, Syphilis, Knochenfraß, Lepra, Hasenscharten, rachitische Kinderskelette, verwachsene Geschlechtsorgane, Hermaphroditen, Embryonen. Die Sammlung war bis 1935 im Refektorium untergebracht und fand erst, nach einem Exil in den feuchten Kellern dieses Gebäudes, 1967 ihre jetzige Stelle. Lange für Frauen und Kinder verboten, ist das Museum heute zumeist nur nachmittags und auf telefonische Absprache zugänglich (Tel.: 01-4234 6860). Wobei man gut daran tut, sich als »Docteur« (jeder deutsche Doktortitel reicht) oder »Pharmacien« (Apotheker) auszugeben. Im Hof eine eindrucksvolle Statue des Todes. Auf der anderen Straßenseite bei Nr. 12 ein unschuldigeres *Museum der Geschichte der Medizin*, darin etwa die Instrumente, mit denen ein Dr. Antomarchi die

Autopsie Napoleons vornahm. (Und ihm dabei wohl auch den berüchtigt kleinen Penis abschnitt.)

Zur Erholung auf Nr. 8 eine *Wiener Bäckerei* (vormals Blum) mit Miniaturtischchen und allerhand Strudeln und Torten. Gegenüber die Nr. 5 ist das Geburtshaus der Schauspielerin *Sarah* (eigentlich Rosine) *Bernhardt*, Tochter eines deutschen Chemikers aus Frankfurt an der Oder und einer jüdischen Klavierlehrerin aus Holland. Man kann sie noch in einem Stummfilm von 1922 oder 1923 bewundern, wo sie, steinalt und mit amputiertem Bein, den knabenhaften »L'Aiglon« spielt, Napoleons einzigen Sohn, der mit 21 starb.

Die *Rue Saint-Placide* ist derzeit vor allem bekannt für ihre »soldeurs«. Also Discountläden, in denen die Mode des vergangenen Jahres, auch manchmal solche bekannter Couturiers, mit Abstrichen bis zu 50 Prozent zu haben ist. Sie dürfen stundenlang in den Krabbelkästen wühlen und sich sämtliche Modelle an den Leib halten. Zur Not läßt sich auch mit den Verkäufern handeln. *Le Mouton à cinq Pattes*, das fünfbeinige Schaf, heißt – in den Häusern Nr. 8 und 18 – eine der beträchtlicheren Boutiquen.

Bei Nr. 92 Rue du Cherche-Midi: der modische Echangisten-Club *L'Overside*. Eine von diesen neuen pseudoamerikanischen Wortprägungen … gemeint ist vielleicht nur »overboard«, also daß da alles überschwappt vor Lebensfreude. Oder so ähnlich. Jedenfalls liegt das Lokal an jener Straße, die einst im Krieg das berüchtigte Gestapogefängnis beherbergte, deren Methoden es mal so zum Spaß ein bißchen kopiert. Da erscheinen zuerst zwei Paare, die uns vormachen, wie's gemacht wird, dann dürfen auch die übrigen Paare an die Marterwerkzeuge in bunt gemischter Gesellschaft, mit oder ohne Fesseln, Peitschen und Spiegel. Es

gibt einen indischen Salon, einen griechischen, einen fetischistischen usw. Daneben eine Tanzfläche, von der aus man
einfach zugucken kann, was die andern so treiben, und für
die man schick angezogen sein muß, wenn man von draußen hereinkommen will. Eintritt für Paare zwischen 46 und
60 Euro, für einzelstehende Herren – leider immer in der
Überzahl – an die 100. Métro Vaneau, Tel.: 01-4284 1020.

Auf der anderen Seite der geschäftigen Rue de Rennes – fragen Sie mich nicht, warum die Zählung der Hausnummern
erst mit 40 beginnt – die gewundene Rue Notre-Dame-des-
Champs, einst von Hemingway und Ezra Pound bewohnt
(sie klagten über den Lärm der Sägemühle, so wie in der
nahen Rue de Fleurus Getrude Stein über das morgendliche
Teppichklopfen – lauter Spätaufsteher!) Bei Nr. 53 der viel-
seitige Kinokomplex *Le Lucernaire*, mit drei kleinen Sälen
und vorne einer Bar samt grüngestrichenem Wallace-Brun-
nen (es gibt diese segensreichen Wasserspender kaum mehr
in Paris, aber halt! Da steht ja noch einer vor Shakespeare
and Co.!) Hinten eine Bühne, ein kleines Restaurant, eine
Filmbuchhandlung, eine Fotogalerie, Plakate … kurz, ein
ganzes stimmungsvolles Kulturzentrum ist da eingebaut mit
sechs Filmen pro Abend. Métro Vavin, Tel.: 01-4544 5734.

Von der Métrostation Vavin erreicht man zahlreiche freund-
liche Orte des Montparnasse. So bei Nr. 26 Rue Vavin einen
eigentümlichen Stufenbau, der etwa einer Mayapyramide
gleicht, nur eben ganz mit weißen Badezimmerkacheln ausgelegt. Auf den Terrassen überbordender Wildwuchs. Die
Fassade dahinter verkündet stolz den Hersteller dieser glei-
ßenden Hülle, mit einer Pariser Telefonnummer, die noch
auf das Baujahr 1912 zurückgehen muß: 104-87.

Gibt der einstmals weltberühmte Montparnasse-Boulevard

noch etwas her, oder zehrt er nur von vergangener Glorie? Nun ja, die klassische *Coupole* (die leider jetzt nur mehr Reservierungen für 19 Uhr entgegennimmt, Sie dürfen aber ruhig um acht Uhr eintreffen) bewirtet nach wie vor einige Gestalten, die man zu kennen glaubt oder die jedenfalls so aussehen, als ob man sie kennen müßte. Am ehesten darf sich der Bourgeois-Bohémien (als der Sie sich möglicherweise einschätzen) noch im *Select* blicken lassen. Das sich wenigstens nicht umdekoriert hat – oder kaum – seitdem es in den Zwanzigern Picasso, Hemingway, später Henry Miller etc. bewirtete. (Laut Eigenwerbung ab 1918, obwohl meines Wissens das Lokal erst 1923 eröffnet wurde!) Der etwas nüchterne Holzdekor gibt dem Ganzen einen Anflug von Echtheit. Die Mahlzeit wird Sie an die 30 Euro kosten. Métro Vavin, Tel.: 01-4548 3824.

Bleibt noch bei Nr. 59 des Boulevards das *Montparnasse 1900* zu erwähnen, etwas unmodisch jenseits der Mündung der Rue de Rennes gelegen. Aber ausgestattet mit einer so überbordenden Belle-Époque-Dekoration, daß sie die von Maxim's übertrifft, ohne daß man die Authentizität jedes vegetabilen Geländers oder barbusigen Lampenarms beschwören möchte. Dafür ist das Menü für bescheidene 33 Euro inkl. Getränke zu haben. Métro Montparnasse, Tel.: 01-4549 1900. Schräg gegenüber, vor dem Montparnasse-Bahnhof (manchmal auch an der Place d'Italie), treffen sich jeden Freitagabend um 20 Uhr bis zu 25 000 Rollschuhfahrer, um – unter dem Schutz mitrollender Polizisten – dreißig Kilometer Pariser Straße im Sturmschritt zu erobern. Achtung: an ein Überqueren der betroffenen Arterien ist unter einer Viertelstunde nicht zu denken!

VII Das siebente Arrondissement

Die Eingeweide von Paris zu inspizieren, mit anderen Worten seine 2100 km langen Abwasserkanäle, zugänglich über 26 000 Kanaldeckel, ist von verschiedenen Einstiegen aus möglich. An der Place du Châtelet führt Sie z. B. ein Spezialist durch den langen »Kollektor Sébastopol«, über eiserne Leitern und niedrige Gewölbe, allerdings nur an wenigen Tagen im Jahr. Einfacher wenn auch weniger ergiebig ist der Besuch der *Égouts de Paris*, bei der Place de Résistance genannten Kreuzung von Quai d'Orsay und Almabrücke (gegenüber 93 Quai d'Orsay, Métro Alma-Marceau). Die Straßentafeln entsprechen denen über Ihrem Kopf. Man kommt trockenen Fußes hindurch, aber Leute mit feinem Geruchssinn sollten ein Fläschchen Riechwasser mitbringen. Es gibt auch ein kleines Kanalisationsmuseum. Geöffnet alle Tage außer Donnerstag und Freitag, Tel.: 01-5368 2781.

Gute Gerüche hingegen leiten Sie zu der nahegelegenen Rue Cler, wo fast alle Tage ein langgestreckter, pittoresker (und nicht immer billiger) Lebensmittelmarkt stattfindet, inmitten eines Viertels, das ansonsten für seine Politiker und höheren Militärs im Ruhestand bekannt ist. Auch de Gaulle und Mitterrand wohnten hier. Auf den Marktständen feinste Produkte, insbesondere Spirituosen und allerhand

Käsesorten (deren Vielfalt der Große General die Unregierbarkeit des Landes zuschrieb). Beachtliche Jugendstilfassaden bei Nr. 33 und 151. Als eine Art Dorfbrunnen fungiert das *Café du Marché*, wo bei Nr. 38 ausgezeichnete Hausmannskost – insbesondere Salate – zu haben ist, für Markthändler und sonstige Kapitalisten. Métro École Militaire, Tel.: 01-4705 5127. Einige Häuser weiter in Nr. 29 das charmante billige *Grand Hôtel Lévêque*, mit Klimaanlage und Panzerschrank (je weniger Geld einer hat, desto sicherer will er es aufbewahren) auf allen Zimmern. Ab 57 Euro, Tel.: 01-4705 4915. Parallel zur Straße die Rue Duvivier, die (hoffentlich, aber man darf es bei der großen Überzahl an französischen Generälen unter Napoleon bezweifeln) nach dem feinen Filmemacher heißt. Bei Nr. 23 ein sympathisches kleines Restaurant, auf gute Fleischgerichte spezialisiert, daher der Name *Léo le Lion*. Rechnen Sie mit 25 bis 30 Euro. Métro Latour-Maubourg, Tel.: 01-4551 4177.

 Der elsässische General dieses Namens ist fast vergessen (ein Fünftel aller französischen Generäle stammt traditionell aus dem Elsaß), die *Avenue Rapp* aber ist für eine andere Sache bekannt geworden: nämlich das Jugendstilhaus auf Nr. 29, für das sein Architekt Jules Lavirotte 1903 den »Fassadenpreis der Stadt Paris« zugesprochen bekam. Dieses wildwuchernde glasierte Ungetüm zeigt nicht nur über dem Eingang das gemeißelte Porträt einer aparten jungen Frau – angeblich Madame Lavirotte – flankiert von Adam und Eva in schöner Nacktheit sowie auch zwei Stierköpfen, einer Schildkröte und diversen Skarabäen. Die Hauptsache aber

bleibt die geschnitzte Haustür, in der man unschwer einen erigierten (wenn auch abwärts weisenden) Penis samt den dazugehörigen Ovalen erkennt, gerahmt von einer stilisierten Scheide. Auch die Erkerfenster sind ähnlich ausgestattet. Der Künstler selbst wohnte um die Ecke bei Nr. 3 des *Square Rapp*, als Nachbar von James Joyce. Die sexuellen Symbole einschließlich eines Steingut-Phallus sind diesmal auf die Balkone der vierten Etage verwiesen.

Als größtmöglicher Kontrast dazu: gegenüber auf Nr. 4 des kleinen Platzes die *Theosophische Gesellschaft*, gewidmet der universellen Brüderlichkeit, der Erforschung unerklärlicher Naturgesetze und ähnlicher hehrer Ziele. Es ist, neben der Christian Science, unseres Wissens die einzige Glaubenslehre, die von einer Frau gegründet wurde: nämlich der russischen Generalswitwe Helena Blavatsky, angebliche Weltreisende und Jüngerin aller großen Yogis und Mahatmas, der lebenden wie der toten. Einer Untersuchung der Londoner »Gesellschaft für Psychische Recherche« von 1884 zufolge ist Madame Blavatsky allerdings »eine der vollkommensten und einfallsreichsten Schwindlerinnen der Geschichte«. Das Hauptquartier der Theosophischen Gesellschaft, die eine Million Mitglieder in aller Welt zählen soll, befindet sich in dem Ort Adyar in Indien. Nach Madame Blavatskys Tod übernahm 1891 die nicht weniger charismatische Annie Besant das Kommando. Welche im Jahr 1908 ihrerseits verkündete, der wiederauferstandene Christus sei plötzlich in Form eines dreizehnjährigen indischen Jungen in Adyar aufgetaucht, und sein Name sei Krishnamurti. Der in früheren Leben auch schon mal ein Affe, Ratgeber eines Pharao sowie Cäsars zweite Frau gewesen sei. Leider trat Krishnamurti, großjährig geworden, aus der Sekte aus, um sich

142

selbständig zu machen, gefolgt von dem Österreicher Rudolf Steiner, dessen »Anthroposophie« allerdings bis heute nachwirkt. Die Gesellschaft gibt eine fallweise erscheinende Zeitschrift heraus, »Der blaue Lotus«. Der nebenliegende Adyar-Saal kann für einschlägige Vorträge oder Empfänge gemietet werden. Tel.: 01-4705 2630.

Das 2006 eröffnete *Musée du Quai Branly* liegt, wo sonst, auf Nr. 29–55 des Quai Branly und ist der außereuropäischen Kunst gewidmet. Insofern nämlich, als auch Gebrauchsgegenstände, Werkzeuge oder Kleidungsstücke der sogenannten Naturvölker einen künstlerischen Effekt vermitteln können. Und dieser wird im Hause mittels eigentümlicher Anordnung, Ausleuchtung, Unterstreichung durch Musik-, Tanz- und Filmbeigaben zu einer hochdramatischen Szenographie, wie das kein anderes Pariser Museum bisher aufzuweisen hat. Eine Art Abenteuerspielplatz für Erlebnissucher. Hier, angesichts urtümlicher Südseetrommeln aus gehöhlten Baumstämmen, einen Kurzfilm zu sehen, in dem Einheimische in Ekstase eben zu dieser wilden Musik tanzen … oder, neben artistisch verzierten Eskimoparkas aus Seehundsfell, ein Stück aus einem der ersten Dokumentarfilme aller Zeiten zu sehen, Flahertys »Nanook« … das alles versetzt den Besucher unversehens in jenen »Taumel des Unbekannten«, auf den das Haus es abgesehen hat. Und, apropos »Nanook«: Wenn der sympathische Eskimojäger aus den Tiefen seines nur mannslangen Kajaks nach und nach seine gesamte Familie herausholt, wobei der als erstes an Land gesetzte Hund jedesmal den dringend benötigten Zwischenschnitt für diesen amüsanten Zauber abgibt, ja, dann merkt man erst richtig, wie der Dokufilm eben schon von seinen Anfängen her immer auch eine Art Spielfilm war – Realität als Fortsetzung des Spiels mit anderen Mitteln!

Sehenswert die schrille, bunte, überwachsene und irgendwie unorganische Außenfassade des Baus von Jean Nouvel, die man gerade deshalb als modern empfindet. Eintritt 8,50–13 Euro. Métro Alma-Marceau, Tel.: 01-5661 7000. Auf dem Dach, und kaum der Mühe wert erwähnt zu werden, da ohnehin immer ausgebucht: das Restaurant *Les Ombres*, mit Blick auf den Eiffelturm links und die Seine rechts (50 bis 100 Euro). Am leichtesten ist es noch, zur Teestunde hereinzukommen. Tel.: 01-4753 6800.

Das riesige Marsfeld, einst Schauplatz von Revolutionsfeiern (an denen 1790 auch der entmachtete König Ludwig XVI. teilnehmen mußte), heute ein unwiderstehlicher Ort, um aussagekräftige Denkmäler zu errichten. Zwei der abstoßenderen sind – gegen die École Militaire zu – irgendwelche durchsichtigen Wände aus Plastik, auf die das Wort Friede in zehntausend Sprachen aufgemalt steht, oder ist es »I love you« – der Verfasser weigert sich, das zu überprüfen. Und 1989 errichtet zum 200. Jahrestag der Menschenrechte, eine Art ägyptischer Steintempel (die Ägypter waren ja immer schon groß in Menschenrechtsdingen!), bestückt mit dreieckigen Obelisken, Sonnenuhren, Liebespaaren sowie allen möglichen astrologischen und esoterischen Geheimzeichen. Am erstaunlichsten ein nackter Knabe, dessen turmhohe zylindrische Kopfbedeckung offenbar aus der Matrize eines Zeitungsblattes besteht.

Nicht weit von da das *Bistrot de Breteuil* auf Nr. 3 Place de

144

Breteuil. Eines von diesen Pariser Restaurants, die sich »herumgesprochen haben« und daher abends ab 21 Uhr immer gesteckt voll sind. Gute Küche bei einem Prix fixe von 36 Euro, Wein inbegriffen. Hübsche Lage an diesem fast ländlichen runden Platz, mit Blick auf ein Pasteur-Denkmal und den Invalidendom von der großen Terrasse aus. Métro Ségur, Tel. 01-4567 0727.

Aficionados schlendern gern von hier zur Spätvorführung des Kinos *La Pagode* bei 57 Rue de Babylone. Ursprünglich eine japanische Pagode, 1896 per Schiff nach Paris gebracht … bzw. eine dito chinesische, hier von einem Pariser Architekten erbaut. (Je nachdem, welchem Reiseführer Sie trauen.) Jedenfalls soll das Ganze ursprünglich ein Geschenk von M. Morin, Direktor des Warenhauses Le Bon Marché, an seine Frau gewesen sein, die ihn aber trotzdem verließ, um den Sohn seines Kompagnons zu heiraten. Danach war die Chinesische Botschaft am Kauf interessiert, nahm aber Abstand, als sie ein Wandbild entdeckte, auf dem die chinesische Armee von Japanern geschlagen wird. Seit 1931 Kino, das heute auch noch einen zweiten (unexotischen) Saal enthält. Sowie zeitweise eine winzige Teestube, deren Getränke man in dem bambusbestandenen Vorgarten genießen darf. Ausgewählte Filme, bei hervorragender Akustik im schlauchförmigen Saal. Auch dieses einzigartige Juwel konnte vor Jahren nur dank einer Bürgerinitiative vor der Spitzhacke gerettet werden. Métro Saint-François-Xavier, Tel.: 01-4555 4848.

Nach dem Kino noch Hunger? Aber knapp bei Kasse? Dann *Au Pied de Fouet* (Der Fuß der Peitsche, was immer das bedeutet) auf Nr. 45 Rue de Babylone. Ihre »Ministerkantine« nennen es die kleineren Beamten des Premierministers, der einige Schritte von hier im Hôtel Matignon amtiert (soweit ihn Staatspräsident Sarkozy eben amtieren läßt). Das Haus eine ausgediente Postkutschenstation, die bis 1791 zurückreicht. Die Mahlzeiten frisch und billig – ein Hauptgang mag etwa 10 oder 12 Euro kosten. Und hier gibt es tatsächlich einen Wandschrank mit Fächern, in denen die Stammgäste ihre Servietten unterbringen, was ja irgendwie zum Naturschutz beiträgt. Métro Saint-François-Xavier, Tel.: 01-4705 1227.

Um die Ecke bei 140 Rue du Bac die geheimnisvolle Kapelle eines Bauernmädchens namens Catherine Labouré, der 1827 hier die Heilige Jungfrau erschien, »angetan mit einem weißen Abendkleid«. Seitdem strömen Pilger aus aller Welt da zusammen, um sich vor der Einbalsamierten zu verneigen. Auch Madame Cécilia Sarkozy ward am 5. Mai 2007 da gesichtet, vielleicht um über das Für und Wider einer Scheidung vom Staatspräsidenten nachzudenken. Hier läßt sich auch eine wundertätige Medaille erwerben, die – bis es kürzlich zu Protesten kam – über einen Automaten vertrieben wurde. Fallweise findet eine vom Vatikan nicht gern gesehene Tiertaufe statt, vor allem für Hunde und Katzen. Eine ähnlich bei Frauen beliebte Kapelle, die *Église Sainte-Rita*, findet sich übrigens nicht weit von da bei 27 Rue François Bonvin. Bittschriften an die heilige Rita, vor allem von Prostituierten, sieht man auch an einer Wand von Saint-Sulpice, handgekritzelt auf einen großen Papierbogen links vom Haupteingang.

Da wir eben vom Warenhaus *Le Bon Marché* sprachen, dem einzigen des Linken Ufers und Vorbild für Zolas »Au Bonheur des Dames«, so ruht man sich von dessen schicken Angeboten (Rive Gauche oblige!) am besten im Park des *Square Récamier* aus. Könnte man ihn bloß finden, diesen kleinen verwunschenen Park! Insofern als er nämlich am Ende eines unscheinbaren Sackgäßchens steckt, das sich Rue Récamier nennt und von Nr. 10 Rue de Sèvres wegführt (Métro Sèvres-Babylone). Da sind aufgeworfene Hügel und Täler und Lauben und Magnolien und Azaleen und sogar ein Feigenbaum, von dem künstlichen Wasserfall links vom Eingang nicht zu reden (falls er gerade funktioniert). Das alles ganz inkongruent zwischen hohe Stadthäuser hineingezwängt. Trotzdem ein idealer stiller Ort zum Lesen und zum Meditieren.

Ein Stück weiter und wir sind in der Rue des Saints-Pères, das die westliche Grenze des Antiquitätenviertels darstellt, zu welchem sich ja Saint-Germain-des-Prés inzwischen gewandelt hat. Viel bedeutsamer scheint den Anrainern der Straße, daß der historische Pralinenladen *Debauve et Gallais* von 1819 jetzt wieder auf Nr. 30 neu eröffnet hat.

Ursprünglich eine Apotheke – das Interieur ist unverändert – verkaufte man da »hygienische Schokolade«, indem nämlich Monsieur Gallais seinem wohlschmeckenden Produkt irgendwelche angeblich heilsamen Kräuter beimischte. Spezialität des Hauses: die farbig übergossenen Mandeln, die man zu Taufen und Hochzeiten anzubieten pflegt … Im Hinterhof Reste eines ehemaligen protestantischen Friedhofs. Métro Saint-Germain-des-Prés, Tel.: 01-4548 5467.

Wenige Schritte zu Fuß aber ein großer Schritt für die Menschheit – denn
in der Rue de Verneuil Nr. 6-bis stehen wir vor dem einstigen Privathôtel
des Musikgenies *Serge Gainsbourg*,
dessen Ruf nach seinem frühen Tod
nur immer zunimmt. Jetzt will Tochter Charlotte das Haus zu einem
Museum umfunktionieren. Leider ist das dem Autor wohl-
bekannte kohlschwarze Innere derzeit unzugänglich, die
Klingel wird nicht beantwortet … doch schon die Haus-
wand spricht Bände über den Ruhm des unvergeßlichen
Sängers, Trinkers und Kettenrauchers. Denn da stehen auf-
gekritzelt und aufgesprüht solche Sprüche wie: »Ich bleibe
lebenslang Jungfrau aus Liebe zu dir«, »Befreien wir uns aus
der Zwangsjacke«, »Serge starker Träumer«, »Gott ist ein
Raucher«, »Ecco Homo«, »Love and the Beat, Marilou« und
hundert andere, auch das gemalte Porträt dessen, der sich
lebenslang für einen Ausbund an Häßlichkeit hielt. Eine Art
Kollektivkunstwerk der »Gainsbourgiens«. Fragt sich nur,
wie lange das vornehme »Siebente« diesen Schandfleck an
seinen feinen Wänden noch dulden will, also beeilen Sie
sich.
Um die Ecke dann die kurze altmodische Wohnstraße Rue
Saint-Guillaume. Von dort, versteckt hinter einem ebenso
altmodischen Eingangstor, das *Glashaus*, eine der erstaunlichsten Kreationen der Moderne zwischen den Kriegen.
(Sein neuer Besitzer, der amerikanische Finanzier Robert
Rubin, möchte vorläufig nicht, daß die Hausnummer
genannt wird.) Ursprünglich ein Privathôtel aus dem 18.
Jahrhundert, sollte es von Architekt Pierre Chareau im

neuen Glasstil umgebaut werden, doch weigerte sich die Mieterin des Dachgeschosses, auszuziehen. Die neue Villa mußte also sozusagen rund um diese Dame errichtet werden, was Chareau auch glänzend gelang. Ein Meisterwerk, das hoffentlich, wenn Sie dies lesen, dem Publikum wieder zur Verfügung steht. Chareau selbst, Mitglied der jüdischen intellektuellen Elite Frankreichs, mußte nach dem Einmarsch der Deutschen fliehen und erreichte auf Umwegen New York. Wo er, ähnlich seinem Vorgänger Guimard, keine weiteren Aufträge erhielt und 1950 im Elend starb.

Die Rue de Lille birgt auf Nr. 41 das eigentümliche Restaurant *Le Télé- graphe*, ein rares Stück französischer Sozialromantik. Hier hat man 1905 für die »dames de la poste«, also die Telefonistinnen und Telegrafistinnen des nahen Postamts, eine Kantine im hochartistischen Klimt-Stil eingerichtet. Mit jugendstiliger Decke, mächtigen Wandspiegeln, viel zisieliertem Holz, sogar ein kleiner Innengarten ist vorhanden. Heute als Café-Bar empfehlenswert, das Diner – es muß aus der Kellerküche hochgebracht werden – ist denn doch mit 60 Euro ein bißchen teuer. Métro Rue du Bac, Tel.: 01-4292 0304.

Einige feine Adressen, zum ci-devant Adelsviertel passend: Der Couturier Christian Lacroix hat ein kleines Hotel nahe dem Orsay-Museum neu dekoriert, das erst seit August 2007 zugänglich ist: *Hôtel de Bellechasse* bei Nr. 8 Rue de Bellechasse. Die verhältnismäßig kleinen Räume wirken durch phantastische Ausstaffierung, etwa aus frühen Himmelsatlanten, ins Unendliche erweitert, auch gibt es viel Holzbelag und elegante moderne Meublage. Drei Suiten im Erdgeschoß öffnen sich zum ruhigen Hintergarten. Zimmer ab ca. 300 Euro. Métro Solférino, Tel.: 01-4550 2231. (NB: Jedes Hotel, das etwas auf sich hält, läßt sich derzeit von Couturiers liften. So, ebenfalls von Lacroix, das *Petit Moulin* an der Rue du Poitou im Maraisviertel.) Luxuriös speisen können Sie im *Maison de l'Amérique Latine*, das mit Lateinamerika weiter nichts mehr am Hut hat, aber hinter dem Palais aus dem 18. Jahrhundert eine verschwiegene Gartenterrasse bietet. Die herkömmliche Mahlzeit kostet Sie etwa 50 Euro. 217 Boulevard Saint-Germain, Métro Rue du Bac, Tel.: 01-4954 7510.

Im Nebenhaus des aufwendigsten Literatenhotels am Linken Ufer, des *Pont Royal* (Sartre, Anaïs Nin, Gainsbourg, Oriana Fallaci pp.) hat sich *L'Atelier de Joël Robuchon* etabliert: eine Art todschickes Luxusbistrot mit zwei hufeisenförmigen Tresen und kleinen bequemen Hockern. Nur daß hier in dieser unzeremoniösen Umgebung einer der Meisterköche Frankreichs seine Künste vorführt, dessen Gehilfen Sie von Ihrem Sitz aus beim Zaubern zusehen können. Rechnen Sie mit Warteschlangen und einer Rechnung von 60–120 Euro. 7 Rue Montalembert, Métro Rue du Bac, Tel.: 01-4222 5656.

Schließlich nebenan, auf Nr. 46 Rue du Bac, einer der eigentümlichsten Orte von Paris. In dem kleinen Privathôtel, das sich einst der Bankier Ludwigs XV. erbaute, residiert seit irgendwann im 19. Jahrhundert *Deyrolle*, Naturalist und Taxidermist. Mit anderen Worten, ein Tierpräparator, und zwar möglicherweise der letzte von Paris. Gleich beim Empfang dieser herzige Eisbär, ganz wie aus Tiersendungen bekannt. Auch ein Löwe, ein Grizzly, ein Zebra, sogar ein ausgewachsener Elefant, obwohl der Gründer sich ja persönlich mehr für tropische Schmetterlinge interessierte. Trotz allem Anschein ist dies aber kein Museum, sondern ein Handelsladen. Ein Tiger mag Sie rund 30 000 Euro kosten, und sogar das kleine weiße Häschen ist noch seine 400 wert. Sie können aber auch einiges davon für eine Party anmieten sowie übrigens auch Ihr verblichenes Haustier hier verewigen lassen. Nur ach! Leider ist das ganze Haus kürzlich ausgebrannt – einer der wenigen »Überlebenden« ein ausgestopfter Bär, den der Designer Philippe Starck gerade eine Woche zuvor für runde 30 000 Euro erstand. Aber schon wird wiederaufgebaut, und der gegenwärtige Besitzer, Prinz Louis-Albert de Broglie, ist gerade dabei, wenigstens zwei der fünf ausgebrannten Räume zu eröffnen. Auch dank tätiger Mithilfe des Hauses Hermès, das einen eigenen Seidenschal in limitierter Auflage für diesen guten Zweck herausbrachte. Métro Rue du Bac, Tel.: 01-4222 3007.

VIII Das achte
Arrondissement

Neun Millionen Franken hatte der Triumphbogen der Champs-Élysées bereits gekostet, als er 1836 vom Bürgerkönig Louis-Philippe eingeweiht wurde, und noch war er nicht vollendet. Man wußte einfach nicht, was oben hinsetzen. Zuerst dachte man an einen Triumphwagen wie auf dem Brandenburger Tor, jedoch natürlich mit mindestens sechs vorgespannten Rössern! An eine Statue des Kaisers, auf seinen eroberten Fahnen stehen. An eine Krone, einen Adler, eine Freiheitsstatue, sogar den riesigen Elefanten, den man einmal probeweise an der Bastille errichtet hatte. Nichts wollte richtig hinpassen. Schließlich blieb die Stelle leer, und leer geblieben ist sie bis heute. So leer wie – unter den 128 namentlich angeführten Schlachten – die Namen der nicht gewonnenen: Leipzig zum Beispiel, die Beresina, Waterloo …

An der Avenue de Wagram – diese Schlacht gewann er immerhin – auf Nr. 34 das glitzernde *Hôtel Ceramic*, 1904 erbaut von dem gleichen Architekten Lavirotte, dem man auch die überschwenglichen Fassaden an der Avenue Rapp im 7. Arrondissement verdankt, wenn auch hier ohne seine üblichen sexuellen Anspielungen. Zurück zu den Champs-Élysées, vormals Pariser Edelmeile, danach Kinoparadies, das allerdings in den letzten Jahren die Hälfte seiner Säle einbüßte. Und man muß schon starke Brillen aufsetzen, um heute noch in Simenons Lieblingstränke, dem *Fouquet's* bei 99 Champs-Élysées, einen Filmproduzenten aufzuspüren. Dafür hat gegenüber in 38 Avenue George-V. das neu ausgebaute Haus der Kofferfirma *Louis Vuitton* es nach jahrelangem Gerichtsstreit durchgesetzt, als »kulturelle Erfahrung« auch sonntags öffnen zu dürfen. Demnach gibt es jetzt hier einen Kulturraum im Dachgeschoß. Wo man allerhand Berühmtheiten, darunter u. a. Michail Gorbatschow, im Bild bewundern kann, wie sie mit ihrer Vuitton-Tragetasche stolz und gewiß nicht gratis posieren. Ohnehin beruht heute die Gewinnmarge vieler Modedesigner auf ihren Tüchern, Handtaschen, Koffern, Parfums, Sonnenbrillen und sonstigen Accessoires, noch dazu häufig in China hergestellt. Sie müssen ja nicht, wie etwa Kleider oder Schuhe, den Körpermaßen der Klienten angepaßt werden, nur ihrer Selbsteinschätzung. Weswegen auch die Preise, besonders von Handtaschen, derzeit dem Sündhaften zustreben. Vor allem japanische Wohlstandstouristen leben sich in Läden wie diesem aus. Métro George V. (sprich George cinq, da es sich ja um einen britischen König handelt), Tel.: 0810 810 010.

Auf der anderen Seite der Champs-Élysées zwei erwähnenswerte Lokale, ein neues und ein altes. Das neue von 2006 heißt *Mood*, liegt auf Nr. 114 Ecke Rue Washington und verführt auf drei Etagen mit raffinierter fernöstlicher Ästhetik zur Einnahme exotischer Mixturen mit anschließender Zen-Küche, was das auch sein mag. Laut dem Dekorateur: »Ein Ort absoluter Verführung, weiblich, mysteriös, eine phantasmierte Vision von Asien.« Métro George V., Tel.: 01-4239 9889. Das alte Lokal ist die mythische *Queen* auf Nr. 102, eine klassische Pariser Gay-Diskothek. Mehrmals totgesagt, hat sich der riesige Club verjüngt und zieht immer wieder beliebte französische und internationale Diskjockeys an. Wie heute üblich, werden je nach Wochentag verschiedene Musiken geboten. Mittwoch Damennacht (am besten in Begleitung hübscher Männer), Samstag und Sonntag sind die alten »drag queens« zu besichtigen. Eintritt inkl. einem Drink 15–20 Euro, das Vergnügen beginnt um Mitternacht und dauert bis zum Morgen, worauf man die erste Métro erwischen kann. Métro George V., Tel.: 01-9270 7330.

Amüsant ist immer noch die frühere *Lido-Passage* bei Nr. 78 der Avenue (Métro George V.), obwohl ja die Revue selbst schon lange stromaufwärts verzogen ist. Trotzdem finden sich da noch einige Geschäfte mit verruchten supersexy Abendkleidern und Lingerie, und wenn man Glück hat auch die dazugehörigen baumlangen Models und Show-girls. Ansonsten sind die originellsten Modeboutiquen derzeit zu finden in der Rue du Mont Thabor, einem bislang unbedeutenden Gäßchen nahe dem Weihetempel von Coco Chanel (Métro Concorde).

Die Rue de Courcelles enthielt einst die vielbesprochene und gelästerte Pariser Kinemathek, bevor die Ruhelose ins Trocadéro umzog und von da ins entlegene Bercy. Heute ist die Straße vor allem bekannt für ihre *Pagode* bei Nr. 48. Nicht etwa, wie man doch häufig hört, das Haus eines Mandarins im Ruhestand. Sondern die wohl älteste ostasiatische Kunstgalerie in Paris, die sich der Antiquitätenhändler Ching-Tsai Loo 1926 errichten ließ, um seine Sammlungen unterzubringen. Obwohl Monsieur Loo 1957 starb, ist dieses schöne blutrote Gebäude mit seinen geschwungenen Dächern nach wie vor ein Handelsunternehmen, in dem man auf sechs Stockwerken die schönsten chinesischen Lacke aus dem 17. und 18. Jahrhundert ebenso bewundern kann wie die modernen Lackmöbel, die das Haus selber herstellt. Auch alte und neue Seidengemälde, Töpfereien und Farbholzschnitte werden angeboten. Geöffnet Donnerstag und Samstagnachmittag, sonst auf Vereinbarung. Métro Courcelles, Tel.: 01-4562 5315.

Die *Pershing Hall* bei 49 Rue Pierre Charon war einst der Treffpunkt der amerikanischen Veteranen des Ersten Weltkrieges. Jetzt von der Designerin Andrée Putman umgestaltet zu einem Hotel. Das Restaurant zieht sich in den schönen Innenhof hinein, der von luxuriösen hängenden Gärten aus 300 verschiedenen Pflanzen beschlossen wird. (Ähnliche »grüne Wände« von dem Botaniker Patrick Blanc – sie beruhen auf einem höchst komplexen Anbau- und Bewässerungssystem – finden Sie beim Museum des Quai Branly und der Fondation Cartier.) Hübsche Cocktailterrasse im ersten Stock, und ein beliebter Brunch ebenda am Sonntagvormittag. Die Zimmer ab 330 Euro. Métro George V., Tel.: 01-5836 5836.

»Die Direktion ist berechtigt, jeden Besucher zurückzuweisen, der nicht dem Ethos des Klubs entspricht«, heißt es in der Werbung. Um welches Ethos mag es sich da handeln? Nun ja, alles hat »mit extremer Galanterie und exquisiter Höflichkeit« vor sich zu gehen, auch sind den Besucherinnen Hosen verboten und den Herren Nikes und T-Shirts. *No Comment* heißt das Echangistenlokal auf Nr. 36 Rue de Ponthieu, das einer »ausgesuchten und respektvollen Kundschaft« die Tanzfläche, die verschwiegenen Korridore und die Schmuseecken (»coins câlins«) bietet, auf die es ja hier ankommt. Eintritt nur für Paare – von denen allerdings

nicht erwartet wird, daß sie es den Abend hindurch bleiben –
68 Euro. Öffnung 21:30 Uhr für die Snackbar, an der man
mit dem Entblättern zu beginnen pflegt, das übrige startet
um 23 Uhr. Métro Franklin D. Roosevelt, Tel.: 01-4359 2395.
Die Straße hoch zu Nr. 49–51, und man kommt zu zwei
namhafteren, auch gesetzteren Nachtlokalen. Im *Pink Para-
dise* sieht man superbe langstielige weibliche Kreaturen
zumeist aus angelsächsischen Ländern, die für Sie auf einer
Bühne zu Musik defilieren, nur um dann allzu abrupt im
String dazustehen. Was zwar ästhetisch gefällig ist, aber
nicht unbedingt zur Sinnlichkeit anregt. Zwecks näherer
Betrachtung kommen die Ladys hingegen auch an Ihren
Tisch zum Lap Dance, natürlich nicht gratis. In ein privates
Kämmerchen gebeten, schlüpfen sie dann auf Verlangen
sogar aus ihrem String, eine Sache, die tänzerisch nicht
immer leicht zu bewerkstelligen ist. Männlicher Strip ist
hier verpönt, außer bei speziellen Damenabenden. Métro
George V., Tel.: 01-5836 1920.
Nebenan auf Nr. 49 ein Lokal der altberühmten *Régine*, der
man u. a. schon in den Twist-Jahren solche klassischen Tanz-
tempel wie das »New Jimmy's« verdankte. Hier ist einem
neuen Management etwas Besonderes eingefallen: Schon
um 21 Uhr stehen am Donnerstagabend ganze Trauben von
jungen Pariserinnen, auf den Teufel herausgemacht (»loo-
kées«) in schicken Klamotten – hier zumeist Hosenanzügen
über Pfennigabsätzen – vor dem Eingang, wo sie dann
höchst unfeministisch an dem männlichen Zerberus vorbei-
defilieren müssen, der ihre »branchitude« (in etwa: Dazuge-
hörigkeit) überprüft. Dann aber geht's los. Zweihundert
oder mehr ausgelassene junge Frauen, die sich an kleinen
Tischen bei gratis Snacks und Drinks zu fröhlicher »copi-

156

nage« (o Gott, wie übersetzt man das wieder, denken Sie Weiberfastnacht, denken Sie griechisches Mänadentum) zusammenfinden. Nicht ohne daß sie vorher, auch wieder kostenfrei, den Schönheitssalon besuchen dürfen. In dem man sich schminken und frisieren läßt zum großen Abend, bei welchem man aber zunächst ganz unter sich bleibt und keinem Typen was vorzuspielen braucht! Und das schwatzt und lacht und tanzt und amüsiert sich, lauter angemachte »Nanas«, todschick und in Hochstimmung. Bis dann die Gogotänzer auftreten und die Sache einen Drall ins Abgründige bekommt. Es sind drei, und schon der erste ist ein toller schwarzer Adonis von Brasilianer, der sich jetzt eine der Chipies aus dem Publikum holt und, zum angst- oder auch neidvollen Gejohle der übrigen, mit ihr seine Spielchen treibt. Ein Stück männlicher Strip (das Eigentliche bleibt verborgen), dazu Muskelgockelei und ein Quentchen Sadomaso, das muß sein. Und das alles umwogt von den wohlproportionierten Pos der Besucherinnen, die sich hier in einer Art Racheritual gegen den alltäglichen Machismus ergehen, jedoch diesen auch wieder gleichzeitig genießen. Aber schon blickt die eine oder andere der Damen auf ihre Uhr. Es geht auf elf, und draußen warten die Männer. Um diese Stunde dürfen sie herein.

Und nun – Überraschung! Diese jungen, oder auch nicht mehr ganz so jungen Männer schleichen erstmal verlegen in den Saal, lungern tatenlos an der Bar herum, reden gar von Geschäften miteinander, trinken sich einen an, stehen fassungslos vor so viel Frauenübermut ohne sie! Bis dann zuletzt die klugen Frauen sich ihrer erbarmen und sie kosend und charmierend wieder ihrer Unabdingbarkeit versichern … Métro Franklin D. Roosevelt, Tel.: 01-4359 2113.

In den frühen Morgenstunden schließlich großer Aufbruch der vor dem Haus geparkten – soweit noch nicht abgeschleppten – BMWs und Porsches, natürlich von den Männern chauffiert. Wohin? Nun, wie immer in Paris, zieht man los mit der Vorstellung, daß es anderswo noch etwas viel Amüsanteres, etwas viel Aufregenderes gibt … und daß man unbedingt dabei gewesen sein muß.

Der berühmte *Briefmarkenmarkt* an der Avenue de Marigny, Ecke Avenue Gabriel – er liegt an dem Park, wo ein kindlicher Marcel Proust einst seine ersten Mädchenbekanntschaften machte – ist jetzt auf einen Bruchteil seiner früheren Bedeutung zusammengeschrumpft. Sehenswert immerhin noch, am Samstag- und Sonntagvormittag, die privaten Anbieter, meist gestandene Herrschaften, die auf Parkbänken sitzend ihre Schätze austauschen. Nicht weit von da, jenseits der Champs-Élysées, ein winziges Juwel von japanischem Garten an der Seineseite des Grand Palais. Aus der etwas wirren Grünfläche, die sich hier längs der Cours la Reine hinzieht, führt ein Treppchen hinunter zu einem handschuhgroßen Teich, dazu ein oder zwei Ruhebänklein … es ist Zen in Reinkultur, ein winziger Meditationsort im Getriebe der Welt.

Welches sich nur einen Vogelschrei von da in voller Glorie auftut, nämlich in Form des famosen *Showcase*, jenem 2007 eröffneten Nachtlokal unter der Alexandre-III.-Brücke, das nicht weniger als 1500 Gäste auf einmal zu nächtlichen Musiken aufnehmen kann. Ursprünglich ein Tunnel unter der Verankerung der Brücke mit Durchblicken auf die Seine, dazu ein Bootshaus, ist alles hier unter höchst komplizierten Umständen zusammengekommen. Da der Ort unter Denkmalschutz steht, durfte kein einziger Nagel in das Gemäuer eingeschlagen werden. Und weil die Seine ziemlich regelmäßig im Januar und Februar zur Höchstform aufläuft, mußten alle elektrischen Geräte an die Decke verlegt werden, aber so, daß sie zur Not auch in Eile abzumontieren sind. Hat sich die Investition gelohnt? Man zählt auf Firmen der Luxusindustrie, die wochentags hier für teures Geld ihre Werbeveranstaltungen und Shows abhalten. Auch Showman Nr. 1, Nicolas Sarkozy, hat ja vor den Wahlen da sein Kulturprogramm vorgestellt … und Madame Cécilia Sarkozy, damals noch interessiert, am Abend des Wahltages, vom Fouquet's kommend, hier den Sieg mit ihren Kindern gefeiert.

Eines der mit soviel Verzehr verbundenen Probleme des Ortes sind die ewigen Pariser Ratten, hier jetzt wieder voll im Geschäft. (Was natürlich nicht ausschloß, daß der Rattenfilm »Ratatouille« im Showcase zu seiner Weltpremiere antrat.) Hauptanziehungspunkt der Disko: Der nächtliche Blick auf die Seine und das erleuchtete Grand Palais durch die Wölbungen der schönsten Brücke von Paris, erbaut zur Weltausstellung 1900. Eintritt gratis, nach Mitternacht 10 Euro. Preis der Flasche Champagner: 180 Euro, Tendenz steigend. Métro Champs-Élysées-Clemenceau, Tel.: 01-4561 2543. Gegenüber, direkt unter dem Parlament angedockt, das Hausboot *India Tango*, derzeit Standquartier einer Grünen-Fraktion des beliebten Fernsehstars Nicolas Hulot. Um einige Grade exklusiver ist der kleine Club *Le Baron* am unteren Ende der Avenue Marceau bei Nr. 8. Ehemals eine Hostessenbar (sprich Callgirls, oder auch »models and bottles«) und als solche 2002 polizeilich geschlossen, hat es sich jetzt zu einer schmalen plüschigen Tanzbar plus Cabaret gemausert. Wo aber nur die ausgesuchtesten der »people«

Einlaß finden, und auch da wird gesiebt bis dahinaus. Und zwar anscheinend von allerhand Physiognomisten, angeführt von Monsieur Bak hinter kohlschwarzer Brille. »Ich habe einfach das Feeling«, sagt er, während er aus der Schlange vor dem Lokal diesen oder jenen Günstling (angeblich Mick Jagger, Bruce Willis, Sofia Coppola) antippt, um das Hundert voll zu machen, das zur Not hereingeht. NB: Das Lokal ist von außen unsichtbar, es ist die in Vierecke unterteilte Glasfläche rechts vom Hauseingang. Erst kurz vor Mitternacht öffnet sich ein Spaltbreit. Métro Alma-Marceau, Tel.: 01-4720 0401.

Hinüber zur Madeleinekirche über die vornehme Rue Royale, an deren Nr. 1, neben *Chez Maxim's*, ein altes, gerahmtes Plakat hängt: Es ist der Mobilmachungsbefehl vom 2. August 1914 … und warum glaubten alle betroffenen Staaten, daß ihr Krieg bis Weihnachten gewonnen sei, »mission accomplished«? Knappe vier Jahre später, am 30. März 1918, ging ein Geschoß der Dicken Bertha an der Nordseite der *Madeleine* nieder und schlug der Statue des Heiligen Lukas den Kopf ab, welche bis heute kopflos. Das Gotteshaus sollte ursprünglich, nach Napoleons Idee (wußten Sie, daß sein Name daheim eigentlich Nabulio lautete?) ein Tempel des Ruhmes werden und ist die einzige Kirche Frankreichs, die sein Standbild trägt. Der Platz weist einen schönen Blumenmarkt auf, zwei historische Delikatessenläden: Hédiard und Fauchon … und seinerzeit die hübschesten Straßenmädchen von Paris (im Grunde müßte man Damen sagen), aber das ist lange her. Auf Nr. 9 wohnte einst Marcel Proust … und wen erinnert das nicht an das berühmte Teegebäck Madeleine, dessen Geschmack ihm seine ganze Kindheit heraufbeschwor?

Fast noch beeindruckender als die Kirche selbst ist ihr Untergeschoß. Da findet man an der Rückseite den Eingang zu *Darty*, dem allgegenwärtigen Laden für Haushaltselektronik. Da ist nahebei ein Abstieg, der Sie zu der exquisitesten *öffentlichen Toilette* von Paris bringt. 1905 erbaut, ganz im Jugendstil gehalten, mit hölzerner Täfelung und stilisierten Blumenkacheln, jede Kabine mit eigenem Waschbecken. In der Mitte des Raumes führen drei steile Stufen zu einem hölzernen Podest mitsamt vornehmem Thron, wie ihn etwa »Kaiser« Bokassa zu besteigen geruhte. Es ist der Schuhputzerstand – heute, wie uns die liebe dunkelhäutige Gardienne erklärt, leer und unbenutzt, weil eben der »Shoeshine« nicht mehr als politisch korrekt anzusehen ist.

Schließlich rechts der Kirche eine Treppe zum *Foyer de la Madeleine*, einer katholischen Kantine für die Armen des Viertels, aber jedem Besucher zugänglich. Man zahlt seine zwei Euro Mitgliedsbeitrag, und schon sitzen Sie unter den Stützbogen der Kirche in angeregtem Gespräch (hoffentlich) mit Clochards, kleinen Angestellten und japanischen Touristen, denen man in der Métro die Börse gezogen hat. Die Bedienung besteht aus freiwilligen Helfern, zumeist netten Frauen. Hier wird niemand zum Tischgebet gezwungen, aber Pater Bernard oder ein anderer Pfarrer im Hintergrund des langen Raumes ist immer bereit zu Rat und Hilfe in menschlichen – oder göttlichen – Angelegenheiten. Das komplette Mittagsmahl wird Sie als Besucher 8,50 Euro kosten, dazu Bier für einen Euro. Sie dürfen aber auch – hier wird nicht moralisiert – einen ganzen Liter Rouge bestellen für 2,50 Euro. Tel.: 01-4742 2485.

Apropos Bier: Marcel Proust war ja, man glaubt es kaum, ein begeisterter Biertrinker und ließ sich regelmäßig von seinem Chauffeur einen schäumenden Krug aus dem Keller des Hotel Ritz holen, wo angeblich das frischeste zu finden war. Zwischen 1906 und 1919 bewohnte er übrigens den zweiten Stock von *102 Boulevard Haussmann*, aber nur weil er »nicht in ein Haus gehen wollte, das Mama völlig fremd gewesen wäre«. Er arbeitete immer nachts. Nachdem er vergeblich versucht hatte, seine Nachbarn zu überreden, das gleiche zu tun, ließ er 1910 die ganze Wohnung mit schalldämpfendem Kork auslegen. Sie gehört seit 2004 einer Bank, die, anders als ihre Vorgänger, nicht mehr daran interessiert ist, einmal wöchentlich das Publikum vorzulassen. Schriftstellerkollege Paul Léautaud hat den Dichter dort gekannt: »Manchmal verließ Proust auch nachts seine Wohnung, um zu einem Bordell zu fahren. Dann ließ er sich zwei oder drei Frauen herausschicken, bat sie in seinen Wagen, trank Milch, bot auch ihnen davon an, und verbrachte mehrere Stunden, um mit ihnen über die Liebe, den Tod und ähnliche Themen zu sprechen.«

IX Das neunte Arrondissement

Die Rue Scribe, gegenüber der (alten) Oper, ist allen Amerikanern bekannt als das Hauptquartier des American Express, jener Weltfirma, die unseres Wissens das Plastikgeld erfand. Nebenan bei Nr. 9 das *Parfümmuseum Fragonard* in einem stuckverzierten Privathôtel aus der Zeit Napoleons III. Selten gab und gibt es sonst eine Ware, bei der die Verpackung fast soviel zählt wie der Inhalt. Kristallfläschchen aus Böhmen oder Venedig, Flakons in allen nur möglichen Gestalten und Farben samt darangefügten Zerstäubern, Verschlüsse die Geschlechtliches andeuten oder auch die Gefahr züngelnder Giftschlangen (Niki de Saint Phalle) … überall ist Verführung im Spiel, Suggestion, Erotik, von der stilisierten bauchigen Weiblichkeit einer Lanvin-Figur bis zu der herben Gradlinigkeit von Coco Chanel. Auch riecht es hier nach all den Essenzen, die schon seit der Antike herausdestilliert werden aus Rosen oder Jasmin, Moschus oder Sandelholz. Und erst die Namen dieser Parfüms … aber lassen wir dieses Thema, das kein Uneingeweihter begreifen kann. Denn wer hätte je daran gedacht, daß sich ein Parfüm namens »Diesel« an den Mann bringen läßt? Métro Opéra, Tel.: 01-4742 0456. Nebenan, auf Nr. 11-bis, findet dann alle Tage die *Paris Story* statt, eine Multimedia-Show, die Sie in Paris und seine Geschichte einführt. Tel.: 01-4266 6206.

Einige der anziehendsten der Altpariser Passagen gehören hierher – was macht sie uns so lieb, was verleiht ihnen dieses gemüthafte Zutrauen, das sie ausstrahlen? Doch wohl unsere eigene unbewußte Erinnerung an das kindliche Beschütztsein plus Aufregung, die jeder mit sich herumträgt. Da ist die *Passage Jouffroy* bei 10 Boulevard Montmartre, die man die surrealste von allen genannt hat. Der Durchgang konnte nur unter großen baulichen Schwierigkeiten heraustunneliert werden, daher die vielen Ecken und Treppchen. Daher auch der eigentümliche Buchladen *Grenier aux livres* (Bücherspeicher), dessen Tiefe stellenweise die 30 cm nicht überschreitet. Daß auch die Kasse im Freien stehen muß, gehört zum altmodischen Charme des Etablissements. Nicht weniger verführerisch ein Laden für Filmplakate, einer für Spazierstöcke, und vor allem ein Spielzeugparadies von anno dazumal mit Teddys, Puppen und Schaukelpferden. Es gibt auch ein historisches Hotel, das nach *Chopin* genannt ist, weil dieser angeblich dort abstieg: Métro Richelieu-Drouot, Tel.: 01-4770 5810.

In die Passage mündet auch der Hinterausgang des Wachsfigurenkabinetts *Musée Grévin,* schon 1882 gegründet. (Der Eingang liegt bei 10 Boulevard Montmartre.) Heute aus Jugendgründen mehr der Modernität hinneigend, behält der Ort doch noch einiges von der früheren unheimlichen Schreckenskammer, dem grausamen Gruselkabinett, wo die Köpfe unter der Guillotine rollten. Auch ausgebuffte Zyniker erschauern, wenn sie sich zum Fotografieren neben eine dieser 300 lebensechten Figuren aufbauen, die aussehen, als ob sie jeden Moment erwachen könnten, um sich solches Angestarrt- oder gar Berührtwerden zu verbitten. Da ist eine Marie-Antoinette in Panik, während draußen vor ihrem Fenster ein abgeschnittener Kopf auf einer Stange vorbeiparadiert wird. Da ist ihr Sohn, der kleine Dauphin, im Rattenknast, und nebenan Napoleon, der seiner Josephine ein rauschendes Fest gibt. Der verblüffende Realismus des Ganzen kommt u. a. daher, daß die Kleider zumeist authentisch sind (und bei den Modernen sogar persönlich gespendet), auch die Haare sollen grundsätzlich echtes Menschenhaar sein, das aus Italien bezogen wird. Unwiderstehlich von alters her der über seiner Zeitung eingeschlafene Museumswärter, dem man ursprünglich die Zeitung des Tages in die Hand zu drücken pflegte … bis sich die entsprechenden Journale beschwerten, daß ihr Produkt als einschlafenswert verkauft werde. Seitdem hält der Mann den Parlamentsbericht »Journal Officiel« in Händen, worüber sich noch keiner beklagt hat. Das Haus besitzt auch seine historischen Meriten: So wurden hier die ersten Telefone, Plattenspieler, Röntgenapparate ausgestellt, auch die ersten Zeichentrickfilme der Welt, damals von ihrem Erfinder Émile Reynaud »Optisches Theater« genannt. Übrigens enthält das Museum auch selbst ein kleines Theater, in dem Zauberkünstler live auftreten (der Vorhang stammt noch von dem berühmten Plakatmaler Chéret), ebenso ein kürzlich renoviertes magisches Spiegelkabinett. Die Wachsfiguren werden in jahrelanger Arbeit unter dem Dach des Hauses hergestellt, wo man auch gnadenlos vergangene Größen zwecks Wiederverwendung einschmilzt. Nun ja, wer will noch Bismarck gegenüberstehen oder dem ollen Kaiser Wilhelm? Métro Grands Boulevards, Tel. 01-4770 8505.

Der Passage Jouffroy folgt, über die Rue Montmartre hinweg, die *Passage Verdeau* aus dem gleichen Jahr 1847, mit weiteren Antiquariaten, sowie einer raren Butik für alte

Kameras und Fotografien. Ein gut Teil des Charmes dieser Passagen, denkt man darüber nach, besteht ja darin, daß ihre Läden häufig das bringen, was ihrer Entstehungszeit entspricht. Hier also eine seltene Fusion zwischen dem Verkaufsort und dem Verkauften stattfindet, die anderswo längst abhanden gekommen. Nur in diesen Passagen spürt man noch, was Walter Benjamin hier so heimelig anmutete: Paris, die Hauptstadt des 19. Jahrhunderts.

Hinüber zur krummen *Cité Bergère*, bis vor kurzem eine jüdische Angelegenheit – auch Heine wohnte 1834 hier – aber dieses kleine sephardische Ghetto scheint jetzt leider in Auflösung begriffen. Heute ist die Gasse vor allem bekannt für ihre vielen kleinen Hotels, manche so schön altmodisch wie das *Hôtel de la Cité Bergère*, mit seinem Eingang im »Nudelstil« von 1900. Fast noch stimmungsvoller bei Nr. 7 das *Hôtel des Arts*, mit romantischen Zimmern samt sichtbaren Deckenbalken für 100 Euro. Métro Montmartre, Tel.: 01-4246 7330.

In der Nachbarschaft eine der unbekannteren Kirchen von Paris (außer beim Autor), *Saint-Eugène-Sainte-Cécile*, auf Nr. 6 Rue Sainte-Cécile. Deren Stahlkonstruktion aus der Mitte des 19. Jahrhunderts in einer herrlichen Sinfonie von Farben aufleuchtet, einschließlich der Säulen und Bögen. Ein harmonisches Ganzes von verblüffender Modernität. Die Messe wird hier übrigens nach beiden Riten zelebriert, sowohl dem lateinischen als auch dem modernisierten von Vatikan II. Das Eigentümliche dabei: Daß es entgegen früheren Edikten der gleiche Pfarrer ist, der sonntags 9:30 Uhr seinen Schäfchen auf französisch von Angesicht gegenübertritt, nur um ihnen dann um 11 Uhr auf lateinisch den Rücken zu kehren.

166

In der Rue de Provence gefällt uns vor allem, an der Ecke zur Rue du Faubourg-Montmartre 35, der Delikatessenladen *À la Mère de Famille*, zur Familienmutter, 1761 gegründet und äußerlich so gut wie unverändert. Nur daß damals, laut Beschriftung der Auslage, das Geschäft auf »Winter-Desserts« spezialisiert war, worunter man sich heute nur schwer etwas vorstellen kann. Noch bekannter war die Straße einst für das »One-two-two« bei Nr. 122, ein vielbesuchtes Bordell im Art-Déco-Stil, wo mit Vorliebe auch im Krieg die deutschen Besatzer verkehrten – Göring soll hier seinen Privatraum besessen haben, was man bezweifeln darf. Es gab Zimmer, die einer Dampfer-kabine glichen, andere einem Schlafwagenabteil inklusive Eisenbahngeräuschen (wahrscheinlich für Bahnwärter außer Dienst). Die Originalfassade ist erhalten, im Innern entdeckte man kürzlich erotische Dekorationen.

Das *Hôtel Drouot* auf Nr. 9 der Straße dieses Namens ist keine Herberge, sondern das städtische Auktionshaus. Die moderne Fassade stammt von 1980 und soll irgendwie »eine surrealistische Neubewertung der Haussmann-Architektur sein, eine Art Pastiche«. Leider verspürt man davon nur die Originalitätshascherei. Das alte Haus von 1858 war dafür bekannt, oder berüchtigt, daß laut Vorschrift bei Nachlässen der gesamte Hausrat auf einmal zu versteigern war, angefangen mit Tafelsilber und irgendwann endend mit einem Manet. Natürlich nahmen sich nur wenige Kunsthändler die Zeit, den ganzen Kram über sich ergehen zu lassen, und so blieben die Preise mäßig. Erst die heraufdräuende Konkur-

167

renz solcher internationalen Marktführer wie Christie's oder Sotheby's machte dem Idyll ein Ende. Aber doch noch nicht ganz! Noch gibt es hier Schnäppchen zu 50 Euro, finden Kunstsammler versteckte Schätze, die den Experten nicht die Mühe wert waren, sie zu prüfen. Eine eigene Zeitung weist auf Kommendes hin, die Objekte sind meist am Tag vor der Auktion im Obergeschoß zu sehen. Eintritt zu den verschiedenen Sälen jederzeit möglich, außer bei speziellen Anlässen, wo Reservierung empfohlen. Métro Richelieu-Drouot, Tel.: 01-4800 2080.

Unrenoviert und unverändert in seinem prachtvollen denkmalgeschützten Dekor der Jahrhundertwende bleibt der *Bouillon Chartier* auf Nr. 6 der Rue du Faubourg-Montmartre. Bouillons, also billige Suppenküchen, gab es früher in allen Stadtteilen, heute sind die wenigen Überlebenden zu Luxusrestaurants aufgestiegen. Hier aber ist alles beim alten, auch wenn man die Preise inzwischen leicht anheben mußte. Studenten und Bobos mischen sich da mit den Stammgästen des Lokals in einem dieser riesigen Speiseräume, wie sie früher für Paris typisch waren. Querdurch balancieren schwarzgekleidete Kellner turmhohe Stöße von Tellern wie Zirkusartisten auf beiden Armen und haben es viel zu eilig für überflüssige Höflichkeit. Solide Pariser Küche, preiswert und nahrhaft. Und die Rechnung wird prompt aufs Papiertischtuch geschrieben, wie sich das gehört! Métro Grands Boulevards, Tel.: 01-4770 8629.

Wir nähern uns dem Pigalle-Viertel, gewidmet dem, was man einst Laster titulierte und was heute unter Sich-Ausleben läuft. Natürlich will auch das gelernt sein, und darum bemüht sich *Les Carrés d'Hélène* bei 8 Rue Turgot. Auf dem Programm: erotische Psychotherapie, Seminare über Massage an männlichen Organen und die Masturbation des weiblichen, das Übrige kann man sich leichter ausmalen. Der Kurs kostet 60 Euro pro Paar. Métro Anvers, Tel. 01-4526 3443. Früher, als die Dinge noch einfacher lagen, unterrichtete man sich über dergleichen an solchen Adressen wie etwa bei Nr. 9 Rue Navarin: einst ein sadomasochistisches Bordell, heute noch kenntlich an seiner auffälligen neugotischen Fassade. Eine modernere Version findet sich in Nr. 8 der Straße: Es ist das neue *Hôtel Amour*, ein Gemeinschaftsprodukt der Gründer des Nachtlokals Le Baron und der Gastronomenfamilie Costes. Eine Pariser Version der japanischen Love-Hotels, mit zwanzig kleinen Designer-Zimmern, von denen jedes anders eingerichtet ist, manchmal mit Seide und Spiegeln, dann wieder mit Bildern und Möbeln vom Flohmarkt oder auch modernen Fotos. Auch Pornokitsch und fluoreszierende Tapeten. Eine luxuriöse Absteige für Paare, die hier ein Wochenende verbringen wollen … oder ein paar Nachmittagsstunden. (Die Stundentarife sind unten angeschlagen.) Und übrigens, um eine oft gestellte Frage zu beantworten: Kaum ein Pariser Hotel würde heute nicht (früher war es verboten, schon wegen der polizeilichen Anmeldung) seine Zimmer zwischen 14 und 18 Uhr zum »day-use« vermieten, bei einem Preis von 50 bis 75 Prozent der üblichen Tagesrate. Natürlich scheint das in der Werbung nicht auf. Unten eine mit japanischer Spärlichkeit ausgerüstete Bar plus Restaurant mit »moderner« Küche ohne Schnickschnack. Terrasse zum Garten. Derzeit sehr »tendance«, sehr »people«, und das zu rund 30 Euro. Während Sie das Zimmer zwischen 100 und 200 Euro kosten wird. Métro Pigalle, Tel.: 01-4878 3180.

Die kleine Avenue Frochot, von der Rue Victor-Massé ausgehend, einst von Alexandre Dumas Père, Victor Hugo, Toulouse-Lautrec oder auch dem Maler Auguste Renoir und später seinem Sohn, dem Filmregisseur Jean Renoir bewohnt, eine Allee stiller und wohlbestallter Häuschen, die – gäbe es keine Schlußmauer – direkt in die Place Pigalle münden müßte … dieses kleine Juwel ist jetzt leider endgültig per Nummerncode abgeschlossen. Und, will man nicht auf einen Anrainer warten, mit dem man hineinschlüpft, jedem wißbegierigen Pariswanderer unzugänglich. Wie zum Trost läßt sich noch die benachbarte Cité Malesherbes (Eingang bei 50 Rue des Martyrs), mit ihren schönen Privathôtels aller Stilrichtungen, wenigstens untertags durchstreifen. Darunter bei Nr. 11 das Haus des Malers Jollivet mit bunter Keramikfassade und gerahmten biblischen Nackedeis. Nebenan bei Nr. 9 stand ehemals das Kabarett »Le Chat noir« von Rodolphe Salis, Urquell der ganzen Unterhaltungsindustrie am Montmartre: Métro Notre-Dame-de-Lorette.

Die Nachtclubs (»boîtes«) der Rue Pigalle verändern ihre Namen schneller als ihren Lebenszweck. Bei Nr. 62 der Straße derzeit das *Sultana Sixty-Two*. Mit Nachmittagsvorstellungen von 13:30 bis 19:45 Uhr, wo es vor allem um Striptease mit Komplikationen geht und das Publikum zur Mitarbeit aufgefordert wird. Eintritt 70 Euro plus zwei Drinks. Abends ab 22:30 Uhr Öffnung des Hammam im Untergeschoß, nicht gerade eine Badeanstalt, sondern ein kleines Schwimmbecken mit Freikörperkultur, plus anschließenden Schmuseecken. Herren müssen in Begleitung kommen, oder von einer Dame eingeladen sein. Eintritt 50 Euro pro Paar. Es gibt auch, laut Hauswerbung, »indiskrete Toiletten«, ohne daß man unbedingt erfahren möchte, worum es dabei geht. Métro Pigalle, Tel.: 01-4878 1575. Nebenan auf Nr. 62 *Le Sixty-Two*, ein erotisches Theater für nur 45 Zuschauer, mit Drehbühne und Spiegeleffekten, das ab 13:30 Uhr bis in die frühen Morgenstunden vorführt, wie andere das machen, was man besser selber machen sollte. Eintritt für alleinstehende Herren 50 Euro, für Paare 70 Euro. Tel.: 01-4878 1575.

In Nr. 54 *Chez Moune*, ein »weibliches Cabaret« mit Tanz, Strip und Transvestitenschau. Eigentlich nur sonntags von 17 bis 23 Uhr für Frauen reserviert, sonst allgemeines Publikum, geöffnet ab 23 Uhr. Eintritt für Frauen 13 Euro, für Männer 20 Euro. Métro Pigalle, Tel.: 01-4526 6464. Schließlich bei 11 Place Pigalle das klassische *Folies Pigalle* (das sich in seiner Eigenwerbung auch mit dem typisch falsch gesetzten englischen Apostroph als »Folie's Pigalle« geriert). Jetzt längst nicht mehr das frühere unschuldige Striplokal, dessen Dekor aber noch erhalten ist. Sondern einer der schärfsten Orte des Gay-Paris plus Varianten. Unter der Woche wildes Tanzvergnügen zu House-Musik, R&B etc. Samstagnacht eine After-Show von Dragqueens und Gogotänzern bis in den späten Morgen. Sonntags um 18 Uhr dann ein Gay Tea Dance, und ab Mitternacht »Escualita«: Die »Nacht der Trav und der Trans«, in Latex, Leder, Gummi oder was immer tragbar. Eintritt von 20 Euro bis himmelwärts, je nach Drinks. Métro Pigalle, Tel.: 01-4878 5525.

Auf Nr. 9 der Place Pigalle stand vorzeiten eines der berühmtesten Künstlercafés des 19. Jahrhunderts, *La nouvelle Athènes*. Heute ein Jazzlokal, damals Hauptquartier der Impressionisten, bis hin zu Toulouse-Lautrec und van Gogh. Südlich davon wuchs um diese Zeit, an Stelle eines Besitztums der Grimaldi-Familie von Monaco, ein ganzes neues Viertel aus dem Boden, das von Anfang an die arriviertesten Maler, Musiker und Literaten von Paris anzog und das sich bald auch nach diesem Café benannte. Ein romantisches Quartier mit hübschen Treppen und Höfen, das man noch heute gern durchwandert. So der *Square d'Orléans* bei 80 Rue Taitbout (in der Woche geöffnet). Durch einen hohen, verzierten Eingangsbogen geht es zum ersten Hof und weiter zu einem zweiten, in dem ein römischer Brunnen plätschert. Die Autorin George Sand hat hier gewohnt, im Haus Nr. 5, nebenan natürlich Chopin auf Nr. 9, auch – wie an erstaunlich vielen anderen Adressen – Papa Alexandre Dumas. Ohnehin ist man überrascht, wie häufig die Künstler der Zeit aus einer Straße in die andere, aber auch aus einem Stadtquartier ins andere umzuziehen pflegten, u. a. Heinrich Heine (vielleicht über Nacht unter Hinterlassung ihrer Mietschulden?). Von Dumas gibt es eine zündende Beschreibung, wie er einst seine Wohnung auf Nr. 2 mit Hilfe seines Freundes Delacroix in drei Tagen neu dekoriert habe. Dann am 30. März 1833 nicht weniger als 700 Bekannte, praktisch die ganze Künstlerkolonie von Paris, zu sich einlud. »Und als wir um 7 Uhr morgens zum letzten Galopp antraten, hatte der Kopf des Zuges schon den Boulevard erreicht, als der Schwanz noch auf unserem Hof herumtanzte!«

Eines der Lieblingsmuseen Ihres Autors liegt bei Nr. 14 der Rue de la Rochefoucauld: das *Musée Gustave Moreau*. Ehemaliges Wohnhaus des symbolistischen Malers, der es selbst kurz vor seinem Tod dem Staat vermachte – erster Kurator war sein Schüler, der Maler Georges Rouault. Dieser aufwendige dreistöckige Bau zeigt nicht nur das Gesamtwerk des Künstlers (1200 Gemälde, hat er nie etwas verkauft?), sondern auch das Milieu, in dem ein Malerfürst, und dafür hielt er sich wohl, wie in deutschen Landen einst Stuck, Makart oder Böcklin, zu seiner Zeit lebte und schuf. Da ist im ersten Stock die Wohnung, die er mit seinen Eltern teilte, auch ein offenbar unbenutztes Boudoir für die von ihm vergeblich geliebte Alexandrine Dureux. Dann führt eine wunderbar geschwungene schmiedeeiserne Wendeltreppe in die oberen Etagen, die seinem Lebenswerk gewidmet sind. Sphinxe, Schimären, Zentauren, Einhörner, Schwäne, Androgyne, Salome, Dalila, Galatea, Pasiphae, Jupiter plus Semele (vielleicht das aufregendste Bild). Dazu 5000 Zeichnungen … hier ist eine Welt von Sehnsucht, Geheimnis, Lust und Frust, und das ganze erotische Arsenal einer Epoche, die allzuleicht einer »femme fatale« zuschrieb, was doch die fatale Schwäche der Männer war. Ästhetik als Liebesersatz – Freud wußte davon zu berichten. Baudelaire und Proust haben diese Bilder bewundert, die Surrealisten sie neu entdeckt, heute erstaunt man vor der fast abstrakten Handschrift der letzten Gemälde. Um dann wieder, bei den gedruckten Kommentaren des Künstlers zu seinen Bildern, die einem der Museumswärter in die Hand drückt, zu erschauern vor so viel monomaner Verstiegenheit … die uns jedoch selbst nicht ganz fremd ist. Métro Trinité, Tel.: 01-4874 3850.

Bei Nr. 16 der nahen Rue Chaptal die unschuldigere Seite der Romantik, in Form eines lieblichen Landhauses, das der Maler Ary Scheffer von 1830 bis 1858 bewohnte. Jetzt heißt es *Musée de la Vie Romantique*, also Museum des romantischen Lebens, weil ja hier auch Liszt, Rossini, Dickens, Delacroix, Chopin verkehrten – und natürlich die umtriebige George Sand, der auch das obere Stockwerk gewidmet ist.

Im hübschen Garten vor der weinbewachsenen Fassade des Hauses wird Tee serviert. Ein schöner, ergiebiger Ort. Métro Saint-Georges, Tel.: 01-5531 9567.

Nicht ganz so beglückend der Rest der Straße. Im Haus Nr. 9 befand sich ja einst die Galerie des Kunsthändlers Goupil, wo Vincent van Gogh die wohl einzige Anstellung seines Lebens fand. Bald aber wieder aufgab, da er die Bilder nicht vertrug, die er hier anpreisen sollte. Schließlich bei Nr. 20-bis die eigentümliche Sackgasse Cité Chaptal (Métro Blanche), an deren Ende ein Schild verkündet, daß man da vor dem »Théâtre 347« stehe (dies ein Annex der Theaterwissenschaftlichen Hochschule). Bis 1962 befand sich aber hier das berüchtigte Theater des *Grand Guignol*, eine Schauerbühne voller abgesägter Gliedmaßen (hauptsächlich weibliche), blutiger Augenhöhlen und kopfloser Untoter. Maupassant, Mirbeau, Sacha Guitry und andere Großschriftsteller der Zeit schrieben, wenn sie an Geldnot litten, für diese beliebte Institution, die heute längst durch Kino, Fernsehen und al-Qaida übertroffen wird. Die endgültige Versteigerung der blutigen Versatzstücke der Bühne bot einst dem Autor Anlaß zu einer seiner ersten Reportagen für die WDR-Serie »Pariser Journal«. Daß auch der Chansonsänger Serge Gainsbourg, der seine Jugend in der Straße verbrachte, von den Vorgängen auf dieser Bühne nicht unbeeinflußt blieb, wissen wir aus seinen Gesprächen.

Die Rue Fontaine (auch bekannt als Rue Pierre Fontaine und nicht zu verwechseln, aber oft verwechselt, mit der Rue La Fontaine in Passy) weist bei Nr. 6 einen geradezu mythischen Ort auf, das Bus Palladium. In den Siebzigern Kultstätte des »Frenchy Rock«, dann lange Zeit abgeschrieben und vergessen. Heute verjüngt mit neuem Lautsprechersy-

174

stem, bekannten Diskjockeys, viel Soul, Funk und Hip-Hop, aber auch noch Rockmusik zu Beginn des Abends. Dienstag Ladies' Night mit unentgeltlichem Eintritt und Gratisdrinks für die Damen, sonst zwischen 5 und 20 Euro. Métro Pigalle, Tel.: 01-4223 1862. Aber fast hätten wir vergessen, Ihnen die auftretenden DJs zu nennen, die solche berühmten Namen tragen wie Wajeed, Ta Raach, Drixxxé, Saffrola aka Pest oder Crazy B (Birdy Nam Nam)!

Ebenfalls ein Viertel für Neugierige und für Augenmenschen – entstanden für diejenigen, die sich nicht die Mühe machen wollten, zur Butte Montmartre hinaufzuklettern – ist der Dunstkreis um die Place de Clichy. Da wäre zum Beispiel, für Liebhaber des Bauchtanzes, der *Hammam Club* in 94 Rue d'Amsterdam (Métro Place de Clichy, Tel.: 01-5507 8000). Nicht ganz so alt wie diese orientalische Tradition, aber immerhin bis vor den Eiffelturm zurückreichend, die *Herboristerie de la Place Clichy*. Ein Kräuter-Emporium, die Ladenfront unverändert seit den Achtzigern des 19. Jahrhunderts, auf seinen Regalen Hunderte weißer Säckchen voller Extrakte heilsamer Blumen und Pflanzen … ein Tee für jede Lebenslage. 87 Rue Amsterdam, Métro Place Clichy, Tel.: 01-4874 8332.

Bei 84 Rue de Clichy steht dann einer der stilgerechtesten, fast völlig authentischen Leckerbissen der Stadt: Die *Académie de Billard*. Großer Saal, mit viel Holztäfelung, Spiegeln und Stehlampen noch die alte Ausstattung eines »Bouillon«, also der populären Massenspeisung des 19. Jahrhunderts, die dieser Raum einst beherbergte. Jetzt seit 1948 ein Billardsaal, in dem man sich gut und gern, Zigarette im Mundwinkel und Hut am Hinterkopf, die Gangster (caids) des korsischen »Milieus« vorstellen kann, das ja damals noch zwischen Pigalle und Clichy-Platz beheimatet war. Heute spielt man hier Billard an 16 grünen Tischen (auch das Zuschauen ist schön), europäisches, amerikanisches, Pool, Snooker, was immer. Außerdem findet sich im Hinterzimmer, polizeilich zugelassen, einer der letzten »cercles« von Paris, also ein Spielsaal für Poker, Blackjack u. dgl., bloß einarmige Banditen sind nicht erlaubt. Korrekte Kleidung empfohlen, Kennkarte obligatorisch, Glücksspiel ab 16 Uhr. Das Frischbier kostet von 4 Euro aufwärts. Métro Place-de-Clichy, Tel.: 01-4878 3285.

Zurück zum traditionellen Business dieser Lokalität, doch steigt auch dieses jetzt in der Regel auf gehobenes Niveau. So zeigt das *Musée de l'Érotisme* auf sieben Etagen der Nr. 72 Boulevard de Clichy allerhand Kultgegenstände aus Tibet, Nepal, Mexiko, dito Ausstellungen moderner Grafiker und Fotografen zum Thema … Sex ist eben auch nicht mehr, was es einmal war. Métro Blanche, Tel.: 01-4258 2873.

Bleibt das *Sexodrome* bei Nr. 23 des Boulevards, das sich mit seinen 2500 Quadratmetern zum »größten Freudentempel« Europas ernannt hat, und diesem Titel auch mit seinem »erotischen Theater«, seinen Peepshows, zwei getrennten Vorführsälen für Heteros und für Homos, und schließlich (Moment, wie steht das hier ausgedruckt?): mit seinem »gemischten Sauna/Hammam/Jacuzzi/Sport-Saal« zu erweisen sucht. Aber selbst diese Karawanserei des Eros sieht sich jetzt zunehmend als feine Kunstgalerie, die ihre Waren gerade noch zur Not im Untergeschoß gegen schnödes Geld eintauscht. Métro Pigalle, Tel.: 01-4282 1190.

Nebenan in Nr. 21 dann ein überraschendes Lokal: *Le Bistrot du Curé*. Das, im Gegensatz zu der hierorts üblichen Angeberei, genau das hält, was der Name verspricht: Es ist die – neben der Madeleine – gefragteste katholische Kantine von Paris. Ein Restaurant zu Proll-Preisen, aber mit der Heiligen Jungfrau im Fenster, und einem Pater Kohn (stammt der nicht aus dem »Braven Soldaten Schwejk«?), der alle Tage bis auf Sonntag die Hungrigen empfängt aber offiziell nicht zu bekehren sucht. Immerhin gibt es abendliche Diskussionen mit einem Pfarrer über »aktuelle Themen«. Métro Place Blanche, Tel.: 01-4874 9923. Schließlich, für diejenigen, denen mit irdischer Nahrung nicht zu helfen ist, steht im Erdgeschoß der Nr. 65 des Boulevards die *Kapelle der heiligen Rita*, zuständig für verzweifelte Fälle. Es ist die Schutzheilige der Prostituierten, die aber aus irgendeinem Grund mit der Medaillenspenderin in der Rue du Bac nicht identisch sein soll. Hauptsächlich weibliche Bittstellerinnen, doch soll auch Henry Miller hier einst verkehrt haben. Métro Place Blanche, Tel.: 01-4874 9923.

X Das zehnte Arrondissement

Wo schöner beginnen als mit der Straße des Paradieses, Rue du Paradis, die ihrerseits der Rue de la Fidélité entspringt, der Straße der Treue. Leider bleibt uns die Herkunft dieser moralisierenden Benennungen unbekannt. *Nr. 18 Rue du Paradis* ist ein keramisches Juwel. Diese ehemalige Hauptvertretung eines Fayence-Herstellers vertreibt bis heute ihre modernen Fliesen und Kacheln. Die sich nur leider kaum vergleichen lassen mit den atemberaubenden farbigen Kachelwänden vom Ende des 19. Jahrhunderts, die seine kirchenähnliche Einfahrt bestücken. Nebenan bei Nr. 30 eine ähnlich ausgeschmückte Fassade. Einige Schritte weiter der Marché Saint-Quentin bei 85-bis Boulevard de Magenta, mit vielen schönen Fisch- und Käseständen. Aber vor allem *La Boutique de Tante Emma*, mit anderen Worten ein Tante-Emma-Laden mit Schlemmereien aus Deutschland, der einzige in Paris, nachdem das »Vieux Berlin« bei den Champs-Élysées schon vor Jahren dichtmachte. Gegründet von dem Franzosen Philippe Même, verheiratet mit einer Deutschen. Was denn am besten gehe in seinem »Stück Heimat zum Anbeißen«, fragt man. Natürlich das deutsche Bier! Worauf sich das Kommende nahtlos anschließt.

Herr Floederer hieß, der Sage des Hauses nach, jener deutsche Bierbrauer, der 1886 – also noch vor der Fertigstellung des Eiffelturms – die klassische *Brasserie Flo* gründete. Sie liegt heute wie damals auf Nr. 7 der kleinen Sackgasse Cour des Petites-Écuries, die ihrerseits von 63 Rue du Faubourg-Saint-Denis abgeht. Selbstverständlich läuft dergleichen hier, nach drei französisch-deutschen Bruderkriegen, unter »elsässisch«. Eine altmodische Speisehalle mit Jugendstildekor, Lederbänken, gemalter Decke, schwarzweiß gekleideten Kellnern … und einer Choucroute (Sauerkraut mit Würsten), die schon die große Tragödin Sarah Bernhardt begeisterte, wenn sie sich zwischen zwei Akten im benachbarten Renaissance-Theater hierher stahl. Bis 1 Uhr morgens geöffnet. Rechnen Sie mit 40 Euro. Métro Château-d'Eau, Tel.: 01-4770 1359. Als Kontrast dazu auf Nr. 3 desselben Gäßchens etwas für arme Wandergesellen: das *Tribal Café*. Hauptsächlich gekochte Muscheln mit Fritten oder Couscous, an manchen Abenden sogar gratis. Nicht reservieren, einfach hineinmarschieren.

Der Flo-Kette zugehörig, wie übrigens auch das Coupole, Bofinger … oder Flo-Peking (aber welcher Scherenschleifer gehört heute nicht zu einem Konglomerat?) ist die vornehme *Brasserie Julien* ganz am Anfang des Faubourg-Saint-Denis auf Nr. 16. Ebenso aufwendig im »neuen Stil« von 1900 ausgestattet wie etwa Maxim's, aber zu einem Bruchteil der dortigen Tarife, bleibt dieses denkmalgeschützte kleine Wunder der ideale Ort, um zu beeindrucken oder zu verführen. Riesige gerahmte Spiegel, Fresken, geschnitzte Stühle, Laternen mit leuchtenden Glaskugeln obenauf … und die unausweichliche Frage, warum dergleichen Schatztruhe ausgerechnet in solch trübe Vorstadtchaussee hingesetzt wurde, noch dazu als Ganovenstraße unrühmlich bekannt? Nun ja, das Ganze begann ja einst auch wieder als

Suppenküche fürs Volk (siehe unter Bouillon Chartier), was damals aufwendige Dekoration nicht ausschloß. Gediegene Brauhausküche, die Rechnung mit rund 35 Euro wenig gesalzen. Métro Strasbourg-Saint-Denis, Tel.: 01-4770 1206.

Hinüber zum parallelen Boulevard de Strasbourg, dort bei Nr. 2 ein steinerner Damenfächer über dem Eingang … und innen Madame Anne Hoguet, Fächermacherin in vierter Generation und jetzt die letzte ihres Berufes. Das wenige an neuen Fächern, das noch von der Couture oder von Bühnen verlangt wird (wie oft spielt man schon »Lady Windermeres Fächer«?) stellt sie wie stets in penibler Handarbeit her, aus Seide, Papier, Federn, Perlen.

Um das Haus nicht verschwinden zu lassen, hat sie es in ein edles Museum verwandelt, wo fast tausend historische Fächer seit dem 18. Jahrhundert ausgestellt sind, in einem blauen seidenbespannten und lilienbestickten Raum, der selbst schon wie ein Museumsstück wirkt. *Atelier Hoguet – Musée de l'Éventail*, geöffnet Montag bis Mittwochnachmittag. Métro Strasbourg-Saint-Denis, Tel.: 01-4208 9020.

Ein Stückchen weiter den Faubourg hinauf, und wir sind wiederum in einer anderen Welt. Es ist Indien in Paris: die enge *Passage Brady*, leider vom Verkehrsstrom des Boulevard de Strasbourg entzweigeschnitten. Rechts ein etwas verkommener ungedeckter Schlauch, links die überdachte Passage, die alle Düfte von Indien, Pakistan und Sri Lanka ausströmt, aus Läden voller schriller Gewürze. Aber auch bunte Stoffballen sind zu haben, Götterstatuen und Elefanten. Mühsam schlängelt man sich durch die Tischreihen von ungezählten Restaurants, die alle nach der Rose, der Straße, dem König, der Königin usw. von Kaschmir heißen (ohne Hinweis darauf, ob es nun um das umstrittene indische oder pakistanische Kaschmir geht). Hier verträgt man sich offenbar im Namen des Gewinns, der aber bei diesen mäßigen Preisen nicht überwältigend sein kann. Um ihn zu verbessern, steht vor jedem Lokal ein Aufreißer, der Sie wortreich hineinzulocken sucht zu Curry und Huhn Tandoori. Am empfehlenswertesten vielleicht, nach dem subjektiven Geschmack des Autors: *Pooja* bei Nr. 91. Métro Strasbourg-Saint-Denis, Tel.: 01-4824 0083. In Nr. 3 der Passage: *Sommier Costumier*, seit drei Generationen ein Kostüm- und Maskenladen, besonders gefragt bei den nahen Theatern des Boulevards, auch zur Karnevalszeit bei den Kindern des Viertels. Auf Nr. 75 stand übrigens einst das bekannte Freudenhaus Nine d'Enclos. Die Passage liegt zwischen 43 Rue du Faubourg-Saint-Martin und 46 Rue du Faubourg-Saint-Denis. An ihrem Ende ein freier Platz, der gern von Schaustellern und kleinen Wanderzirkussen genutzt wird.

Das *schmalste Haus* von Paris steht bei Nr. 39 Rue du Château-d'Eau, einen Meter zwanzig breit und fünf Meter hoch. (Der Verfasser maß hier einst eine Breite von 1,40 Metern, doch verjüngt sich das Gebäude ja zusehends nach oben!) Das ganze Haus ist angeblich das Resultat eines Familienstreites. Vormals muß hier eine der vielen Passagen des Viertels gestanden haben, aber da die Erben sich nicht über deren Besitz einigen konnten, ließ der Patron einfach die Lücke mit diesem Winzling zustopfen.

Weiter zur *Place Sainte-Marthe*, mit ihren angrenzenden Gäßchen einer der letzten baumbestandenen Dorfplätze von Paris (siehe auch unter Marché d'Aligre). Kleine Handwerkerläden, Wäscheleinen an den Fenstern, allerhand afrikanische oder lateinamerikanische Wohlgerüche, herbeiwehend von den offenen Terrassen der Restaurants, aber auch eine »Missionsstation für Obdachlose«. Ein guter Ort für improvisierte Flohmärkte oder Wandermusiker. Hier können Sie noch ein Stück Altparis in sich aufnehmen, bevor alles »boboisiert« und »gentrifiziert« ist. Gern besucht wird auch die Bäckerei »Le Panier« auf Nr. 32 des Platzes.

Am Faubourg du Temple entspringt dann der *Kanal Saint-Martin* der Unterwelt, in die er bei der Bastille eingetaucht ist. Dieser Wasserweg, bis vor wenigen Jahren ein leicht verkommener Teil des Pariser »roten Nordens« und als solcher gern von Simenon durchstöbert, hat sich jetzt zu einem Erholungsgebiet für die arbeitsmüden Gehirne der Netbenutzer gemausert. »Man« geht wieder zum Kanal, mit seinen neun pittoresken Schleusen und der Hebebrücke. Und überall gibt es Lokale mit genau der richtigen Mischung zwischen urig und »branché«, die der Pariser goutiert.

Die Alten schwärmen vom »Hôtel du Nord«, dem schönen Film aus den Dreißigern von Marcel Carné, in dem mitten auf der schmalen Fußgängerbrücke der Rue de Lancry ein überheblicher Louis Jouvet seiner Geliebten, hingelegt von Arletty, grausamen Abschied gibt mit dem berühmten Satz: »Ich brauche Atmosphärenwechsel.« Worauf sie, frech wie Rotz und mit Pariser »gouaille« (Schnauze): »Atmosphäre, Atmosphäre, schaut meine Fresse nach Atmosphäre aus?« Natürlich wurde damals alles im Studio gedreht, von der Brücke bis hin zu dem – inzwischen auf ein Café reduzierten – Hotel. Na, und für die Jüngeren gibt es ja auch Audrey Tautou, die in ihrem Erfolgsfilm »Die fabelhafte Welt der Amelie« fröhlich Kieselsteine in den Kanal wirft.

Von dort hat man nur die Wahl, sich entweder die venezianische Fußgängerbrücke der Rue Richerand oder die Hebebrücke der Rue Alibert zu Gemüte zu führen. Auf dem jenseitigen Ufer dann das etwas feinere *Chez Prune* bei 36 Rue Beaurepaire mit dem gleichen Ausblick (Tel.: 01-4241 3047). *Artazar* ist, in 83 Quai de Valmy, eine orange gestrichene Buchhandlung für modernes Design, ganz den Bedürfnissen, oder Angebereien, der »arty«-Klientel entsprechend, die sich seit neuem hier zentriert. Daß Buchdeckel aus Aluminium, Federn oder Carbo-wasweißich billiger herzustellen sind als das, was man früher Buchleinen nannte, erfährt man hier nicht zum ersten Mal. Bei Nr. 60 Rue de Lancry hingegen noch etwas Authentischeres: Eine echte alte Kiezkneipe, *La Patache*, mit ungeschminkten Wänden und Kanonenofen … hoffentlich noch nicht geliftet, wenn Sie auf einen Beaujolais aufkreuzen. Métro Jacques-Bonsergeant, Tel.: 01-4208 1435.

Dann beim Knick des Kanals die drei farbigen Fassaden der Butik *Antoine et Lili*, ein schrilles Statement gegen die Simenonsucher am Kanal. Kurz danach bei der Rue Eugène Varlin eine vielbewunderte Schleuse – es gilt ja, 26 Meter Höhenunterschied zu überwinden zwischen der Seine und dem Kanalende im Villette-Viertel. Wartende (die Boote kommen nicht alle Minuten, eher das Gegenteil) stärken sich vor Ort in der Bäckerei *La Bonne Fournée* – zum guten Backofen. Schließlich bei 200 Quai de Valmy der Inbegriff der Erneuerung in diesem ganzen Viertel (und schon durch seinen Namen darauf hinweisend, daß auch jetzt nichts

Dauerhaftes angestrebt wird): *Le Point Éphémère*, etwa: Der Ort der Vergänglichkeit. Eine Spiegelfassade, eine haushohe abstrakte Visage, dahinter Künstler-Ateliers, Tanzstudios, eine preiswerte Snackbar (10 bis 20 Euro) … aber Achtung! Dieses Lokal mit seinen langen Holztischen auf der Terrasse ist wochentags nur von 12 bis 2 Uhr geöffnet, einzig am Sonntag kann man auch den Sonnenuntergang genießen (wenigstens nach unseren letzten Erkundungen). Jedenfalls höchst erfrischend, hier mit den Bobos, die sich für Alternative oder notfalls für Kreative ausgeben, im Freien zu sitzen, »die Füße im Wasser« (nicht wörtlich zu nehmen). Abends dann hervorragende Elektromusik, Hip-Hop oder auch Jazz, bis hin zu modernem Klezmer. Métro Jean-Jaurès, Tel.: 01-4034 0248.

Was den nächsten Winter nicht daran hindern wird, irgendwann zu erscheinen. Und mit ihm die 280 Alpinistenzelte, die man seit neuestem hier aufbaut für die vielen der 25 oder 30.000 Pariser Clochards (Verzeihung, die SDF oder »ohne fixes Domizil«), die es vorziehen, anstatt ins Asyl gepfercht hier mit ihren Hunden längs den Brücken zu übernachten, was man ihnen nicht verdenken kann. Allerdings hat die Polizei geschworen, daß sie diesem Wildwuchs baldigst ein Ende bereiten wird, organisiert von dem Ex-Schauspieler Augustin Legrand und seinen »Kindern des Don Quichotte«. Ein würdiger Nachfolger des Abbé Pierre? Jedenfalls nicht weniger medienvertraut, aber wie anders kann man heutzutage agitieren? Schon hat er angesagt, nächstens 2000 Zelte längs der Seine aufzubauen.

184

XI Das elfte Arrondissement

Wir sind an der Ostseite der Place de la Bastille. Hier öffnet sich, unter dem Bogen einer Einfahrt, ein alter kopfsteinbepflasterter Hof, der dem Autor hauptsächlich von streunenden Katzen bewohnt schien, als er einst Paris zu erforschen begann. Die vormaligen Werkstätten verschlossen und aufgegeben, neue nicht in Sicht. Aus dem Hof ergibt sich ein zweiter, ein dritter, ein sechster, die alle seltsamerweise nach den Monaten des Jahres heißen, und noch immer kein Mensch da.

Mit dem erscheint ein freundlicher älterer Herr, erkundigt sich nach meinen Wünschen, wobei ich mich, wie üblich, als wißbegieriger Jung-Architekt ausgebe. Worauf er mir spontan die ganze Chose zum Kauf anbietet. Als Antrag für mich fast unwiderstehlich, da diese lange Sackgasse von 1824 auch noch Zum Weißen Rössel heißt: *Passage du Cheval Blanc* (Métro Bastille). Ach, hätte man bloß …! Schon der Februar-Hof mit seinem Fachwerk und der hölzernen Brücke darüber ist unwiderstehlich. Und wurde auch als erstes von den diversen Medienunternehmen aufgekauft, die inzwischen längst die Höfe bevölkern. Leider im Eingang natürlich der unvermeidliche Digicode, hier auch wochentags nur selten abgeschaltet.

 Als kleiner Ersatz, jetzt tagsüber öffentlich zugänglich geworden: Die *Cour Damoye* auf Nr. 12 des Bastille- platzes zwischen zwei Restaurants. Diese 120 Meter lange offene Passage hat 1778 ein Eisenhändler in sei- nem Namen errichtet, angeblich als Übungsplatz für Pariser Armbrust- schützen (aber gab es solche denn damals noch?). Einige Handwerkerläden sind da zu finden, ein Kaffeeröster, auch ein ausgedienter eiserner Lastenkran. Sonst alles still, obschon doch vor einem Jahrhundert der Lärm der ansässi- gen Tischler, Wagner und Metallarbeiter ohrenbetäubend gewesen sein muß.

Die *Rue du Faubourg-Saint-Antoine* ist dann die Straße der Revoluzzer. Es war ja im April 1789, daß die 4000 Arbeiter der Papiermanufaktur Réveillon (es sind die Häuser links neben der Oper am Eingang des Faubourg), denen man die Löhne gekürzt hatte, ihre Arbeitsräume anzündeten und in den Streik traten. Worauf die Truppe gegen die Aufsässigen vorging und an dreißig von ihnen erschoß. Es war der eigentliche Beginn der Französischen Revolution. Denn von hier aus drängten ja dann an jenem denkwürdigen 14. Juli die Bewohner des Faubourg mitsamt den Heubündeln, die sie sich am Marché d'Aligre besorgt hatten, hin zu der ver- haßten Zwingburg der Bastille, um sie in Brand zu stecken. Und noch sechs Jahrzehnte später, bei der Revolution von 1848 (ihr ist die »Julisäule« gewidmet) stand hier die höch- ste Barrikade von Paris, unsterblich geworden durch die »Elenden« von Victor Hugo (und auch Hauptdekor des ent- sprechenden modernen Musicals). Noch jetzt marschieren

186

die Festzüge des 1. Mai – früher hauptsächlich von kommunistischen Gewerkschaften, heute von Immigranten bestritten – über den Faubourg hin zur Place de la Nation. Vorbei an den letzten der schmalen Zinskasernen, in denen sich damals die vielköpfigen Arbeiterfamilien zusammendrängten. Und vor allem den unzähligen »cours«, den engen Passagen, Sackgäßchen und Hinterhöfen, in denen zu Hunderten die fleißigen Tischler des Viertels arbeiteten, da ja die Holzflößer der Zeit am nahen Quai de la Rapée anzulegen pflegten.

Verschwunden seitdem die Mehrzahl der Tischler, Schreiner und Tapezierer, deren Schilder auch schon mal stolz verkündeten, daß hier »Stilmöbel für Antiquare« hergestellt wurden. Und die es tatsächlich täuschend ähnlich hinkriegten, einschließlich der Wurmgänge durch Schrotbeschuß. (Sachverständige Käufer bohrten mit Haarnadeln nach, da nur krumme Gänge die Echtheit erwiesen). Verschwunden auch »la trôle«, die Möbelauktion vom Samstagnachmittag. Ein geschickter »trôleur« (wie oft hat man mich mit einem verwechselt) stellte ja sein Möbelstück in sechs Tagen her und verkaufte es dann auf einer Art Wochenmarkt. Geblieben ist ein ganzes Gängeviertel dieser kleinen Handwerkerpassagen längs dem Faubourg und benachbarten Straßen, von denen allerdings viele inzwischen privat aufgekauft und durch Nummerncode verschlossen sind (zumindest am Wochenende). Aber was haben sie nicht alles für poetische Namen! Da ist der »Goldstern« *(Etoile d'Or)* bei Nr. 75 mit uralter Holztreppe, die »schöne Luft« *(Bel-Air)* bei Nr. 56, oder die »weiße Kugel« *(Boule Blanche)* auf Nr. 9, wo die berühmte Filmzeitschrift »Cahiers du Cinéma« sich hinter einer überwachsenen Fassade verbirgt.

Sehenswert auch die Nummern 81, 89, 95, alles Métro Ledru-Rollin. Aber haben wir eigentlich die benachbarte Passage zur »Goldenen Hand« erwähnt (*Main d'Or*), und die dazugehörige Straße desselben Namens, darin *L'Ami Pierre*, mit der Atmosphäre der urigen Kohlenhändlerkneipen, wie man sie noch vor zehn oder zwanzig Jahren überall antraf, jetzt nicht mehr? Oder die Nummer 33, mit alter Fabrik und einem verzauberten Garten, in dem Kamelien und Bambus blühen, auch steht da ein Häuschen mit Erker und Holzbalustrade aus dem 17. Jahrhundert. Oder stand jedenfalls da, als zuletzt gesehen, denn nach wie vor sind die Hausbesitzer ja groß im Wegsanieren. Der am besten erhaltene Durchgang liegt bei Nr. 66: Die *Passage du Chantier*, ein Bienenkorb voller Handwerkerbetriebe, denen es nach langem Rechtsstreit gelungen ist, ihre historischen Arbeitsplätze zu bewahren. Dort im Haus 7 auch ein Unternehmer, »Le Manoir de Gilles«, der seit einem Jahrhundert die Ministerien mit Wandteppichen versorgt.

Inzwischen aber drängt schon halb Paris zur *Rue de Lappe*, wo (besonders am Wochenende) Volksfest-Atmosphäre herrscht. Und fast hätte ich gesagt: Volksfront-Atmosphäre, denn hier ist ja von je das »populo« zu Hause. Ursprünglich waren es die »Auvergnats« oder »Cantalous«, die landflüchtigen Bauern und Schmiede aus der armen Auvergne, die sich hier als Holz- und Kohlenhändler ansiedelten, wozu ja dann sehr bald ein Weinausschank kam, auch ein Kleinhandel vielleicht mit Holzschuhen, Schinken, Würsten und den dazugehörigen Eisenwaren. Heute – oder zumindest im Moment der Abfassung dieses Buches – bleiben gerade noch zwei davon in der Straße: Auf Nr. 6 ein hundertjähriger Lebensmittelladen, *Chez Teil*, und bei Nr. 41 *La Galoche d'Aurillac*, ein Spezialitätenrestaurant. Die Cantalous brachten auch ihre eigenen Bauerntänze mit, die sich alsbald mit der Ziehharmonika der schon ansässigen italienischen Einwanderer vermischten – so wie auch später mit den Jazzklängen aus den neumodischen Radios – zu der einzigen echt Pariser Musik, die es gibt, dem Musette-Walzer. Daß es dabei nicht ohne Rivalität zwischen den verschiedenen Bevölkerungsteilen abging, ist verständlich. Auch der Autor selbst sah noch eines späten Abends der fünfziger Jahre zwei Männer inmitten der Rue de Lappe mit langen Stangen aufeinander eindreschen, während aus den Fenstern der wenig ernst gemeinte Ruf nach der Polizei ertönte. Es waren wohl die letzten der Generation von kleinen Zuhältern, die sich selbst gern Apachen nannten und die mit ihren Schlägermützen, Marinetrikots und Schnappmessern – sowie ihren »gigolettes« geheißenen Miezen – einst die Gegend beherrschten.

Da kam »Monsieur Jo« gerade recht, ein ehemaliger Boxer und Akkordeonist, der hier in der Rue de Lappe sein eigenes Ballhaus gründete, nach sich benannte … und die echten Rabauken durch falsche ersetzte, Schlägermützen und rote Halstücher inbegriffen, die dann als Eintänzer Furore machten. Die neckische Dekoration des *Balajo* vertraute er Henri Mahé an, ihm vom Autor Céline anempfohlen, der nicht nur das Moulin Rouge und das Rex-Kino gestaltet hatte, sondern auch mitgeholfen bei den zwei hübschen Bordellen der Straße, »Marcelle« auf Nr. 4 und »Madame Beretta« auf Nr. 12. (Es gab und gibt auch allerhand »trains de plaisir« oder Freudenzüge, wie man hier die Stundenvermietung nennt.) Zu Monsieur Jos Stammkunden zählten, neben Céline, auch solche Größen wie Edith Piaf, Arletty, Jean Gabin samt seiner Geliebten Marlene Dietrich. Heute gehört das Lokal anscheinend einem anderen ehemaligen Preisboxer und Catcher, Jacques Lageat, der die Ausstattung mehr oder weniger unverändert beließ, vor allem die laute Band auf ihrem Hochsitz … die der Autor noch in den späten sechziger Jahren nicht filmen durfte, da sich anscheinend einige »Gesuchte« darunter befanden. Dieses weiß aber nach wie vor eine freche Musette hinzulegen, zu der sich dann gern am Sonntagnachmittag ein angegrautes Publikum zusammenfindet. Ansonsten gibt es hier abends alles Erdenkliche an Musik, von Tango zu Salsa, von Jazz zu Funk, ja man spielt sogar eine »Disco-musette«, was immer das sein mag. Métro Bastille, Tel.: 01-4700 0787.

Auguste Lebreton, der Autor des unvergeßlichen »Rififi«, war es, der uns seinerzeit hier einführte. Und uns auch gleich, unter einem noch existierenden Schwibbogen linker Hand, die finstere Stelle zeigte, wo die »souteneurs« oder »macs« genannten Zuhälter ihre Miezen, bzw. deren Einkünfte, gegeneinander mit dem Messer zu verteidigen pflegten. Auf der anderen Straßenseite allerhand schrill bemalte Lokale, wie um auf das Gott-wie-veralt Authentische des Balajo hinzuweisen. Hingegen findet sich auf Nr. 19 der Rue de Lappe ein weiteres altberühmtes Tanzlokal, die *Chapelle des Lombards*. Eine afro-lateinische Sache jetzt, eine »Tropendisko«, während es früher als klassischer Jazztempel galt. Nun brodeln hier die heißen karibischen Rhythmen, und neuentdeckte Salsabands werden aus den USA und Latein-

190

amerika eingeflogen. Lange enge Tanzfläche, Körperkontakt garantiert, aber »korrekte Kleidung« ist Vorschrift, Nikes verpönt. Métro Bastille, Tel.: 01-4357 2424.

Unter dem eben genannten Bogen linker Hand geht es zur engen Passage Louis-Philippe. Dort auf Nr. 5 in einer aufgelassenen Möbelfabrik das *Café de la Danse*, wo noch einem eher französisierten Jazz gehuldigt wird. Auch Blues und portugiesischem Fado – eine Musik mehr zum Zuhören als zum Tanzen. Konsum nur während der Vorstellung. Bei Nr. 26 Rue de Charonne beginnt dann die *Passage de l'Homme* (Métro Ledru-Rollin). Ehemaliger Fabrikhof, ein Schlot steht vielleicht noch, wenn Sie dieses verborgene Eckchen durchwandern. Den Eingang markiert ein Gebäude aus dem 18. Jahrhundert, das meiste aber stammt natürlich aus dem handwerklichen Industriezeitalter, dessen Ableben man hier handgreiflich vorgeführt bekommt. Ein Spiegelhersteller, Remlinger, überlebt immerhin noch »seit 1886«, ein Lackfabrikant seit 1912, alles übrige sind schon Büros und Galerien.

Die alte Rue de Charonne selbst steckt voller anheimelnder Ecken. Charonne, ein früheres Dorf ohne Bedeutung, bis es im 18. Jahrhundert durch eine Wahrsagerin berühmt wurde, der ganz Paris zulief. (In Frankreich ein angesehener Beruf, noch Präsident Mitterrand pflegte eine solche zu konsultieren.) Auf Nr. 26 der Straße das gern besuchte Atelier der Vergolderin und Pergamentmacherin *Jeanne Greenaway*. Nr. 37 enthüllt, hinter einem schweren, nur wochentags zu öffnenden Holztor, das Sackgäßchen *Cour Délépine* mit seinen überraschenden Kirschbäumen. Auf Nr. 59 ein überwachsener Innenhof und das *Café de la Plage*, vor dem sich nachts die jugendlichen Fans, Glas in der Hand, bis auf die Straße

ergießen, wo sie die Live-Musik über Beschallung mitkrie-
gen. Jeden Montagabend Vorführung klassischer Kultfilme
für ein sachverständiges Publikum, das sich auf japanischen
Tatami-Matten räkelt.

Zur Erholung wandert der Autor mittags gern in das *Bistrot
du Peintre*, eine uralte Brasserie im französischen Jugendstil,
wo das Dunkelbraun der Schnitzereien kaum mehr vom
Altersbraun der Wände zu unterscheiden ist. (116 Avenue
Ledru-Rollin, Ecke Rue de Charonne, Métro Ledru-Rollin,
Tel.: 01-4700 3439.) Eng aber gemütlich, gute Hausmannskost, angenehme Bedienung. Entgegen dem Hinweis sind
die Toiletten unten und nicht oben.

Und dann auf zur *Rue Keller*, einer entlegenen Dependance
des Gay Paris, die eigentlich ins Maraisviertel gehört. Was
natürlich bedeutet, daß man hier mehr »Neo-Punk-Lolitas«
als modesüchtige, wenn nicht gar mondsüchtige weibliche
Teenies antrifft als anderswo. Auf Nr. 1 gilt die *Boutik* als der
Avantgarde-Laden des Viertels, dessen T-Shirt-Beschriftun-
gen aber nur für Eingeweihte deutbar. Im gleichen Haus
steht, oder stand bis zum Verfassen dieses Buches (alle
Namen ändern sich hier so schnell wie neue Handy-Modelle
… oder wie, laut Lessing, »der Übergang vom Guten zum
Bösen«) *Le Souk*, ein marokkanisches Restaurant mit Kellnern im Dschellabah-Look. Métro Ledru-Rollin, Tel.: 01-
4929 0508. In Nr. 11 *Mangarake*, Spezialist für asiatischen
Porno auf Papier oder DVD, etwa »Das Schloß der Laster«
oder »Blue Girl«. Kunstvoll gefesselte Schulmädchen mit
weißen Söckchen und kurzen Faltenröcken wirken offenbar
unwiderstehlich auf japanische Männer – man fragt sich,
auf welche Früherlebnisse dergleichen zurückgehen mag.
Ähnliches bei *Tonkam*, Nr. 29, dort auch die wilde »Gothic

Lolita Bible« zu haben. Bei Nr. 28 *La Luna* (Tel.: 01-4021 0991), eine Cruising-Pinte, die wie ihre Nachbarin *Keller's* auf Nr. 14 (Tel.: 01-4700 0539) spät nachts alle möglichen pseudo-sadomasochistischen Rituale veranstaltet, die sich notfalls bis auf die Straße verlagern. Nachbarn berichten vom Zuschlagen schwerer Autotüren und kreischenden Mädchen noch in den frühen Morgenstunden.

Nahebei eine der wenigen Jugendherbergen von Paris, jeden Tag 24 Stunden lang geöffnet: *Auberge des Jeunes*, 10 Rue Trousseau, ca. 15 Euro. Métro Ledru-Rollin, Tel.: 01-4700 6200. Etwas weiter auf der Rue de Montreuil, einst eine der Hauptstraßen dieser kleinen Industriebetriebe, die das ganze Viertel beherrschten, und wir kommen zur Rue Paul Bert. Wo auf Nr. 18 das *Bistrot Paul Bert* in seiner Küche und seinem Ambiente so französisch geblieben ist, wie sonst fast nur noch die einschlägigen New Yorker Eßtempel. Zuletzt wird sogar die – anderswo kaum zu habende – komplette Käseplatte zur Auswahl angeboten, alles für 15 bis 30 Euro. Métro Faidherbe-Chaligny, Tel.: 01-4372 2401.

Bei 31 Rue de Montreuil die *Cité de l'Ameublement*, wo es zwar kaum mehr Möbelhersteller gibt, dafür aber einen Durchblick auf drei alte verglaste »Industriegebäude«, die eigentlich schon zu den drei Höfen von Nr. 11, 13 und vor allem 15 (hier ist das Tor zu öffnen) der benachbarten Rue Titon gehören. Einem Gäßchen, das in der Geschichte der Luftschiffahrt eine Rolle spielt, da hier die ersten Montgolfièren in Serie hergestellt wurden. Die Rue Titon heißt nach der »Folie Titon«, einem majestätischen Landhaus, das sich Maximilien Titon, seines Zeichens Waffenhändler, 1673 erbauen ließ. Ein Jahrhundert später installierte sich dort der schon oben genannte Papierfabrikant Jean-Baptiste

Réveillon, ungewollter Auslöser der Französischen Revolution. Eines seiner Lokale vermietete er an den Physiker de Rozier, dem es hier gelang, aus Leinwand und Leimpapier jenen Heißluftballon zu bauen, der dann am 19. Oktober 1783 zu seinem ersten Flug antrat… Die ganze Rue de Montreuil ist voller solcher Industriehöfe. Sehr schön Nr. 33, wo Löwenköpfe das Fachwerk zusammenhalten, auch Montgolfièreszenen aus Keramik im Eingang hängen.

Nebenan, bei Nr. 37-bis das vielleicht letzte noch aktive Handwerkergäßchen des Viertels, da im Jahr 2002 für sieben Millionen Euro von der Stadt aufgekauft: Die *Cour de l'Industrie*. Etwa 150 Keramiker, Schreiner, Buchbinder, Tapezierer, Drucker usw. werkeln hier in 40 Ateliers, die sich noch in zwei weitere kleine Höfe hinziehen, von denen der letzte bei Sonnenschein vielleicht der attraktivste. Das alles war schon mehrere Male in Gefahr, von Baulöwen hinwegsaniert zu werden, was die Bewohner unter der Leitung der streitbaren Buchbinderin Catherine Chauvel noch im letzten Moment hintertreiben konnten … mit Verweis auf die Anziehungskraft des Ortes für ausländische Besucher. Also besuchen Sie! Die Métrostation Boulets-Montreuil liegt ganz nahe.

Noch einmal zurück zu der langen Rue de Charonne, wo gegen ihr Ende hin, bei Nr. 157–161, versteckt hinter modernen Wohnhäusern in einem stillen Garten das Anwesen des *Dr. Belhomme* liegt. Dieser Ehrenmann mit dem schönen Namen besaß hier eine luxuriöse psychiatrische Klinik, als die Französische Revolution ausbrach und ihm die Chance seines Lebens bot: Gegen ein hübsches Entgelt von 1000 Livres monatlich ließ er eine erkleckliche Anzahl gefährdeter Aristokraten zur »Kur« bei sich unterschlüpfen, die er einfach zu Irren erklärte und so vor der Hinrichtung bewahrte. Allerdings: Hatte man dem guten Doktor schon sein ganzes Besitztum überschrieben, dann wurde man unweigerlich den Henkern ausgeliefert. Poetische Gerechtigkeit: Auch der edle Doktor mußte zuletzt vor der Guillotine fliehen und bei Kollegen unterkriechen. Métro Charonne.

Ein Sprung hin zur Rue de la Roquette Nr. 148, kein angenehmer Ort. Hier stand ja einst das berüchtigte Gefängnis der zum Tode verurteilten Verbrecher, *La Grande Roquette*, sowie gegenüber bei 143 *La Petite Roquette*, für Frauen reserviert. Und auf dem Stadtplan des Verfassers von 1975 (man hängt an alten Dingen) noch als solches eingetragen, obwohl eigentlich damals schon abgerissen. Wandern Sie zur Kreuzung mit der kleinen Rue de la Croix-Faubin und senken Sie die Augen:

Neben den Fußgängerstreifen fünf solide Granitplatten: Es sind die Sockel für die Guillotine, die zwischen 1836 und 1899 an dieser Stelle 218 Mal aufgebaut wurde. Hier fielen 218 Köpfe auf die traditionellen Sägespäne, ausgestreut von den Gehilfen des Pariser Henkers, den man (wie einst die Brüder der französischen Könige) nur »Monsieur« titulierte. Und 54 Mal ertönte dabei, kurz vor dem Fallen des Beils, der Ruf: »Es lebe die Anarchie!« Darunter auch aus dem Mund der zwei Italiener Pianori und Orsini, die Bomben auf Napoleon III. geworfen hatten. Die Guillotine wurde üblicherweise nachts aufgebaut, die Exekutionen fanden dann in den frühen Morgenstunden statt, zogen aber stets ein breites Publikum an, das in einem bis zur Hysterie gesteigerten Delirium auf die Hinrichtung zu warten pflegte. Für die feineren Leute waren die Balkone der umliegenden Häuser zu vermieten, wo man auch gerne Champagner dazu ausschenkte. Die Granitsockel wollte der Gefängnisdirektor schon 1871 dem Historischen Stadtmuseum Carnavalet übereignen, welche sie aber ablehnte. Auch die drohende Eingangspforte der Petite Roquette steht bis heute da, das Gefängnis selbst ist aber dahinter einem Park gewichen.

Ein Stückchen weiter liegt dann ein Viertel, von dem auch die meisten Pariser nichts ahnen. Rund um die Kreuzung der Straßen *Sedaine* und *Popincourt* haben sich über 500 chinesische Grossisten niedergelassen, die billige Klamotten, von Schwarzarbeitern zusammengesteppt, an Detailhändler vertreiben. Und zwar über die ganze Welt – selbst aus Rußland und Lateinamerika kommt man hierher, um einzukaufen. Wenn auch nicht aus der Nachbarschaft, denn Privatkunden sind hier nicht gefragt. »Versuchen Sie es erst gar nicht!« steht als Warnung an mehreren der Auslagen.

Einige Schritte westwärts, und wir sind in der Rue du Chemin-Vert, wo sich auf Nr. 122 *La Musardine* auftut (ein Wort, das in keinem Wörterbuch zu finden ist und etwa »die Zeitverschwendung« bedeuten muß. Métro Père-Lachaise, Tel.: 01-4929 4885.) Tut man es, so entdeckt man nicht nur das Gesamtwerk des Marquis de Sade, sondern auch die extremsten fetischistischen Sexmagazine, mit Spezialitäten, die einem – Verzeihung – die Hosen ausziehen. Auch »interaktive« CD-Roms, worunter man sich vorstellen kann, was man mag. Die Buchhandlung ist überdies Herausgeberin eines der wenigen Führer zu »Paris sexy«, die wir kennen und dem dieses Buch einige gute Tips verdankt. Meister Simenon, der mit den zehntausend Frauen, die er beschlafen haben will, hätte sich wahrscheinlich hier über nichts gewundert. Auch nicht sein Kommissar Maigret, der ja über jede menschliche Schwäche Bescheid wußte. Und den er auf Nr. 130 des Boulevard Richard Lenoir, zwote Etage, ansiedelte. Damals ein friedlicher Stadtteil (Madame hätte dennoch lieber an der feinen Place des Vosges gewohnt), heute Mittelpunkt des Vergnügungsviertels »Oberkampf«, auf das wir gleich kommen. Doch erst zu Maigret, der laut seinem Biografen Michel Lemoine hier noch »das Hämmern einer Schmiede hörte, das Wiehern der Pferde, die einen Möbelwagen zogen …« Ach Gott! Fast das einzige Überbleibsel dieser verklungenen Zeit: die riesige Werbeflasche für den »Apéritif Picon« an der Ecke zur Rue Moufle. Und wie lange wird sie noch da stehen, und das einstöckige Haus, das ihr als Sockel dient?

Auf Nr. 39 eines der seltsamsten Lokale von Paris: *Le Lotus de Nissane*, welches nämlich ein koscherer Chinese ist! Hier gibt es alles, was der Liebhaber chinesischer Küche liebt (außer Schweinernes natürlich). Unter den Essern viele Herren in schwarzen Anzügen und mit ebensolchen Hüten, zumeist europäische Anhänger des Lubawitscher Rabbi, der ja bis zu seinem Tod in Brooklyn wie ein Potentat Hof hielt. Offen Sonntag bis Donnerstag, Métro Saint-Sebastien-Froissart, Tel.: 01-4355 8042.

Bei Nr. 60 dann ein kurioser Flohmarkt, besser gesagt eine Reihe von Läden, die unter dem rätselhaften Namen *Régifilm* Unmengen jener Dinge anbieten, von denen man nie weiß, ob sie unter den Begriff Ramsch oder Antiquität oder Trödel (»brocante«) fallen, und von denen Frankreich im 19. Jahrhundert mehr hergestellt haben muß als jedes andere Land der Welt. Pendeluhren, Mannequins, Laternen-pfähle, Duellwaffen, Blasebälge aller Größen, Kerzenständer, gerahmte alte Fotografien und vor allem die blätterreichen Bronzeverzierungen, die damals jeden Salon geschmückt haben müssen. Im ersten Stock Zylinder, verblichene Fräcke, Reithosen, Musketierhüte. Und natürlich die G.I.- und Naziuniformen, ohne die kein Film- oder Fernsehproduzent auskommt … daher vielleicht der Name der Firma. Métro Saint-Sébastien-Froissart, Tel.: 01-4355 5255.

Bei 110 Rue Amelot findet sich dann der *Cirque d'Hiver* (Winterzirkus), der, wie alle vergleichbaren Etablissements, dem neuen »Tiergefühl« nicht standhielt und damit seine Hauptattraktion so ziemlich einbüßte. Métro Filles-du-Cal-vaire, Tel.: 01-4700 2881. Zwei Häuser weiter in Nr. 114 die *Clown Bar*, gedacht für ein schnelles Glas Roten zwischen zwei »Entrées« der Artisten. An den Wänden und Decken – das Dekor ist denkmalgeschützt – Fotos, Bilder und Plakate von Spaßmachern aller Zeiten und Zonen, doch scheinen die traurigen zu überwiegen. Angeblich Treffpunkt sämt-licher Clowns der Welt, die aber in Zivil nicht von uns übri-gen Tragikomikern zu unterscheiden sind. Métro Filles-du-Calvaire, Tel.: 01-4355 8735. Keine Kreditkarten.

Die nahe Rue de Crussol führt dann schon in das Stadtvier-tel ein, das derzeit (noch) als das aufregendste von Paris gilt. Auf Nr. 9 der Straße die berüchtigte *Bar-Bar*, seit neuem allerdings *Underground* genannt, und jetzt anscheinend fest in serbischer Hand. Auch die bisherige Telefonnummer 01-4805 7677 wird nicht mehr beantwortet, statt dessen rufe man »Goran« auf Handy-Nr. 06-27 22 84 21. Dies ist (oder war) der oberste Sadomaso- und Fetischtempel der Stadt, in den man nur Einlaß fand, wenn man Leder, Latex oder Vinyl trug, und möglichst benagelt. Hinter rotem Vorhang dann an einer Nacktbar die Herren und Herrinnen, Dominas und Unterworfenen. Und danach eben die nötigen Marterkeller und Folterkammern, Kreuze, Peitschen, Operationssäle, ein gynäkologischer Stuhl, sogar ein Zahnarzt-Drill war da! Fallweise Abhaltung eines Sklavenmarktes. Inwieweit die neue Eigentümerschaft auch Änderungen der Prozedur mit sich bringen wird, muß sich erweisen. Métro Oberkampf, am Mittwoch schon ab 16.30 Uhr, sonst nach 22:30.

Nun zu der sagenhaften Rue Oberkampf und Genossen. Wieso sagenhaft? Hier wurde ein abgewirtschaftetes Arbeiter- und Industrieviertel überlagert (oder überrannt) von einer Kneipen-Kultur, die aus einem ganz anderen Milieu stammte – den Medienmenschen, den Künstlern, den Bobos –, und gerade dadurch zu neuem Leben erweckt. Aber daß alles so schnell ging! Es begann ja erst in den Neunzigern, und schon gilt das Viertel jetzt unter den »Branchés« fast wieder als überreif, als »ausgelutscht«. (Und wer war eigentlich dieser Monsieur Oberkampf, nach dem das ganze Viertel heißt? Wer anders als Ludwigs XVI. Hausschneider und Textilfachmann, aus Vaihingen a. d. Enz gebürtig.) In Nr. 99 die *Meccano Bar*, ein riesiger futuristisch angelegter Ort in einer aufgelassenen Werkzeugfabrik, mit Anklängen an Fritz Langs »Metropolis«. Bei 104 zur Abwechslung eine überwachsene Industriepassage, noch halbwegs unverwüstet. Und an ihrem Ende einer der unzähligen wohltätigen Vereine, die einander erfolgreich die

Adresse des Autors überlassen (oder verkaufen?): Handicap International. Nebenan bei Nr. 103 das *Quartier Général*, im Dekor auch wieder von der zünftigen Kleinindustrie der Straße inspiriert. Aber wer eilt jetzt nicht schon zum Granddaddy aller dieser Lokale: Bei Nr. 109 in einem renovierten Belle-Époque-Bau liegt, mit hohen Fenster, Spiegeln und Fresken, braunen Lederbänken und roten Kandelabern, das In-Lokal an sich, der »letzte Salon, in dem man plaudert«, das *Café Charbon*. Nicht leicht hier, nach 19 Uhr noch einen Platz zu ergattern, trotzdem bleiben die Preise für Bier und einfache Küche mäßig. Métro Parmentier, Tel.: 01-4357 5513. Donnerstag bis Samstag bis in die Morgenstunden geöffnet. So erfolgreich ist das Lokal, daß die Besitzer jetzt nebenan eine Dependance gegründet haben, den Nachtclub *Noveau Casino*. Und von da ab geht es Schlag auf Schlag die Straße entlang, *La Maizon*, *Mercerie*, *Abats-Jour*, *Oxyd Bar*, *Cithéa* und wie sie alle heißen, jedes mit eigenem Ambiente und wechselnden Musik-Spezialitäten. Und damit nicht genug, die Oberkampf hat auch ihrerseits schon wieder Ableger gefunden. So die parallele Rue Jean-Pierre Timbaud, wo vor allem bei Nr. 93 das *Café Cannibale* beliebt ist, mit seiner altmodischen »intellektuellen« Atmosphäre von Anno 1930. Genannt nach dem Goya-Gemälde, das über der Bar hängt. Abends Tanz. Métro Couronnes, Tel.: 01-4929 9559.

Diese Straße heißt übrigens nach einem kommunistischen Metallarbeiter, von den Nazis erschossen. Sein Gewerkschaftslokal auf Nr. 94 dient heute als »Raum Electro«. Ähnlich populistisch das Restaurant *Au trou Normand* (dieses »Loch« bedeutet in der Normandie die Pause zwischen zwei Gängen, die mit einem Schnaps gefüllt wird) auf Nr. 9, mit Mittagessen zu 14 Euro. Métro Parmentier, Tel.: 01-4805 8023. Nr. 52 war, wenigstens als der Verfasser zuletzt dort hineinschaute, ein überaltertes Hippie-Lokal für uns Baba-Cools, in dem hauptsächlich Underground-Comics der Siebziger verkauft und getauscht wurden, also Robert Crumb und Kollegen: *Le Troc*, Métro Parmentier, Tel.: 01-4355 5480.

Aber fast hätten wir eine der Hauptattraktionen des ganzen Viertels vergessen: Soeben aus einem obskuren Sackgäßlein herübergezogen zur Nr. 22 der Rue Jean-Aicard, also direkt neben der Oberkampf: der Fetischistenladen *Dèmonia* (er selbst schreibt sich, allen Diktionären der Französischen Akademie zum Trotz, verkehrt herum mit einem »accent grave« auf dem »è«!). Hier bekommt man – natürlich auch per Internet – alles was das Masochistenherz begehrt: von verschnürbaren Vinyl-Anzügen in schwarz und rot (ab 50 Euro) zum String (10 Euro), vom Knebel (22 Euro) über »Orgy Laken« (sie kommen aus Deutschland) zu 29 Euro bis hin zum Luxusartikel des Hauses: aufhängbaren – aber immerhin gepolsterten – Handfesseln zu saftigen 110 Euro! Nicht zu vergessen die Peitschchen zu 25 Euro und – ich lasse Sie erraten, worum es geht: »Marke Saxenfelt, dieses dänische Produkt in Hochqualität besteht aus natürlichem Latex und garantiert Ihnen höchstes wohlgeöltes Vergnügen«, und das alles für mickrige 21 Euro! Métro Saint-Maur, Tel.: 01-4314 8270, www.dèmonia.com. Es gibt auch Performances, Unterricht … und eine »Elastiknacht«!

Die Parallelstraße dazu heißt Rue Crespin-du-Gast, und dort wohnt in Nr. 5 Monsieur Bernard Marchois. Ein älterer Herr, der sein ganzes Leben – sowie zwei Zimmer seiner Kleinwohnung – der Sängerin Edith Piaf gewidmet hat.

Man tritt in den Hinterhof, klingelt beim fünften Stockwerk … und es antwortet Ihnen die unverwechselbar rauhe Stimme Ediths, welche sodann auch das Tor für Sie öffnet. Früher führte Monsieur noch selbst durch die Räume, jetzt sind es häufig auch schon Mitglieder eines Fanclubs. Hier hat die Piaf gelebt, als der Autor sie um 1951 kennenlernte, in der Zeit, als sie mit dem nachmals als Gangsterdarsteller bekannten Amerikaner Eddie Constantine in dem kitschigen Musical »La p'tite Lili« auftrat. Jetzt steht der Spatz von Paris in voller Lebensgröße von nur 1,47 Meter als Pappfigur da, diese geborene Edith Gassion … ein Name, wie mir damals einfiel, eigentümlich gemischt aus Gassenhauer und Passion! Auch die Boxhandschuhe des einzigen Mannes, den sie wahrscheinlich je wirklich geliebt hat, sind da, dem damaligen Weltmeister im Mittelgewicht Marcel Cerdan, umgekommen bei einem Flugzeugunglück. »Hier wanderte sie als Kind singend durch die Straßen und verdiente sich ihre paar Kröten«, sagt Monsieur Marchois betrübt. Man hinterläßt, da der Besuch ja gratis, diskret ein Geldstück in dem Körbchen hinter Ediths Teddybären. Besuch Montag bis Donnerstag nachmittags nach telefonischer Anmeldung zwei Tage im voraus: 01-4355 5272.

Kein neuentdecktes Viertel ohne die entsprechenden Speiselokale, denn wie sich verausgaben, wenn man sich nicht vorher mit Energie vollgeladen hat? Die Avenue Parmentier in ihrem Unterlauf weist ein paar solcher Gourmettempel auf (die natürlich keineswegs auf das ordinäre »Hachis Parmentier«, also Hackfleisch gemixt mit Kartoffelmus spezialisiert sind). Da wäre zum Beispiel *Chez Raymonde* auf Nr. 119 der Straße, mit traditioneller, daher selten gewordener, französischer Küche. Und am Samstagabend Bal Musette mit Klavier und Akkordeon – auch der Koch spielt mit – wobei endlich auch einmal die Fans von Walzer und Java auf ihre Rechnung kommen. Welche ihrerseits recht bescheiden bleibt, Menü plus Kabarettabend zu 55 Euro. Métro Goncourt, Tel.: 01-4355 2627. Und nur fünf Häuser weiter auf Nr. 129 ein altes Art-Déco-Lokal, *Le Chateaubriand*, mit einem neuen Chef, einem jungen Basken mit dem unaussprechlichen Namen Aizpitarte. Nouvelle Cuisine vom Feinsten, aber keineswegs vom Teuersten, an einer abgelegenen Stelle, die aber die Kunst- und Designer-Crowd längst entdeckt hat. Der bärtige Meister, angetan mit blauer Arbeiterschürze, in der ein weißes Handtuch steckt, bringt selber den Hauptgang an Ihren Tisch und erklärt, wie er's gemacht hat. Dinner-Menü zu 30–40 Euro. Métro Goncourt (auch die zwei literarischen Brüder waren ja auf gutes Tafeln abgefahren), Tel.: 01-4357 4595. Und es reicht, wenn Sie zwei bis drei Tage im voraus reservieren!

Enden wir mit »Z« für Zebra (oder »Zèbre«), der Name des kleinsten Kabaretts von Paris, auf Nr. 63 Boulevard de Belleville. Ursprünglich eines der frühen Vorortkinos der Stadt, immer ein Treffpunkt für die notorisch geldlose Immigrantenjugend des Viertels. Zehn Jahre lang bleibt dann das Haus geschlossen, der Eingang zugemauert. Da faßt ein ehemaliger Zirkusclown aus Belleville, Francis Schoeller, den Entschluß, das leere Haus zu neuem Leben zu erwecken. Folgen jahrelange Anstrengungen. Nun ist es seit kurzem so weit: *Le Zèbre de Belleville*, derzeit ein Zirkus-Kabarett-Zauberer-Tanz-Restaurant, in dem Sie bei Kerzenlicht und Live-Musik einen ganzen vergnüglichen Abend verbringen können, 68 Euro für Erwachsene, Kinder die Hälfte. Métro Couronne, Tel.: 01-4355 5555.

XII   *Das zwölfte Arrondissement*

Das Elfte vom Zwölften zu scheiden und damit den aufrührerischen Faubourg-Saint-Antoine in zwei Teile zu zertrümmern war einer der Geniestreiche des politischen Präfekten Haussmann. Jetzt finden sich mehrere der letzten schönen Handwerkerhöfe, nämlich die bei den geraden Nummern der Straße, zu diesem 12. Stadtviertel gehörig. So die schon erwähnte *Passage du Chantier* bei Nr. 66, auch sie vom Überaltern bedroht. Und was macht man danach mit seinen gebrochenen Stuhlbeinen oder aus dem Leim gegangenen Schranktüren? Dabei haben ja die Franzosen mehr nachgeahmte fragile »Stilmöbel« daheim stehen als jede andere Nation... Einige Häuser weiter, bei 56, beginnt dann die *Cour de Bel-Air* mit einer ganz banalen Passage, die sich überraschend zu einem mit Kletterpflanzen überwachsenen Hof auswächst, in dem die hochliterarische Buchhandlung *L'Arbre à Lettres* steckt. Anschließend führt ein kleiner Durchlaß zu einem zweiten, noch viel begrünteren Hof. Eine alte Tradition besagt, daß die außergewöhnlich flachen Pflastersteine des ersten Hofes einst den »Schwarzen Musketieren« als Spielbrett gedient hätten, deren Kaserne um die Ecke stand. Bei Nr. 46 finden Sie dann einen der aufgeregteren Orte dieser ansonsten recht ruhigen Möbelstraße, den *Barrio Latino*. Die Speisekarte so hochgewürzt wie seine lateinamerikanische Musik, dazu ein atemberaubender Dekor mit einem jugendlich schicken Publikum bis spät in die Nacht. Métro Bastille, Tel.: 01-5578 8475.

Sonntagmorgen ist der beste Augenblick, um einen der letzten volkstümlichen Märkte der Stadt zu genießen, den *Marché d'Aligre* auf dem Platz desselben Namens. Alle Vormittage ist Markt, aber am Sonntag kommt hier auch ein berühmter Flohmarkt zustande, mit unschlagbaren Preisen. Dieser halbkreisrunde Ort ist nichts weniger als der Dorfplatz des ganzen Quartiers, mit seinen ländlichen Marktfrauen und seinen Kunden in Schlägermützen. Nicht zu übersehen die Clochards, die alle auf die Mittagsstunde warten, wenn die ohnehin schon billigen Gemüse und Blumen für nichts verschleudert werden. Man kommt von weither, um sich hier preiswert und doch in guter Auswahl für die ganze Woche einzudecken. So bietet etwa Stand 117 die verschiedensten Sorten Kartoffeln an, die auf den vornehmeren der 81 Pariser Märkte z. T. gar nicht mehr zu finden sind. Hinter den offenen Marktständen dann die gedeckte Beauveau-Markthalle mit erstklassigen regionalen Produkten, etwa Ziegenkäse oder Rindfleisch aus dem Charolais. Eingeschlossen wird der Platz – jedenfalls noch zum Teil – mit einem Ring alter Häuser.

Darunter auf Nr. 5 das »Maison des Ensembles«, Hauptquartier diverser menschenfreundlicher Vereinigungen, die etwa zur Solidarität der Bewohner des Viertels aufrufen, zur Unterbringung der Obdachlosen oder auch »eine Chorba für jedermann«, was immer das bedeutet. Man wandert von einem Raum zum andern, erkundigt sich, sammelt Traktätchen, schreibt sich da und dort ein, alles in einem brüderlichen Ambiente, das an die Achtundsechziger Jahre erinnert. Immerhin war dies auch der Ort, von wo aus die Aufständischen vom Juli 1789 das trockene Heu und Stroh, das dort gehandelt wurde, in Karren zur Bastille schafften, um die Zwingburg in Brand zu stecken. Der Anführer hieß Santerre: der beliebte dicke Wirt der benachbarten Brasserie Hortensia (heute Nr. 11 der Rue de Reuilly nahebei). Dieser war es auch, dem man nachher die sieben befreiten Gefangenen auslieferte samt ihren Ketten sowie dem Schlüssel der Festung. Er endete als Kommandant der Nationalgarde…

Auch die Umgebung des Marktes läßt noch etwas von dem Aroma jener Zeit verspüren, so *Au Tabac* oder die *Penty Bar* in der Rue de Cotte. Oder der Weinausschank *Le Baron Rouge* am Square Trousseau, mit seinen frischen Austern und Paté Rillettes, die man auf Fässern oder auch den Motorhauben der draußen geparkten Autos zu verzehren pflegt. 1 Rue Théophile-Roussel, Métro Ledru-Rollin, Tel.: 01-4343 1432.

Die Rue de Reuilly, ein ehemaliger mittelalterlicher Feldweg, jetzt modernisiert, weist immerhin ein paar überraschende kleine Enklaven auf. So führt uns bei Nr. 18 eine Einfahrt, falls offen, in ein Gäßchen voller stiller und weinlaubumrankter Häuser, davor Holzbänke zum Ausruhen. Im Hintergrund ein einstöckiger Pavillon – derzeit als Abstellkammer benutzt – mit einer Turmuhr, die allerdings nur im Trompe-l'œil aufgemalt ist und in alle Ewigkeit auf 5 Uhr sieben zeigt. Gegenüber bei Nr. 29 ein ähnliches, wenn auch stärker renoviertes Sackgäßchen. Auf derselben Straßenseite bei 67 die *Cour d'Alsace-Lorraine*, die in zwei Passagen mündet. Links und rechts je eine Holztreppe, die rechter Hand führt zu einem verschwiegenen Garten mit geheimnisvollem Haus, in dem sich nie jemand zu rühren scheint. Schließlich nebenan bei Nr. 83 die Sackgasse *Impasse Mousset*, diesmal selten versperrt. Ein fast letzter jener Arbeitshöfe des Viertels, mit aktiven Handwerksläden und kleinen Büros. Irgendwo auch ein überwachsenes Schild, das auf ein längst aufgelassenes Hotel mit Wein- und Likö020rausschank verweist.

Die Gare de Lyon, der Pariser Südbahnhof, heute von grotesken Betonburgen umstellt (warum wohnt kein Architekt je da, wo er seine Sachen hinklotzt?), besitzt aus alten Rivierazeiten den monumentalsten Speisesaal von Paris, *Le Train Bleu*. Ausgeziert in einer Mode, die schon um 1900, als das Restaurant eröffnete, reichlich veraltet gewesen sein muß. Mit seinen gewaltigen Stukkaturen, Karyatiden, Putten, Decken- und Wandgemälden, Kristall-Lüstern, Vergoldungen, Samtvorhängen, Kunstbuketts, gepolsterten Eichenbänken usw. ist das Ganze eine überladene Orgie im Zweiten-Empire-Stil, und demnach als »period piece« unwiderstehlich. Vielleicht noch mehr als die Küche, die immerhin so reichliche und appetitliche Vor- und Nachspeisen bietet, daß man, mit Hinweis auf einen eiligen Zug, den Hauptgang fast auslassen könnte. Und die ganze Mahlzeit wird Sie nicht mehr als rund 50 Euro kosten. Métro Gare de Lyon, Tel.: 01-4343 0906.

Am nahen Kai ein ehemaliger Öltransporter, der 1977 in Rouen den Geist aufgab und sich jetzt bei Nr. 5 Port de la

Rapée zur Ruhe gesetzt hat: *Le Café Barge*. Höchst angenehm im Sommer, wenn man sich an Deck unter großen Sonnenschirmen auf die hölzernen Liegestühle hinfläzt (sie heißen auf französisch »transat«, weil sie gern auf Transatlantik-Dampfern Dienst taten). Dusche vorgesehen. Ansonsten genießt man im Innern auf grüner oder roter Meublage die hier regelmäßig ausgehängten Kunstwerke, die Aussicht auf den Strom und ein Menü, das Sie an die 15 bis 35 Euro kosten wird. Manchmal Salsa-Orchester und Tanz. Reservierung unnötig.

Der Bastille-Bahnhof, von uns seinerzeit noch in Aktion gefilmt (da ein Jahrhundert zuvor der 17jährige Dichter Arthur Rimbaud möglicherweise hier eintraf, um an der Kommune teilzunehmen), dieses schöne alte Bauwerk ist inzwischen längst abgerissen. Eingestuft als ein Schandfleck gegenüber der Neuen Oper, deren abbröckelndes Äußere aber inzwischen auch wieder als Schandfleck empfunden werden mag.

Statt dessen nimmt jetzt hier eine der kühnsten neuen Unternehmungen der Stadt ihren Ausgang: die *Promenade Plantée*, oder bepflanzte Promenade, die sich von da auf der erhöhten Trasse der früheren Eisenbahn viereinhalb Kilometer lang bis zum Wäldchen von Vincennes im äußersten Südosten der Stadt hinzieht. (Einstieg an der Treppe Ecke Rue de Lyon–Avenue Daumesnil.) Über die früheren Viadukte der Bahn, über Fußbrücken und durch Tunnels, läßt sich hier gemütlich auf Holzpflaster wandern (oder auch joggen), umgeben von den hochragenden Baumwipfeln der Avenue Daumesnil oder nachfolgender Straßen. Sowie neu gepflanzten Sträuchern, Bambuswäldern, Blumenbeeten, Rasenstücken, auch Bänkchen, kleinen Teichen, Kinderspielplätzen, Pingpong-Tischen, ja sogar an Hundetoilette ist gedacht. Wer sonst nichts zu tun hat, kann von hier aus den Bewohnern der zweiten oder dritten Etagen in die Fenster gucken. Etwa alle hundert Meter führt eine Treppe – oder auch ein Fahrstuhl – von der Straße zur Promenade hoch. Die sich gegen Ende zu in die dort schon bestehenden öffentlichen Parks ergießt. Am Anfang aber, längs der Daumesnil-Avenue bis Nr. 129, sind die Arkaden der Viadukte für Künstler und Kunsthandwerker reserviert: Möbel- und Modedesigner, Vergolder, Porzellanmaler, Glasbläser, Innenarchitekten, Geigenbauer u. a., die man hier durch ihre Auslagenscheiben bei der Arbeit beobachten kann. Die Promenade schließt je nach Jahreszeit zwischen 17:30 und 20:30 Uhr. Métro Gare de Lyon, Tel. der Ateliers: 01-4475 8066. Und zur Erfrischung steht das *Viaduc-Café* bei 43 Avenue Daumesnil zur Verfügung.

Schließlich: Welcher ältere Parisliebhaber erinnert sich nicht wehmütig an die gigantischen *Weindepots* von Bercy am rechten Ufer der Seine, mit ihren mannshohen duftenden Holzfässern, die tagtäglich aus Seineschleppern oder auch den Waggons des benachbarten Güterbahnhofs gewuchtet wurden! Bercy war ein eigenständiges ländliches Dorf, mit muskulösen und immer leicht angesäuselten Trägern, wie die der Zentralmarkthallen, die das flüssige Gold auf Schienen nach den Depots zu transportieren hatten, bis dann das ganze Dorf nachts mit schweren Eisentoren abgeschlossen wurde. Die Dorfstraßen, von einem Heer von Vögeln und Katzen bewohnt, hießen natürlich nach der Herkunft der

Weine: Da gab es die Rue de Bordeaux, die Rue de Médoc, die Rue de Pommard usw., auch ein winziges Gäßchen, das nach Chablis genannt war, und eine ewig lange Rue de Cognac. Das alles wurde überflüssig, nachdem die Weinproduzenten den Vorteil erkannt hatten, an Ort und Stelle ihre eigenen Flaschen abzufüllen. Zuletzt kamen die Bulldozer und machten Schluß mit diesem Paradies der Katzen, Vögel und Parisliebhaber (und dem Schwulenstrich, der sich hier zuletzt noch etablierte).

Ein Jahr später begann dann der Bau des riesigen *Palais Omnisports*, einer Sport- und Konzerthalle mit 17 000 Plätzen. Für dessen steile Almen, d. h. im sechziggrädigen Winkel ansteigende Grasflanken, man eigens holländische Gärtner zu importieren hatte. Monate im vorhinein müssen die großen Events angesagt werden – der Davis-Cup, die Stones, der Dalai-Lama – mit denen man die endlosen Himalaja-Höhen dieser Sitzreihen füllen kann! Und machen Sie sich darauf gefaßt, daß man Ihnen beim Eintritt den Verschluß Ihrer Mineralwasserflasche abnimmt. Wodurch offenbar dem Nitroglyzerin, das sich darin befinden mag, seine Explosionskraft genommen wird … wer's glaubt. (8 Boulevard de Bercy, Métro Bercy. Tel.: 01-4475 8439.) Vor dem Palais ein unverständlicher Wildwuchs von Wegweisern. Richten Sie sich nach dem, der Ihnen (auch nicht ganz genau) die Cinémathèque ansagt. Folgen Sie dabei nicht der Hauptstraße Boulevard de Bercy mit ihren langweiligen Geschäftshäusern, sondern stoßen Sie in Seine-Richtung auf den riesigen *Parc de Bercy* zu, der jetzt die Weindepots ersetzt. Es ist eine der aufregenderen Gartenanlagen des neuen Paris. Gleich zu Anfang der Park Yitzhak Rabin. Im Hintergrund, wie eine grasbewachsene Fußballtribüne, ein breiter Wasserfall. Hinter dem sich die endlich fertiggestellte doppelte Fußgängerbrücke erschließt, die zur »Großen Bibliothek François Mitterrand« führt. Und die – hier in dieser Gegend nennt sich alles nach Künstlern – den Namen Simone de Beauvoir trägt. Auf den Rabin-Park folgt ein weiterer, der nach Leonard Bernstein heißt. Und bei diesem finden Sie dann tatsächlich die neue *Kinemathek* samt ihrer eigentümlichen Geschichte.

Da gab es ja einmal diesen Kinonarren namens Henri Langlois, der alte Filme zu sammeln begann. Und sie zuerst, wenn ich mich recht erinnere, in der Rue d'Ulm, dann in der Avenue de Messine, dann in der Rue de Courcelles, schließlich im Trocadéro-Komplex unterbrachte, immer schön verwirrend und unregistriert und z. T. in seiner Badewanne. Unterstützt – auch in den schwierigen Tagen, als Kulturminister Malraux den systemfeindlichen Chaoten abzusetzen suchte – von der treuen deutschen Emigrantin Lotte Eisner … Und es gab andererseits am oberen Boulevard Raspail ein ebenso altmodisches »American Student and Artist Center«, ein einfacher Backsteinbau, in dem man Künstlerkollegen treffen, Tee trinken und auch die schönsten Tanz-, Mimen- und andere Vorführungen billig bewundern konnte. Beide Institutionen suchten sich natürlich auszudehnen und ihren Profit zu maximieren. Und was geschah? Das »Center«, bisher im Herzen des Montparnasse gelegen, da wo tatsächlich Studenten und Künstler zu Hause waren, wollte sich unbedingt den namhaftesten Architekten der Zeit, Frank O. Gehry, untern Nagel reißen, der eben das sensationelle Guggenheim-Museum in Bilbao erfunden hatte. Am Raspail durfte man nicht, also zog man nach Bercy. Als der Bau fertig dastand, war nur leider dem Vernehmen nach kein Geld mehr vorhanden, um ihn auch zu betreiben. Da sprang glücklicherweise der Staat mit seiner Kinemathek ein, und aus diesem Grund steht sie jetzt hier, wo nur leider derzeit kaum Künstler oder Studenten beheimatet sind. Und an der Stelle, wo vorher unser »Center« stand, erhebt sich nunmehr das Glaskonstrukt der *Fondation Cartier*, eine Ausstellungshalle, deren hauptsächlicher Anziehungspunkt eine hundertjährige Zeder ist, die man als eine der wenigen nicht umgelegt hat.

Zurück zur Cinémathèque, gegen die Straße zu eine nüchterne Wand, der Pariser Stadtlandschaft entsprechend. Nach hinten zur Parkseite jedoch ein Rausch von Überhängen und Vorsprüngen, Auskragungen, Zinnen und Bastionen ... Architektur als Skulptur im freien Raum, virtuos, aufregend und irgendwie unmotiviert. Vom Architekten selbst respektlos bezeichnet als »eine Tänzerin, die ihren Tutu lüftet«. Große Eingangshalle, ein Langlois-Saal ist angezeigt, auch einer, der dankenswerterweise nach Madame Lotte Eisner genannt ist. Laufende Ausstellungen, Fotos, Plakate, Filmbücher. Hatte Langlois uns seinerzeit zur allgemeinen Verblüffung drei klassische Filme hintereinander gezeigt, nach unbegreiflichem Plan von ihm ausgesucht – die ganze »Neue Welle« des französischen Films beruhte darauf – so sind es hier mindestens acht Filme täglich (auch der Verfasser ist als Drehbuchautor vertreten). Die ungeheuer reichhaltige Sammlung enthält über 5000 Objekte der Filmgeschichte, von alten Schattenrissen über Kostüme von Marilyn oder Rudolph Valentino bis hin zu einer möglicherweise originalen Filmbühne des »Dr. Caligari« und einem Nachbau des Aufnahme-studios von Filmpionier Georges Méliès. Ein schöner Ort, nur leider in einem Viertel gelegen, das (noch) nicht als »branché« fungiert. 51 Rue de Bercy, Métro Bercy, Tel.: 01-7119 3333.

Folgt der langgestreckte Park, voller Überraschungen. Da ist ein Rosengarten mit 95 verschiedenen Arten, da ist ein Gemüsegarten, von Schulkindern angelegt und gepflegt, ein ehemaliges Steueramt als Gartenhaus, auch ein Kräuter-gärtlein und ein Weinberg, der im Oktober gelesen wird. Danach der vielleicht schönste Teil, ein romantischer Park mit überwachsenen Ruinen (es sind alte Lagerhallen), meterdicken Akazien (wo standen die bloß vorher?), Enten-teichen mit Holzbrücklein, Schilfgewächsen und einem Pfahlbau auf Stelzen, auch überall Ruhebänke unter Trauer-weiden. Ein Park zum Meditieren, durch eine schalldichte Barriere geschickt abgeschnitten vom verkehrsdurchrasten Ufer.

Und dann steht man auf einmal verblüfft vor der letzten der alten Dorfstraßen des Weindepots, un-verändert erhalten einschließlich der Schienen im Pflaster: Es ist die einstige *Cour Saint-Émilion*, jetzt auch *Bercy-Village* genannt. Zwei lange Reihen ehemaliger Lager-schuppen, die Wände zu einem längst verklungenen Weiß zurückgeschrubbt. Und nun zweckentfremdet zu Bouti-quen, Cafés, einem Kino, auch eine der selten gewordenen Tierhandlungen ist da, hauptsächlich für Hündchen und Kaninchen. Und auf Nr. 26 (Lagerraum 40) *La Cure Gour-*

mande, ein altmodischer Laden für Biskuits und sonstige vielfarbige Schleckereien, alle in den hübschen bemalten Blechdosen des 19. Jahrhunderts. Auf der Parallelstraße dazu liegt die Station »François Truffaut« der neuen fahrerlosen Métrolinie 14 »*Météor*« (auf Ihrer Karte vielleicht noch gar nicht eingezeichnet), die den Vorteil hat, daß sie, da ohne Personal betrieben, auch nicht bestreikt werden kann. Und die einerseits hinüber zur »Grande Bibliothèque« führt, und seit kurzem noch weiter ins Chinesenviertel. Und andererseits über die Station Bercy auf Umwegen zur Porte Dorée.

Dort, im Bois de Vincennes, finden Sie nach einigen Fragen eine unerwartete Ansiedlung. Links vom Eingang ein Haus mit Buddhastatue. Es ist seltsamerweise der frühere Pavillon von Togo bei der Pariser Kolonialausstellung von 1931. Rechts aber steht in vollem Rot, Gelb, Blau und vergoldetem Glanz ein wunderschöner tibetischer Tempel, 1985 nach Angaben eines einheimischen Priesters errichtet. Jeden Abend um 18 Uhr Meditationsübungen, zu denen auch Besucher zugelassen. Führungen auf französisch. *Centre Bouddhiste*, 40 Route de Ceinture-du-Lac-Daumesnil. Métro Porte-Dorée, Tel.: 01-4341 0249.

XIII *Das dreizehnte Arrondissement*

Wir beginnen beim offenen Bahnhofsbuffet der *Gare d'Austerlitz*, im Sommer ein freundlicher Ort, der leider in Kürze verschwinden soll. (Und wo im Krieg Tausende von Deportierten, wenn sie Glück hatten, ihre letzte Mahlzeit einnehmen durften, bevor sie die Todeszüge in den Osten bestiegen.) Wenige Schritte den Boulevard de l'Hôpital entlang, und es eröffnet sich das riesige Gelände der *Salpêtrière*. Eine ehemalige Schießpulverfabrik, danach im 17. Jahrhundert Zwangsaufenthalt für die 40 000 Bettler, Vagabunden und Irren der Stadt. Auch treulose Ehefrauen und undisziplinierte Töchter zählten zu dieser Sparte. Schließlich rekrutierte Finanzminister John Law hier die Frauen, die in die neue Kolonie von Louisiana verschickt werden sollten, um dort für Nachwuchs zu sorgen.

Die schöne achteckige Kapelle weist nach wie vor vier verschiedene Kirchenschiffe auf, um diese diversen Populationen voneinander zu trennen. Heute dient sie allerdings im Hauptberuf als Kulturzentrum, nur eine einzige der Kapellen bleibt dem Kultus vorbehalten. Wobei es nach den Erfahrungen des Autors passieren kann, daß sonntags das ganze Gotteshaus für eine Messe reserviert wird, in dem andererseits eine Ausstellung über de Sade oder eine Bilderschau der extravaganten Fotografin Nan Goldin installiert sind. Zu den berühmteren Gefangenen des Hauses gehörte auch Madame de La Motte, die umtriebige Urheberin der Halsband-Affäre gegen Marie-Antoinette, die, gebrandmarkt mit zwei Lilien auf ihren schönen Schultern, 1787 hier eingeliefert wurde. (Besser gesagt, da sie sich dem Henker Samson gewaltsam zu entwinden suchte, traf das glühende Eisen ihre schöne Brust.)

Wer war diese »Gräfin« wirklich? War tatsächlich, wie sie behauptete, ihr Wilderer von Vater, der sie mit einer verkommenen Dienstmagd zeugte, ein Abkömmling von König Heinrich II.? Jedenfalls trat sie als »Jeanne de Saint-Rémy, genannt de Valois, Gräfin de La Motte« auf, als sie den in Ungnade gefallenen Kardinal de Rohan überredete, sich mit Hilfe eines diamantenen Halsbandes wieder die Gnade von Königin Marie-Antoinette zu erwerben. Weiters beteiligt an dem Schwindel: ein anderer Abenteurer und falscher Aristokrat, der sich Graf Cagliostro nannte. Von den Juwelieren Boehmer und Bassange angefertigt, wurde das kostbare Stück vom Kardinal im Park von Versailles einem Höfling der Königin überreicht … der in Wirklichkeit ein geheimer Komplize der Gräfin war. Noch am selben Abend ließ diese das Halsband auseinandernehmen und die Steine zum Kauf anbieten. Jeanne, verhaftet und in die Bastille geworfen, kam zwei Jahre später per Fiaker in der Salpêtrière an, wo man ihr immerhin in der »Force« ein ganzes Stockwerk reservierte. Am 5. Juni 1787 verschwand sie dann aus der Anstalt und verkam in London. Oder wurde, nach anderen Quellen, wieder eingefangen und fiel Jahre später den »Septembermorden« zum Opfer. Bei denen nämlich ein Haufen Revolutionäre hier eindrang, 183 Prostituierte triumphal befreite und an die 50 weitere ebenso eifrig umbrachte – warum? Anscheinend hatte eine von ihnen ihren ungetreuen Liebhaber, der zur Nationalgarde gehörte, im Schlaf kastriert!

Wohlerhalten das Beratungszimmer sowie Labor und Bibliothek von Professor J. M. Charcot, Entdecker (oder Erfinder) der weiblichen Hysterie, die er hier gern mit Hilfe der Hypnose in Großveranstaltungen zur Schau stellte. Der junge Dr. Freud war ein oft gesehener Gast. »Es ist immer, immer die sexuelle Sache!« pflegte Charcot auszurufen, während er (O-Ton Freud) die Hände vor sein Geschlechtsteil haltend erregt auf- und niederhüpfte. Ernstzunehmende Besucher, möglichst mit Doktortitel beliebiger Herkunft, können den Ort über vorherigen Anruf besichtigen. Tel.: 01-4216 0424.

Der beste Weg durch das Gelände führt Sie, gleich links vom Eingang, mittels zweier überdachter Passagen durch die Divisionen Mazarin und Montyon. Danach sieht man linker Hand die sogenannte »Force«, in der »lasterhafte Frauen und Verbrecher« untergebracht waren. Neben diesem Haus eine schmale Straße, die Rue Saint-Félix, daran ein niedriges Gebäude, für die Wachen bestimmt, die das Einsammeln der Straßendirnen zu besorgen hatten. Vor Ihnen steht jetzt rechter Hand die ehemalige Pulverfabrik. Halten Sie sich weiterhin rechts, und Sie stoßen am Ende der Rue Esquirol auf die Allée des Étoffes. Hier mehrere einstöckige Gebäude, das Viertel der Verrückten. Welche in den engen Zellen dahinvegetierten, die sich jetzt vor Ihnen auftun (les loges de Viel). Davor noch zu sehen: die in die Wand gemauerten Steinsitze, an die man die Unglücklichen ankettete, wenn man sie ein bißchen Sonnenschein genießen lassen wollte. (47 Boulevard de l'Hôpital, Métro Gare d'Austerlitz.)

In der nahen Avenue des Gobelins liegt dann bei Nr. 42 die *Manufacture des Gobelins*. Genannt nach dem Gründer dieser flämischen Dynastie, der aus Zinn und dem Rot der Purpurschnecke als erster ein Geheimrezept für Scharlachrot zusammenbraute. Schon Colbert kaufte 1667 die Werkstätten für den Staat an. Heute arbeiten hier etwa zehn Restaurateure und »liciers« (Knüpfer), die nur die Kehrseite der Wandteppiche bearbeiten, und, um das Resultat ihrer Stiche zu kontrollieren, einen Spiegel benützen müssen. Ein guter Licier kann etwas über einen Quadratmeter pro Jahr herstellen. So daß die Manufaktur nicht mehr als drei bis vier Wandteppiche jährlich hervorbringt, die vor allem für französische Botschaften im Ausland bestimmt sind. Lange Zeit scheint man geglaubt zu haben, daß die Haltbarkeit der Farben nur durch menschlichen Urin zu gewährleisten sei. Und es habe damals tatsächlich Angestellte gegeben, deren einzige Aufgabe darin bestand, genug zu trinken, um das nötige Maß an Flüssigkeit auszuscheiden. (1823 soll ein zum Tode Verurteilter sich freiwillig für diesen Job gemeldet haben, mit der Versicherung, daß er gut und gern zwanzig Flaschen am Tag verkrafte.) Führungen Dienstag bis Donnerstag um 14 und 15 Uhr. Unbedingt reservieren und eine halbe Stunde früher eintreffen. Métro Les Gobelins, Tel.: 01-4408 5349.

In der benachbarten Rue des Gobelins dann zwei eigentümliche Gebäude. Bei Nr. 19 eines der ältesten Häuser von Paris, wahrscheinlich vom Ende des 15. Jahrhunderts. Bemerkenswert die Innenfassade, auch der runde Turm mit einer Wendeltreppe, deren Kern aus einem einzigen Eichenstamm besteht. Dies war anscheinend das Wohnhaus der Familie Gobelin, während das Nebenhaus die Färberei enthielt. Eingang derzeit über Nr. 4 Rue Gustave-Geoffroy. Fallweise Führungen durch den Besitzer. Nebenan auf Nr. 17 ein weiteres altes Haus, diesmal aus dem 16. Jahrhundert, der Eingang hinter Ziegelbauten verborgen. Eigentümlicherweise beanspruchen beide Häuser den Titel *Château de la Reine Blanche*, das Schloß der weißen Königin. Obwohl letztlich keine der uns bekannten »weißen Königinnen« – weder die von Navarra, die von Kastilien oder auch die von Bourgogne – in Betracht kommt (und ohnehin alle Königinwitwen nach ihrer vorgeschriebenen Tracht »weiß« genannt wurden). Nr. 19 Rue des Gobelins.

Allerdings verbindet sich noch eine andere Geschichte mit einem dieser Häuser, bzw. seiner Vorgängerin. Hier soll am 28. Januar 1392 die Königin Isabella von Bayern für eine ihrer Hofdamen, die verwitwete Madame de Hainserville, einen Ball gegeben haben. Nun war es bei der Neuverheiratung von Witwen damals üblich, die Hochzeit als komisches Spektakel auszurichten. Dementsprechend hatte König Charles VI. die Idee, sich und fünf seiner Höflinge als Wilde zu verkleiden und aneinanderzuketten. Jeder von ihnen trug neben der Maske auch ein Kostüm, das mit Pech bestrichen und mit Federn und Werg beklebt war. Als der Herzog von Orleans, Bruder des Königs, sich der Gruppe mit einer Fakkel nähert, um das Gesicht des Königs auszumachen, setzt er höllischerweise alles in Brand. Vier der Höflinge kommen ums Leben, einem gelingt es, in ein Wasserfaß zu springen, der Monarch selber wird von der Herzogin von Berry gerettet, indem sie ihren Mantel um ihn wirft. Und dann – fast ein halbes Jahrtausend später: Welcher Bewunderer des Thriller-Autors Edgar Allan Poe wird hier nicht eine der blutrünstigsten Novellen seiner Spätzeit wiedererkennen, betitelt »Hop Frog«? Wobei Poe ganz deutlich sich selber als einen verkrüppelten Zwerg einbringt, der den ganzen Anschlag aus Rache unternimmt!

Einige der letzten puren Künstlersiedlungen des Montparnasse finden sich in dieser Gegend. Bei Nr. 65 des öden Boulevard Arago die *Cité Fleurie*, tatsächlich, wie der Name sagt, von Blumen überwuchert. Die Allee besteht aus zwei langen ehemaligen Pavillons der Weltausstellung von 1876 und ist damit die älteste solche Künstlerkolonie von Paris. Gauguin konnte hier einst bei seinem Kunsthändler Monfreid unterschlüpfen, später Modigliani bei dem mexikanischen Maler Zanaga. Und hier stand, der Erinnerung des Autors nach bei Nr. 18, zu Ende der dreißiger Jahre die »antifaschistische deutsche Freiheitsbibliothek«, der auch er seinerzeit ein paar Bändchen gespendet hat. Alles nach dem deutschen Einmarsch vom Juni 1940 geplündert und verbrannt. Die ganze Siedlung sollte dann 1971 dem Erdboden gleichgemacht werden, es brauchte eine persönliche Intervention des französischen Staatspräsidenten, um sie zu retten. Heute denkmalgeschützt und leider auch von einem Nummerncode. Man muß warten, bis jemand das Eingangstor benützt, um mit hineinzuschlüpfen. Métro Denfert-Rochereau.

Einer der drei *Temples Antoinistes* von Paris steht auf Nr. 34 Rue Vergniaud. Dieses hübsche gelbgestrichene Kirchlein gehört zu einem Kult der Geistheiler (keine Sekte, wie man Sie sofort wissen läßt), gegründet 1910 von einem belgischen Theosophen, den man hier nur »Le Père Antoine«

nennt. Alles beruht auf der schönsten aller menschlichen Illusionen: nämlich daß sämtliche Übel der Welt, und insbesondere unsere Krankheiten, aus dem Kopfe kommen und daher nur über den Kopf zu heilen sind. Heilungen finden üblicherweise am Sonntag um 10 Uhr morgens statt, doch scheint der Kult jetzt stark zurückgegangen. Auch tragen die Gläubigen – es sind hauptsächlich ältere Damen – nur noch selten die eigentümliche Tracht, halb Nonne halb bretonische Fischersfrau mit gestärkter Haube, in der sie traditionell den Handlungen beiwohnten. Métro Corvisart.

Daß die russischen Aristokraten, die zur Zeit der Oktoberrevolution nach Frankreich emigrierten, in ihrer Mehrzahl als Taxichauffeure unterkamen, erweist sich bei einem Besuch der *Petite Russie*. Man nehme einen schmalen Gang, der sich längs der Nr. 22 Rue Barrault hinzieht – das codierte Eingangstor sollte wochentags geöffnet sein, ansonsten um Einlaß bitten – erklettere eine dreistöckige Treppe, die zu einer offenen Terrasse führt … und man steht vor einem Dorfplatz aus bescheidenen Häuschen, alle aneinandergeklebt und von Pflanzen umwuchert. In jedem von ihnen ahnt man unten Küche und Wohnzimmer, oben ein bis zwei Schlafzimmer, mehr ist da nicht. Unter der Terrasse die Taxifirma, von der hier seinerzeit alles sein Leben fristete.

Nun wenden Sie sich ein wenig seitwärts, und vor Ihren Augen liegt *La Petite Alsace*, eine weitere Siedlung aus vierzig bunten Häuschen, die zur Not als elsässische Châlets gelten können, und immerhin manchmal noch ein zusätzliches

Dachzimmerchen aufweisen. Da es sich hier um Sozialbauten handelt, können Sie sich zur Not auch auf die Warteliste setzen lassen und sind bestimmt in spätestens einem halben Jahrhundert dran. Eingang Nr. 10 Rue Daviel, Métro Corvisart. Auf der anderen Seite der Rue Daviel bei Nr. 7 übrigens noch ein überwachsenes Sackgäßchen, die *Villa Daviel*.

Aber schon sind wir an den Hängen der *Butte aux Cailles*, dem angeblichen »Hügel der Wachteln« … wenn auch wahrscheinlich nur nach einem Monsieur Caille geheißen, der einst um 1540 hier residierte und Weintrauben pflanzte. Altes Arbeiter- und Handwerkerdorf, die minimalen Gassen, Passagen und Häuschen jetzt aber zumeist verbürgerlicht. (Als der Autor einst noch jugendfrisch hier herumkletterte und fotografierte, galt er bei den Einheimischen als »Ausländer« … nicht etwa wegen seiner Herkunft aus Mitteleuropa, sondern aus dem umgebenden »Flachland« von Paris!) Und apropos Fotografie: Nur ein Katzensprung – und es springen viele hier herum – von der Métrostation Corvisart liegt ja eine *Rue Eugène Atget*, die ihrerseits zu einem *Park Brassaï* führt, was der von diesen beiden großen Dokumentaristen Beeinflußte dankbar begrüßt.

Zwei Daten haben den Geist der Einwohner dieser Hügelkuppe markiert. Da war die erste Mondlandung … will sagen, die Landung der ersten bemannten Montgolfière der Welt am 21. Oktober 1783 zwischen zwei Windmühlen. Der Ballon, von der schon genannten Firma Réveillon zumeist aus Tapetenpapier gefertigt, war um 1 Uhr 54 beim Château de la Muette im Pariser Westen mit zwei Mann Besatzung aufgestiegen, und landete hier acht Kilometer weiter schon nach 25 Minuten. Die begeisterte Menge – Autogramme gab es zu dieser Zeit noch nicht – zerriß als Andenken den Geh-

222

rock eines der Flieger in kleine Stücke! Das andere Datum ist der Mai 1872. Damals ließ, in der Endphase der Pariser Kommune, General Valéri Wroblewski auf der Kuppe Kanonen auffahren, um damit die reaktionären Versailler Truppen zu beschießen, die, in Abmachung mit den siegreichen Preußen, in Paris einmarschierten. Das gab den Kommunarden die Zeit, nach dem rechten Ufer zu fliehen, wo sie dann in der Gegend des Père-Lachaise-Friedhofes zum Großteil massakriert wurden. Ein Anflug von Anarchie und Revoluzzertum ist dem Ort geblieben. Kommt man von der genannten Rue Daviel, so stößt man bald auf die Dorfstraße des Hügels, die Rue de la Butte-aux-Cailles, und damit auf den Platz der Pariser Kommune. Kurz danach das Einkehrhaus *Le Temps des Cerises,* Die Zeit der Kirschen. 1976 gegründet als Arbeiter-Kooperative von einer Gruppe junger »Anars« (Anarchisten, nicht unbedingt wörtlich zu nehmen), darunter Gérald Alpha, hier noch immer der Boß: »Damals waren wir das einzige anständige Lokal im Viertel. Die ganze Butte ein Schlupfwinkel für Gauner.« Der Name der Wirtschaft stammt von einem Chanson, 1867 von Jean-Baptiste Clément geschrieben (am Montmartre heißt ein Platz nach ihm), das zum Leiblied der Kommunarden wurde: eine herzzerbrechende Erinnerungsmelodie, die schon die kommende Niederlage vorauszuahnen scheint. Dies ist so gut wie die einzige noch authentische Taverne des Hügels, zu günstigen Stunden besetzt vom letzten Karree kameradschaftlicher Achtundsechziger auf eng zusammengerückten Sitzen. Dazu Küche aus dem »Terroir«, also ländlich-sittlich, quasi-gewerkschaftlich. Das Menü, mit Kreide angeschrieben, wird Sie 20 Euro kosten. 18 Rue de la Butte-aux-Cailles, Métro Corvisart, Tel.: 01-4589 6948.

Daneben auf Nr. 22 *Chez Paul*, mit großer Terrasse und vergleichbarer Küche, aber schickerer Ausstattung und schnellerer Bedienung. Hier hatte der populäre Fotograf Robert Doisneau einst sein Hauptquartier. Tel.: 01-4589 2211. Schließlich bei Nr. 11 der Straße *Le Merle Moqueur*, die »Spöttische Amsel«, auch aus dem eben genannten Lied stammend. Hier treten abends schon Rocker und Chansonsänger auf, die Stimmung steigert sich bis zwei Uhr morgens, es ist meistens gesteckt voll und die sparsamen WCs stehen leider am Ende des Gartens, links. Métro Corvisart, reserviert wird nicht. Nebenan auf Nr. 23 dann noch eine letzte Bar-Tabac alten Schlags, wo die meisten Ansässigen der Butte mindestens einmal täglich vorbeischauen.

Nun sind wir hoffentlich genugsam gestärkt, um einige der übrigen Dorfstraßen dieser Bergspitze zu durchwandern, die steilen *Rue Michal* oder *Rue Buot* etwa, oder die enge *Passage Sigaud. Place Paul-Verlaine* nicht zu vergessen, der zwar niemals hier wohnte und überdies solche Panik vor der Kommune empfand, daß er sich zu Hause verkroch und seine junge Angetraute zum Einkaufen auf die Straße schickte. Aber dennoch mit seinem »esprit frondeur«, der Lust am Provozieren (und seinem anarchischen Freund Rimbaud) aufs beste hierher gepaßt hätte. An dem Platz Spuren einer alten Schuh- und Galoschenfabrik, ein historisches Schwimmbad (im Jahr 1920 eines von nur zwei Dutzend in Frankreich, während Deutschland bereits 1300 aufwies!). Auch ein moderner Trinkbrunnen, der irgendwo tief unter der Erde mit dem verlorenen Flüßchen Bièvre in Verbindung steht, welches schon seit hundert Jahren unsichtbar unter dem Pariser Pflaster dahinfließt. Nun noch ein Blick auf die eigentümliche *Rue* und *Passage Vandre-*

zanne (andere müssen wir auslassen), bevor wir zum chinesischen Teil der Stadt stoßen.

Wie ist diese Chinatown, mit 35 oder 40.000 Einwohnern wahrscheinlich die größte Europas, eigentlich entstanden? Nun ja, da hatte Paris ja nach dem letzten Krieg diesen Aufholwahn, jedes Stadtviertel sein eigenes Manhattan. Beton, Gigantismus, gesichtslose Wohntürme. Aus irgendeinem Grund wurden die Massensilos nach olympischen Orten benannt, und man erwartete, daß die neue Yuppieklasse der jungen städtischen Professionals sich auf diese schlechtgemachten Behausungen stürzen würde, was diese aber dankend ablehnte.

Danach standen die Türme so ziemlich leer, bis in den Siebzigern die Flüchtlinge der verschiedenen Vietnamkriege auftauchten und schnelle Unterkunft suchten. Das neue Viertel, *Olympiades* geheißen, bevölkerte sich. Und mit ihm die entsprechende Métrostation, nunmehr seit Sommer 2007 an die schon genannte fahrerlose Linie 14 angeschlossen, die von Bercy herüberführt.

Derzeitiger Mittelpunkt des Quartiers: die Plaza zwischen den Wohntürmen, gedeckt mit hübschen roten Pagodendächern. Seine Hauptarterien: Rue de Tolbiac, Avenue d'Italie, Avenue de Choisy, Avenue d'Ivry.

Dort auf Nr. 48 findet sich auch der Hauptanziehungspunkt für shoppende Pariser auf Exotiktrip: der riesige Supermarkt *Tang Frères* (Tel.: 01-4570 8000) mit seiner einzigartigen Auswahl chinesischer Spezialitäten. Der Laden liegt ziemlich genau über der aufgelassenen Gare des Marchandises (Warenbahnhof), wo seinerseits ein Grossist fungiert (Eingang über die Rue de Tolbiac), der seine Produkte im Großhandel an Restaurants aus ganz Frankreich verkauft. Sie sehen, es ist alles, wie zu erwarten, hervorragend organisiert.

In der Nähe die eigentümliche, um zwei Winkel verlaufende Rue du Disque, in der auf Nr. 37 *New Top* zu finden (Eingang bei 66 Rue de Choisy), der größte ostasiatische Erotikladen von Paris. Spezialität: die thailändische VCD-Serie Sexy-Star, mit den aufregend einschlägigen Damen von Bangkok. Auch Sex-Mags, die allbeliebten Mangas, und Figurinen aus Japan, Taiwan, Hongkong usw. Métro Porte-d'Ivry, Tel.: 01-4582 7564. Ebenfalls über denselben Eingang zugänglich: ein buddhistischer Tempel samt religiösen Zeremonien, aber außerdem Treffpunkt der ostasiatischen Ansiedler, die sich hier zu Tee, Schachspiel und Musik zusammenfinden. Und sogar an einer christlichen Messe auf chinesisch können Sie jeden Sonntag um 11 Uhr 30 in der *Kirche Sainte-Hyppolite*, 27 Avenue de Choisy, teilnehmen.

Nicht weit davon ein Thai-Restaurant, das ausnahmsweise nicht nur auf die Güte seiner Speisen, sondern auch die Authentizität des Dekors Wert legt: das zweistöckige *Paradis Thaï* bei 132, Rue de Tolbiac, direkt an der Métro Tolbiac gelegen. Echte Gastronomie, aber dankenswerterweise gibt es neben den einheimischen Gewürzgärten auch gemäßigtere Speisen. Circa 40 Euro. Tel.: 01-4583 2226. Schließlich ein für dieses betriebsame Viertel erstaunlich ruhiges Hotel mit Blick auf den Parc Choisy: Bei Nr. 2 Rue Toussaint-Féron, in einem ehemaligen Relais für Kutschenpferde gelegen, das preiswerte *Hôtel des Beaux-Arts*. Bei schönem Wetter Frühstück im Garten, unter Stechpalmen und Efeu. Etwa 50 Euro pro Zimmer. Métro Place d'Italie, Tel.: 01-4424 2260.

Nun zur neuen *Nationalbibliothek von Frankreich*, dem letzten (und umstrittensten) der »pharaonischen« Bauwerke des verstorbenen Staatspräsidenten Mitterrand. Louvre-Pyramide, Bastille-Oper, Großer Bogen im Westen … alles schön und gut. Aber war es auch richtig, diese gigantischen vier aufgeschlagenen Bände auf solche Entfernung gegeneinander zu setzen, daß die Plattform dazwischen wirkt wie das Holzdeck eines winddurchheulten Atlantikdampfers? Und wußte der präsidentiale Literaturkenner nichts davon, daß man Papier nicht in sonnendurchglühte Glastürme stapeln darf (in die nachher für teures Geld Lichtschutzwände eingebaut werden mußten)? Und überhaupt: Warum nicht die Bücher im Parterre, die Leser zu Naturlicht in die Glasbauten, anstatt umgekehrt? Und wie ist es mit dem Innengarten bestellt, dessen 140 Bäume – per Hubschrauber von Fontainebleau herangeschafft und sozusagen aus der Luft in den Hof gepflanzt – dem Publikum total unzugänglich sind? Am schlimmsten aber die fußballfeldgroße Holzstiege, die von der Uferstraße her zu Fuß erklommen werden muß – keine Rolltreppen für Alte oder Behinderte sind vorgesehen – und die bei Regen einer Rutschbahn gleichkommt! Aber freilich, in Frankreich wurde schon immer, auch in republikanischen Zeiten, auf Machtentfaltung hin gebaut – siehe das Foyer der alten Oper oder die endlose Treppe zum Justizpalast.

Nun ja, inzwischen hat die »sehr große Bibliothek« ihre Marschfahrt erreicht, im Schnitt 6 bis 8000 Leser täglich, die ihre persönliche Wahl aus den gespeicherten 12 Millionen

Werken automatisch über acht Kilometer Schienenwege herantransportiert bekommen, neben Büchern natürlich auch Zeitungen, Zeitschriften, Fotos, Filme, Tonbänder, Dokumente und anderes. Ungelöst die Frage, wieviel man in Zukunft eigentlich noch ansammeln soll. Da im Schnitt jedes Buch ja nur einmal alle hundert Jahre verlangt wird …
10 Quai François-Mauriac (in dieser Gegend heißt jetzt alles nach Autoren!), Métro Bibliothèque François Mitterrand, Tel.: 01-5379 5959.

Aber auch dies ist nur ein Teil des »Neuen Paris Linkes Ufer« (seit Mitterrand und Chirac sind auch auf französisch Großbuchstaben im Schwange), das dieses ganze Areal zwischen Chinatown und Seine umzumodeln dran ist. Letzter Überrest fast von dem, was hier einmal zu finden war: die unheimliche Rue Watt (siehe unser Umschlagfoto), die einzige Pariser Straße, wenigstens bis vor wenigen Monaten, ohne Häuser, ein sinistrer und vielgemalter und besungener Durchgang unter dem Terrain der Austerlitz-Bahn. Hier beginnt dann die Uferstraße, früher einfach Bahnhofskai genannt, nach dem immer regimekritischen Autor François Mauriac zu heißen, wird aber bald noch gewagter. Insofern als das Seine-Ufer zu Füßen der Neuen Bibliothek seit jüngstem den Namen *Promenade Arthur Rimbaud* trägt (der darob nur gelacht hätte).

Und dort verankert liegt jetzt ein rundes Dutzend Boote und Schleppkähne, die heute einen der Hauptanziehungspunkte der coolen und musikbegeisterten Pariser Jugend darstellen. Ahnherr von allem war das blutrote *Batofar*, ein abgetakeltes

– wahrscheinlich deutsches oder britisches – Feuerschiff aus der Nordsee, einschließlich Leuchtfeuermast. (Am Heck sind gerade die übermalten Buchstaben ».SP.eY« auszumachen, also wahrscheinlich »Asprey«.) Hier vibriert nächtelang alles nach sämtlichen Rhythmen der Weltkugel, von afrikanisch bis brasilianisch und wieder zurück. Das monatlich sechsseitig in Farbe ausgedruckte Programm schlägt alles Vergleichbare um Längen! Da ist Laptop Soul aus Tel-Aviv, deutsche House namens Tiefschwarz, Mukta von Mumbay, ein britischer DJ namens Yoda und ein Italiener namens Robotnik, Tschechen, Österreicher, Chinesen, Hip-Hop, Break Beat, Drum 'n' Bass, Slam, Dirty Music und »Meister Djeour Cissokho, Wunderkid der Kora, präsentiert sogar die Gruppe Allaleké in der senegalo-mandingo Doppeltradition«, jawohl! Außerdem gibt es jeden Samstag um 19 Uhr eine Love Boat Party, und für Schlaflose eine »After Kwality« von 4 Uhr morgens bis zur Brunchzeit. Abkühlung am Bug des Bootes, dazu Drinks um die 5 Euro, während der Eintritt über die schmale Schiffsbrücke Sie 8 bis 13 Euro kosten wird. Zur guten Jahreszeit darf Batofar, wie alle die benachbarten und irgendwie von ihm gelaichten Boote, auch Tische und Stühle auf dem Rimbaud'schen Festland aufstellen. 11 Quai François Mauriac, Métro Bibliothèque François Mitterrand, oder Quai de la Gare, Tel.: 01-5629 1000.

Nebenan die authentische, hölzerne, musikdurchdröhnte Dschunke, die jetzt den Namen *La Dame de Canton* trägt, aber früher »Piratenschiff« hieß und auch allgemein noch so genannt wird. Ähnliches wenn auch weniger aufwendiges Programm sowie Diner zwischen 24 und 30 Euro. Selbe Adresse, Tel.: 01-4406 9645. Benachbart das *El Alamein*, das

Deck dermaßen mit Blumen überwachsen, daß man sich beim Eintritt fragt, wo man hier eigentlich sein Bierchen abstellen kann (vom Niedersetzen nicht zu reden). Ab 21 Uhr Chansons oder World Music im Schiffsraum bei kameradschaftlicher Atmosphäre. Eintritt 6 bis 8 Euro, keine Kreditkarten. Tel.: 01-4586 4160. Andere musikalische Boote folgen, so die *Baleine Blanche*, ein Weißer Wal, der natürlich kohlschwarz gestrichen ist, sowie ein *Nix Nox* und ähnliche, in abnehmender Bedeutung. Zuletzt noch das *Resto du Cœur*, eine der zahlreichen Gratisausspeisungen für Clochards des menschenfreundlichen Komikers Coluche, der aber leider bei einem Motorradunfall ums Leben kam.

Es ist, der Erinnerung des Autors nach, das gleiche Schiff, in dem einstmals die Heilsarmee ihre Unterkünfte für Obdachlose anbot. Die üblicherweise sehr höflichen Kunden lungern auch gern am Ufer herum und werden bloß rabiat, wenn man sie gratis ablichten will.

Altpariser werden sich noch wehmütig an die »Piscine Deligny« erinnern, eine gemütliche hölzerne Badeanstalt, die gegenüber dem heutigen Orsay-Museum verankert lag und als idealer Ort galt, um ahnungslose nordische Ausländerinnen anzubaggern (»Je me taperais bien une Suédoise« – unübersetzbar). Leider versank das Bad aus bislang ungeklärten Gründen schon vor Jahren in den Fluten. Derzeit liegt nun eine High-Tech-Version des Flußbades aus Aluminium zu Füßen der Großen Bibliothek, ausnahmsweise für diese Gegend nicht nach einem Autor genannt, sondern nach der Tänzerin Josephine Baker. Der mißlicherweise nur

25 Meter lange ozon-gereinigte Pool zum Himmel offen, bei Regen oder Winterwetter schiebt sich aber dann das Glasdach darüber. Eine schier endlose Reihe von Körperdiensten werden im Fitneß-Center angeboten, von Stretching und Body Shape bis zu solchen Dingen wie Box Fit, World Fit, GPS und WOT … Eingeweihte wissen sicher Bescheid, wo der Autor versagt. Métro Quai de la Gare, Tel.: 01-5661 9560. Unregelmäßige Öffnungszeiten, häufige Pannen. Empfehlenswerter, im 15. Arrt., der 50-Meter-Pool der Piscine Keller, 14 Rue de l'Ingénieur-Keller, Tel.: 01-4571 8100.

Die schön geschwungene doppelte Fußbrücke (»passerelle«) zum rechten Seine-Ufer, die nach der Autorin des »Anderen Geschlechts«, Simone de Beauvoir, genannt ist, haben wir schon erwähnt. Nun kommt ein ganzes neues Stadtviertel hinzu, dessen Treppen und Straßen eben vor Ihren Augen bebaut und bepflastert werden, gelegen auf dem ansteigenden Gelände zwischen Seineufer und dem Schienengewirr des Austerlitz-Bahnhofs. Dieses ist kürzlich zur Hälfte überdeckt worden von der breiten *Avenue de France*, einer im Entstehen begriffenen Platanenallee (deren Architekt nur leider derselbe, der für den kürzlichen Einsturz der Halle 2 E am Flughafen Charles de Gaulle verantwortlich gemacht wurde). Schon stehen die ersten großen Geschäftsbauten längs diesem Boulevard, auch zwei Kinos und ein einsames Café. Hangabwärts geht es dann kultureller zu, die nagelneuen Straßen, an denen sich Läden, Wohn- und Sozialbauten mischen werden, tragen solche Namen wie *Primo Levi*, *Marguerite Duras*, *Thomas Mann*

oder *René Goscinny* (der Erfinder des Asterix). Und wenn Sie sich beeilen, so können Sie beobachten, wie daneben in der *Rue Paul Klee* gerade ein metallener Wasserspeier in Form eines Lindwurms installiert wird. Glücklicherweise ist den Baubehörden inzwischen auch die sadistische Lust vergangen, alte Gemäuer dem Erdboden gleichzuwalzen. So ist die Preßluftfabrik »Sudac« von 1891 – ohne sie hätte es seinerzeit keine Pariser Fahrstühle gegeben – oder die Getreidemühle »Grands Moulins« von 1920, die jahrelang Paris mit Mehl versorgte, in die neue Pariser Fakultät »Paris VII – Denis Diderot« eingegliedert worden.

Am eigentümlichsten *Les Frigos* in der Straße des gleichen Namens. Dieses riesige ehemalige Gefrierhaus – einst mit seinen meterdicken Betonmauern dazu auserkoren, den Parisern ihr Fleisch frisch zu halten, aber auch fatal an deutsche Flaktürme erinnernd – war inzwischen längst zu einem Unterschlupf für etwa 150 Pariser Künstler geworden. Die in ihre dicken Wände mit Preßlufthämmern Fenster einbohrten und die Eingangshalle zu einer Art Tropfsteinhöhle versprayten, welche sich auch flächendeckend durch das ganze Treppenhaus hochzieht. Linker Hand in der Vorhalle ein kleines Guckloch, durch das eine alte deutsche Dampflok sichtbar. Sie hat der Objektkünstler Michel Frouin einst zerbombt in Polen vorgefunden, restaurieren lassen und nach Paris transportiert, als »objet trouvé«. Wen mag sie im Krieg noch, und wohin, geschafft haben? Auch Maler, Fotografen, Musiker, Dekorateure sieht man da hoch- und niederklettern sowie auch gern die hundertmal besprühten Außenwände mit neuen Tags übermalen, als gelte es, eine leuchtende Duftspur der Ewigkeit zu hinterlassen. Dann rund um den Bunker das letzte kleine Stück Wildnis des neuen Viertels, aber wie lange noch? »Wohin geht die Stadt?« fragt ein über das Haus gespanntes Banner doch recht friedlich, wozu auch aller Grund besteht. Indem nämlich kürzlich die Stadt den »Frigo« aufgekauft hat und damit das Künstlervolk vor dem lang befürchteten Herauswurf bewahrte.

Das letzte abschüssige Stück der Avenue de France, bevor sie wieder auf den Austerlitz-Bahnhof stößt, heißt dann *Rue Pierre-Mendès-France*. Nach jenem spaniolischen Juden, der zwischen 1955 und 1956 als einer der besten französischen Ministerpräsidenten galt. Aber da ihm die undankbare Aufgabe zufiel, die Entkolonisierung Nordafrikas einzuleiten – an der später sogar de Gaulle fast gescheitert wäre – nach nur neun Monaten Amtszeit seine politische Karriere beendet sah. Nun hat er, fünfzig Jahre danach, zum ersten Mal sein Stückchen eigene Straße bekommen.

XIV *Das vierzehnte Arrondissement*

Viel ist nicht geblieben vom alten Künstlerzentrum des Montparnasse der dreißiger Jahre … das sich immerhin bis in die Sechziger hinzog. Als man ja noch seine Ausläufer Man Ray, Sartre, Beckett, Ionesco, Giacometti hierorts antreffen konnte. Meistens in der *Coupole*, die jedenfalls (neben dem Café de Flore) immer noch mehr Leute aufweist, die einem vage bekannt vorkommen, als jede andere Pariser Tränke. Unterschiedliche Küche, das Diner zwischen 25 und 50 Euro. Reservierung jetzt nur mehr für 19 Uhr möglich, doch können Sie dazu auch mit einstündiger Verspätung eintreffen. 102 Boulevard de Montparnasse, Métro Vavin, Tel.: 01-4320 1420. Das Dancing im Untergeschoß, einst Paradies der Gigolos und der alleinstehenden Damen, hat »sich zu modernisieren gewußt« und ist jetzt praktisch zu einer Salsa-Schule geworden.

Authentischer das *Rosebud*, eine schummrige Bar, in der nicht nur die Trauergäste des verblichenen Montparnasse, sondern auch die jungen Intellos der heutigen Szene sich gern zu gemixten Cocktails treffen, Gesprächen um die rechtwinkelige Bar und einem höllisch heißen Chili con Carne. 11-bis Rue Delambre, Métro Vavin, Tel.: 01-4335 3854. Die Straße steckt auch – neben dem klassischen Lenox nebenan auf Nr. 15 – voller alter und neuer Hotels, zumeist mit echtem oder auch fingiertem Art-Déco-Dekor. Das *Hôtel Raspail* um die Ecke, bei Nr. 203 Boulevard Raspail, zeichnet sich immerhin dadurch aus, daß es seine veraltete Ausstattung schon 1924 auf Art-Déco umpolte, diese dann veralten ließ und erst neuerdings wieder künstlich auffrischte, mit Ventilatoren an der Decke, Buntglasfenstern und einem gemalten Fries im Dreißiger-Stil, der, ein bißchen verkommen, fast schon wieder echt anmutet! Haben tatsächlich Picasso, Modigliani, Hemingway und ähnliche Heroen einmal hier so fein gewohnt, oder zumindest gezecht? Man gönnt es ihnen, ist aber nicht ganz überzeugt. Zimmer ab 120 Euro. Métro Vavin, Tel.: 01-4320 6286.

Der Boulevard Edgar-Quinet, obwohl dem Montparnasse-Friedhof entlanggezogen (oder vielleicht deshalb) hat sich von je der Unterhaltung, gar der Ausschweifung verschrieben. Stand nicht hier einst auf Nr. 31 ein hochangesehenes Freudenhaus, die »Sphinx«?

Dafür gibt es jetzt auf Nr. 9 das *Deux plus deux*, einen der frühesten Echangistenclubs der Stadt, 1972 eröffnet. Partnertausch in großbürgerlicher Atmosphäre für mittelältliche BCBGs (siehe Vorbemerkung), die es gern bequem haben. Es gibt ein Restaurant mit Menü für 35 Euro … und sogar einen Knappen, der notfalls einen Parkplatz für Ihr Auto findet! Eintritt, nur für Paare, 52 bis 70 Euro. Métro Edgar-Quinet, Tel.: 01-4335 1400. Aber das klassische Lokal des Viertels ist ja das *Monocle*. Ein Paradeort für Lesben seit den dreißiger Jahren, als dies noch als verrucht galt, geradezu ein historisches Monument. Heute weitgehend entschärft, da auch Heteros und Paare zugelassen. 60 Boulevard Edgar-Quinet, Métro Raspail, Tel.: 01-4320 8112.

Unbedingt hierhergehörig (obwohl knapp dem 15. Arrondissement einverleibt) das schmale und eigentlich längst dem Untergang geweihte Gäßchen, das von Nr. 21 der Avenue du Maine wegführt und hinter einer Wand von Kletterpflanzen das *Musée du Montparnasse* verbirgt. Was man hier vor Augen hat, sind wieder einmal Überreste der Weltausstellung von 1900, einst von einem Spekulanten herübergebracht und billig vermietet an unbemittelte Künstler und Handwerker. Einige Jahre später eröffnet dann die russische Malerin Marie Vassilieff eine »Künstlerkantine«, in der sie nicht nur den noch unberühmten Picasso verpflegt, sondern auch Modigliani, Léger, Matisse, Cocteau … Hier, anhand zahlreicher wehmütiger Schwarzweißfotos, zu besichtigen die letzten unschuldigen Stunden der Kunst, vor dem Kataklysmus des Zweiten Weltkrieges. Métro Montparnasse-Bienvenue, Tel.: 01-4222 9196.

Am Ende des Boulevard Edgar-Quinet linker Hand die *Rue Campagne-Première*, eine Künstlerstraße mit anziehenden Fassaden auf der ungeraden Seite, durch die man heutzutage leider nur mehr schwer ins Innere dringt. Die Straße heißt wohl nach dem »ersten Feldzug« eines längst vergessenen Generals aus dem 18. Jahrhundert. Heute ist sie bekannt für die brotlosen, aber zukunftsträchtigen Maler und Dichter, die sie einst bevölkerten. Auf Nr. 3 lebte, damals schon drogenabhängig und an Lungenschwund leidend, Amadeo Modigliani. Bei Nr. 9 kann man mit Glück wochentags in einen langen Atelierhof eindringen, auch wieder gebaut aus Resten der Weltausstellung von 1900. Ganz hinten hatte

Picasso, vom Montmartre herübergezogen, sein Atelier. Bei Nr. 17 beginnt die stimmungsvolle *Passage d'Enfer*, ein Stück Altparis, wenn auch jetzt renoviert. Hier bewohnte Rilke 1913 eine Zeitlang das frühere Atelier der Malerin Mathilde Vollmœller und schrieb an seinen »Duineser Elegien«. Und im Winter 1871 hauste der siebzehnjährige Arthur Rimbaud in dem Eckhaus zum Boulevard Raspail, das inzwischen leider einer Garage gewichen ist. Passage zur Hölle … wie kann das ohne Einfluß auf sein Hauptwerk geblieben sein, den »Sommer in der Hölle«? Auch der fotografische Paris-Porträtist Eugène Atget wohnte hier im 5. Stock von Nr. 17-bis).

Hochburg der Straße ist allerdings das *Hôtel Istria* bei Nr. 29, zeitweilige Heimat der Maler Duchamp, Picabia und Kisling, des Allroundkünstlers Man Ray samt seinem Modell Kiki, auch Walter Benjamin und Henry Miller sollen eines der beliebten billigen Monatszimmer bewohnt haben (wie sie dem Verfasser noch um 1950 für 37 Mark zur Verfügung standen). Auch die Kabarettistin, Grotesktänzerin und Filmschauspielerin (»Die freudlose Gasse« mit Greta Garbo) Valeska Gert will um diese Zeit da gewohnt haben. Und hätte, laut eigener Aussage, nach langem vergeblichem Bemühen um den leider homosexuellen Regisseur Eisenstein, sich in ihrer Not dem jungen Autor Bertolt Brecht zuwenden müssen … Zimmer ab 100 Euro. Métro Raspail, Tel.: 01-4320 9182. Nebenan bei Nr. 31 ein Haus mit berühmter Steingutfassade – dem Umstand zuzuschreiben, daß Architekt Arfvidson seinerzeit, es war im Jahr 1911, nicht von der Solidität des neuen Baustoffes Beton überzeugt war und eine wetterfestere Verkleidung suchte!

Wir sprachen vom unglücklichen Modigliani (dessen Lebensgefährtin sich nach seinem frühen Tod aus dem Fenster stürzte). Heute nennt sich eine hochgelegene Terrasse nach ihm, neben dem Montparnasse-Bahnhof gelegen. Man erreicht sie über den Platz »Cinq-Martyrs-du-Lycée-Buffon« (es handelt sich um fünf von den Nazis erschossene Schüler), da wo der Boulevard Pasteur auf die Montparnasse-Schienen stößt. Überdies ist der ganze Bahnhof jetzt überwölbt mit einem neu angelegten Park, der aus irgendeinem Grund *Les Jardins Suspendus de l'Atlantique* heißt, die Hängenden Gärten des Atlantik. Obwohl dieser Name nirgends angezeigt ist und ohnehin weder vom Atlantik noch von hängenden Gärten etwas zu sehen. In Wirklichkeit handelt es sich um eine breite Promenade, die beidseitig von hübschen kleinen Labyrinthen aus Beton und Natur eingefaßt ist … alles umgeben von den unfaßbar abstoßenden Wohnwaben rund um den Bahnhof. Schon den Park überhaupt zu finden ist ein Kunststück, Sie können's ja immerhin versuchen. Ein Tip: Der Eingang befindet sich bei der »Allée de la Deuxième Division Blindée«, welche aber ihrerseits natürlich keine Allee ist.

Wenden Sie sich dann ostwärts, so kommen Sie auf die *Place de Catalogne* mit ihren Säulenhallen, entworfen von dem spanischen Architekten Ricardo Boffil, und vielleicht weniger dem antiken Stil zugehörig als dem von Mussolini! Unwiderstehlich aber – solang er nur mit Wasser gefüllt ist – der flache Brunnen von Shamai Haber inmitten dieses Platzes. Mit welchem zwar einige der schönsten Künstlerkolonien vom Anfang der Rue Vercingétorix verschwanden (Gauguin wohnte da), nicht aber ihr eigentümlichstes Bauwerk: Die *Église Notre-Dame du Travail*, also eine Kirche, gewidmet »Unserer lieben Frau zur Arbeit« (hinter der Place de Catalogne). Hier sollten die Bahnarbeiter des Viertels einen Ort finden, der »Kapital und Arbeit miteinander versöhnte«. Dementsprechend die Bauweise: eine offene industrielle Metallkonstruktion, in Zweitverwendung auch wieder des Gerüsts einer Weltausstellung, nämlich der von 1855. Nur 135 Tonnen Eisen und Stahl waren vonnöten, eine luftige – und natürlich von Eiffel beeinflußte – Struktur aus dem Jahr 1900, die gerade durch das offene Zurschaustellen ihrer Bauelemente überzeugt. Außerdem sagt man der Kirche die beste Akustik von Paris nach. Historisierend bei alledem nur die Glocke, die Napoleon bei seinem Rußlandfeldzug als Kriegsbeute aus Sebastopol verschleppte. Alle Tage geöffnet. Messe samstags um 18:30 und sonntags um 9 Uhr. Métro Gaîté.

Ganz nahe das Sackgäßchen Impasse Lebouis. Und dort bei Nr. 2 ein lieblicher dreistöckiger Jugendstilbau, ein kleines Heiligtum für Dokufotografen: die *Fondation Henri Cartier-Bresson*. Es ist natürlich der Erfinder – oder Entdecker – des »entscheidenden Augenblicks«, in welchem eben, und keinem anderen, der einzig mögliche Knopfdruck zu bewerkstelligen sei. Und der den Autor noch stärker beeindrucken würde … hätte er nicht, von der Agentur Magnum insgeheim vorgeführt, die Kontaktabzüge des Künstlers einsehen dürfen. Auf denen, ganz wie bei unsereinem, 15 oder 20 mißlungene Schüsse drauf waren, bevor der »entscheidende« gelang!

Eltern kleinerer Kinder dient die nachfolgende Rue du Château nur dem einen Zweck: nämlich den Laden *Puzzles d'Art* (also Kunstpuzzles) zu beherbergen. Die Dinge werden z.T. an Ort und Stelle hergestellt und ausgesägt (zumeist aus Holz). Da gibt es einfache aus einem Dutzend Stückchen, und solche mit Hunderten, an denen auch der Spezialist verzweifelt, Puzzles mit klassischen Motiven und andere nach Dalí oder Kandinsky. Sie selbst haben sogar die Chance, Ihren eigenen Entwurf, etwa mit familiären Motiven, in Puzzles verwandelt zu sehen. 116 Rue du Château, Métro Gaîté, Tel.: 01-4322 2873.

Von der Rue Raymond-Losserand gehen dann verschiedene kleine Gassen ab, die man mit Genuß durchwandert, so rechts die Rue Francis-de-Pressensé. Hier hat auf Nr. 7 schon vor vielen Jahren der film- und fernsehsüchtige Neffe des Staatspräsidenten Mitterrand, Frédéric, einen Kinokomplex gegründet, mit Projektionsraum, Buchhandlung, Bühne, Kneipe: *L'Entrepôt*. Was ist davon geblieben? Vor allem ein »Kino-nach-Wahl«, wobei man seine Freunde zu einem Film einlädt, den man selbst unter den Beständen ausgewählt hat. Aber auch drei verschiedene Brasserien, deren eine, ganz in rot, sich zu einem baumbestandenen inneren Garten hinzieht. Abends Konzerte zwischen Jazz, Chansons und World Music. Jeden Monatsersten junge Musiker, Dichter oder Humoristen bei freiem Eintritt, der ansonsten 7 Euro beträgt. Métro Pernéty, Tel.: 01-4540 6070.

Gegenüber die *Rue des Thermopyles*, etwa so eng wie seinerzeit der berühmte Paß gewesen sein mag, den einige hundert Griechen um 480 v. Chr. gegen die Perser verteidigten. Kleine Häuschen, Kopfsteinpflaster, Glyzinien, die alles wie eine Tunneldecke überwachsen. Ein Ort zum Ausruhen, daher natürlich auf der Abschußliste. Und nur ein paar Gassen weiter, und wir stehen im *Impasse Florimont*. Dem Ort, wo der Chansonsänger Georges Brassens zwischen 1944 und 1966 mit seinen Katzen lebte und schuf.

240

Von hier am besten mit der Métro zu erreichen, da sonst allzu entfernt: der Flohmarkt (*Puces*) der *Porte de Vanves*. Alles beginnt mit einer langen Allee von sonntäglichen Klamottenständen längs der Avenue Marc Sangnier. Bei der Brücke rechter Hand geht es dann richtig los, alles schön durcheinander, wie sich das gehört, und manchmal mit phantastischen Schnäppchen. Derzeit geöffnet am Samstag sowie Sonntagvormittags.

Spaßig, einmal probeweise von hier die neue Tram zu benutzen, der Sie dann einen knappen Kilometer später bei der Porte de Châtillon entsteigen. Dort beginnt stadteinwärts die Avenue Jean-Moulin, genannt nach dem französischen Untergrundkämpfer, der 1943 von der Gestapo zu Tode gefoltert wurde. In Nr. 33 das *Café Signes*, ein Lokal für Taubstumme, aber auch Sie sind in dieser freundschaftlichen und meist sogar lustigen Atmosphäre willkommen. Einige Zeichen, die man schnell lernt: Sandwich – ein imaginäres Baguette, vor den Mund gehalten. Käse – Daumen und Zeigefinger am Mundwinkel. Schinken – Hand an der Hüfte, Fritten – verschränkte Finger, Kaffee – vor dem Mund eine runde Kaffeemühle drehen. Métro Alesia, Tel.: 01-4539 3740. Daneben die tiefe Schlucht der Pariser Rundeisenbahn, *La petite Ceinture*, jetzt schon seit Jahrzehnten außer Betrieb. Bei einigen der verfallenen Stationen finden sich, oder fanden sich bis zu ihrer kürzlichen Sperrung, die geheimen Zugänge zu dem unterirdischen Labyrinth, das die deutschen Besatzer ausgebaut hatten, um notfalls Paris bis zum Letzten zu verteidigen. Ihre nächtliche Begehung inkl. Sauforgien und Schwarzer Messen war unter Pariser Jugendlichen bis in die achtziger Jahre im Schwange. Und noch im Jahr 2004 konnte die Polizei ein geheimes unterirdisches Kino unter dem Trocadéro ausheben, mit Bar, Telefonverbindung und sogar Fernsehen!

Heute liegt der einzige autorisierte Eingang zu den sogenannten *Katakomben* bei der Place Denfert-Rochereau … deren berühmter Bronzelöwe, von Bildhauer Bartholdi, dem Konstrukteur der Freiheitsstatue, geschaffen, übrigens ganz unfranzösisch nach Westen zu drohen hatte, um die preußischen Sieger des Krieges von 1870 nicht zu vergrätzen! Das »Königreich der Toten«, vom Platz aus über 90 unterirdische Stufen erreichbar, enthält an die sechs Millionen Gebeine, teilweise in makabren künstlerischen Anordnungen wie den gekreuzten Knochen einer Piratenflagge, dann wieder pedantisch um Säulen oder Katafalke geschichtet. Fast alle bleiben anonym, einschließlich der Revolutionshelden Danton und Robespierre sowie ihrer zahlreichen Opfer auf dem Altar der Freiheit. Eintritt derzeit von Dienstag bis Sonntag zwischen 10 und 16 Uhr. 1, Avenue du Colonel Henri Rol-Tanguy, Métro Denfert-Rochereau, Tel.: 01-4322 4763.

Diese lärmende Straßenkreuzung ist nun auch wieder umgeben von Altpariser Überresten, wie sie der Autor so gerne für Sie aufspürt. So führt gleich nach Beginn der Avenue du Général-Leclerc rechts die berühmte *Rue Daguerre* ab, eine Art Dorfstraße der dort ansässigen Intellos (die Fotografin Gisèle Freund wohnte gleich um die Ecke), und als solche seinerzeit abgefilmt von der französischen Regisseurin Agnès Varda unter dem Titel »Daguerrotypien«. Zu besichtigen die klassische Buchhandlung des Viertels: *Apsara* in Nr. 44. Und – hoffentlich sind die alten Leutchen noch da, wenn Sie kommen – *Chez Divine* auf Nr. 39, mit Kopfbedeckungen aller Zeiten und Länder. Bei Nr. 80 *Paris-*

Accordéon, wo alte Ziehharmonikas, das eigentliche Pariser Instrument, ausgestellt und repariert werden – keine Ahnung, wie man davon lebt. Etwas weiter auf der Avenue liegt dann die Villa Adrienne, eine begrünte Oase, die – außer man hat inzwischen die Verbindung zugestopft – in die noch ganz ländliche *Villa Hallé* führt. Welche ihrerseits bei der erstaunlichen *Rue Hallé* endet, einer mondsichelförmigen Häuserzeile von 1830, die schon mancher Filmdiva als Dekor gedient hat, zuletzt Catherine Deneuve. (Auch zugänglich über das nächste Gäßchen Sophie-Germain.)

Weiter zur *Rue de la Tombe-Issoire*, hinter der sich die mittelalterliche Sage von einem viereinhalb Meter großen Riesen namens Ysoré verbirgt, ein Sarazene, der alle Tage an der Stadtmauer erschien, um Paris zu bedrohen. Einzig der Einsiedler Guillaume konnte seiner Herr werden und tat es auch. »Den Kopf schlägt er ihm ab wie einem Kind«, der allzu schwere Körper mußte an Ort und Stelle begraben werden, nämlich hier. Seine Nachbildung ragt aus einem Fenster an der Ecke zur Rue Alésia.

Bei Nr. 83 der Straße eine kleine schattige Allee, darin rechts in Atelier A 2 eines der unumgänglichen Originale des Viertels (aus welchem er aber, fürchtet er, bald wegziehen muß): Es ist der 75jährige *Jim Haynes*, der Mann mit den zehntausend Freunden (und keineswegs nur Frauen, wie Simenon), Gründer von Pornofestivals in

Edinburgh und Amsterdam, ehemaliger Professor der Pariser Universität Nanterre (für Sexualpolitik, glaube ich, jedenfalls für Lebenskunst). Und sein Bekenntnis steht in seinem letzten jährlichen Rundbrief an die Freunde: »Ich feiere Weihnachten nicht, weil man das Leben jeden Tag feiern soll. Ich werde nie aufhören, dem Leben Ehrfurcht zu erweisen. Ich möchte allen guten Göttern danken, nur weiß ich nicht, wer die Götter schuf. Alles ist heilig. Die ganze Welt ist ein Heiligtum. Ich bete das Leben an, das Wunder und den Wahnsinn von allem. Genug gesagt.« Jim, dieser lachende Philosoph, empfängt fast jeden Sonntag zwischen 20 und 23 Uhr seine Freunde, nie weniger als fünfzig, zumeist Künstler und Medienmenschen, in seinem zweistöckigen Atelier zu einer Dinnerparty. Der Beitrag zu den Riesenmahlzeiten, die da von ihm und seinen Freundinnen gekocht werden, beträgt 25 Euro pro Person, Studenten und Künstler nach Absprache. Unbedingt reservieren. Tel.: 01-4320 4195. Métro Alésia. E-Mail: jimhaynes@wanadoo.fr.
Einige Häuser weiter auf der Rue de la Tombe-Issoire, und wir betreten bei Nr. 101 die Villa Seurat. Eine ganze bunte Atelierstraße aus den dreißiger Jahren, z. T. erbaut von dem Architekten André Lurçat. In Nr. 18 wohnten, zwischen 1934 und 1938, die Autoren Henry Miller, Anaïs Nin und Lawrence Durrell. Miller schrieb hier seinen, damals als verbotene Literatur, heute als Meisterwerk eingestuften Roman »Wendekreis des Krebses«. Das ursprüngliche Titelbild, es zeigt allzu wörtlich eine Nackte, die von einer Riesenkrabbe verschlungen wird, mußte die Pariser Obelisk-Press allerdings eilig durch einen neutralen Umschlag ersetzen, damit das Buch leichter nach England und die USA hereinzuschmuggeln war. (Heutiger Preis des Bandes, zusammen

mit seinen drei Nachfolgern, alle auf billigstem Papier gedruckt: 25.000 Dollar.)

Die nächste Straße, Rue Saint-Yves, führt Sie dann zu der breiten Avenue René Coty, und diese in Kürze zu einem Traumviertel für arrivierte Künstler und solche, die es werden wollen: Bei *Avenue Reille* Nr. 53 stand das Atelier des Malers Ozenfant, erster Pariser Bau von Le Corbusier mit damals recht unüblichen Breitfenstern. Folgt links der *Square de Montsouris*, ganz in Fachwerk und grünen Kletterpflanzen, davor Laternen, am lieblichsten im Frühjahr zu besichtigen, wenn der Flieder blüht. Parallel dazu das – ursprünglich nach dem Zöllner Rousseau (einer Wiederentdeckung der Surrealisten) – hierauf nach dem Maler *Georges Braque* genannte Gäßchen, dessen Atelierhaus, von Auguste Perret erbaut, auf Nr. 6 liegt. Und so immer fort, über die hufeisenförmige *Rue du Parc-de-Montsouris* zur *Villa du Parc-de-Montsouris* zum *Impasse Nansouty*, lauter paradiesische Winkel. Und zurück zur *Rue Nansouty*, auf deren Nr. 14 sich der Schweizer Maler Guggenbühl 1927 von André Lurçat einen jener kahlen ornamentlosen Bauhausbauten errichten ließ, die seinerzeit für weltanschauliche Ehrbarkeit stehen sollten (und auf Umwegen zum faschistischen Cäsarenstil führten).

 Zurück zum Boulevard Arago, vor dessen Nr. 86 jetzt die letzte *Vespasienne* von Paris steht. Eine öffentliche (und ziemlich offene) Bedürfnisanstalt, von denen es einmal 1200 Stück in Paris gab, später, in den Sechzigern, wahrscheinlich auf weiblichen Protest, bereits auf we-

nige hundert reduziert. Der Name soll auf den geizigen römischen Kaiser Vespasian zurückgehen, der als erster daran gedacht habe, zahlbare Toiletten auf den Straßen Roms zu errichten. (Von ihm dürfte auch der Ausspruch stammen: Non olet, Geld stinkt nicht.) Den darauf folgenden selbstreinigenden »Sanisettes«, die auch Damen zugänglich sind, war dann großer Erfolg beschieden, allerdings: alle Vorschläge, sie mit Sonnenenergie zu betreiben, erwiesen sich als technisch undurchführbar. Warum man sich entschlossen hat, diese letzte Vespasienne (bislang) zu verschonen, bleibt ein Rätsel. Sie steht groteskerweise zwischen den hohen Mauern des Santé-Gefängnisses und denen einer religiösen Gemeinde. (Übrigens, um der Gewohnheit vieltrinkender französischer Männer, sich notfalls gegen eine Wandnische zu erleichtern, entgegenzuwirken, gibt es jetzt an den entsprechenden Wänden einen Zickzackbelag, der das Ausgeschiedene direkt auf den Ausscheider zurückschleudert!)

Um die Ecke das *Observatorium* von Paris (61, Avenue de l'Observatoire), hier nicht weiter berücksichtigt, da die Besuchserlaubnis fast so kompliziert wie die Berechnungen, die im Hause angestellt werden. So entdeckte hier schon 1676 der Däne Olaus Römer die Geschwindigkeit des Lichts. Der Bau enthält weder Holz (wegen Brandgefahr) noch Eisen (um die Instrumente nicht magnetisch zu beeinflussen). Zwei Jahrhunderte lang hatte hier die Astronomendynastie Cassini das Sagen, nach der auch in der Nähe eine der hübschesten Straßen von Paris genannt ist: die *Rue Cassini*. Zwischen Nr. 3 und 7: vier originelle Atelierbauten im Art Noveau, jeder in einer anderen Variante dieses erstaunlich dehnbaren Stils. Schutzheiliger des Observatoriums ist übrigens François Arago, dem es mit einigen Freunden gelang, den Meridian von Paris zu messen, wonach dann die Länge des Meters auf den zehnmillionsten Teil des Quadranten eines Erdmeridians festzulegen war. Ganz einfach! Die Avenue hat aber damit unser Interesse noch nicht erschöpft. Auf Nr. 40 kann man – wenn auch nur jeden ersten Samstag des Monats – einen abenteuerlichen Abstieg in eines der geheimnisvollsten Gewölbe von Paris vornehmen. An dieser Stelle gab es eine Quelle, die Maria von Medici, Witwe des Königs Heinrich IV., einst zur Bewässerung ihrer Gärten beanspruchte. Drei unterirdische Becken wurden gegraben, später zu einem einzigen gewaltigen Reservoir vereinigt, das in diesen Tagen zwar leer steht, aber mit seinen Säulenhallen noch immer wie ein orientalisches Schloß wirkt: *La Maison du Fontainier*, 40 Avenue de l'Observatoire, Métro Denfert-Rochereau. Voranmeldung bei Tel.: 01-4887 7431.

Folgt der Boulevard du Port-Royal, wo auf Nr. 123 die *Clinique Baudelocque* anzutreffen, heute auf medizinische Recherche spezialisiert. Denken wir uns dreieinhalb Jahrhunderte zurück, und wir finden dort zur Erziehung ein adeliges Mädchen in Pension, Mademoiselle Françoise Athénaïs de Rochechouart, spätere Gattin des Marquis de Montespan. Am 30. September 1668 trägt dann ein Höfling, der über das Leben Ludwigs XIV. Tagebuch führt, Folgendes ein: »Große Aufregung bei Hofe. Heute hat der König den Marquis de Montespan, Gatten seiner Favoritin Madame de Montespan, verhaften und in den Kerker werfen lassen. Man muß zugeben, daß der Marquis sich schandhaft aufgeführt hat. Anstatt sich geschmeichelt zu zeigen, daß Ihro Majestät seine Gattin derart auszeichnet, nahm er sich heraus, dagegen zu protestieren. Nämlich indem er im ganzen Palais verkündete, er wolle sich eine böse Krankheit zuziehen, um sie über seine Frau an den König weiterzugeben. Gestern sah man ihn dann, ganz in Schwarz, in einer schwarzverschleierten Karosse vorfahren. Der König fragt anteilnehmend: Wen betrauern Sie, Monsieur? Worauf der Marquis erbost aufschreit: Meine Frau, Sire! Man muß zugeben, daß eine solche Haltung nicht länger erträglich war.« Erst die fünfzigjährige Marquise wurde dann, nachdem sie dem König acht Kinder geschenkt hatte, von Madame de Maintenon verdrängt, die der König sogar heiratete … und die noch um fünf Jahre älter war als ihre Vorgängerin! Welche allerdings ihren Verlust nicht schweigend hinnahm. Sondern mit allerhand Tränken und Mixturen versucht haben soll, ihren Liebhaber zurückzugewinnen … oder notfalls zu ermorden!

XV Das fünfzehnte Arrondissement

Immer wieder ist man erstaunt, wie kümmerlich die Avantgarde der ersten Hälfte des vorigen Jahrhunderts ihr Leben fristete, die heute zu Millionenbeträgen gehandelt wird. Wußte wirklich niemand Bescheid? Die Barackensiedlung *Cité Falguière* ist solch ein ärmlicher Künstlerort … dessen Abriß in den Sechzigern wir mit unserer Kamera beiwohnen konnten. Von dem aber noch Reste vorhanden sind, leider durch Digicode vor Ihnen beschützt (72 Rue Falguière). Die Kneipe gegenüber, *Aux Artistes*, prunkte einst an ihren Wänden mit Gemälden von Modigliani und Foujita, Kisling, Pascin und Soutine, an Zahlungsstatt von den Malern hinterlassen wie üblich. Das meiste, so erzählte uns seinerzeit der händeringende Wirt, habe er leider im Keller verschimmeln oder von Mäusen zernagen lassen, dann in den Müll geworfen. Heute steht das Lokal unverändert, nur die Bilder fehlen. Dafür gibt es ausgiebige Pariserische Hausmannskost, die man an enggedrängten Tischen genießt, das Menü zu 15 Euro. 63 Rue Falguière, Métro Pasteur, Tel.: 01-4322 0539.

Weiter die Trasse der Montparnassebahn entlang, und wir kommen längs der Gleise zu einem zehn Meter hohen Leuchtturm, dazu ein Fischerboot samt bretonischem Fischer. Der Leuchtturm ist dem von Croizic an der bretonischen Felsenküste nachgebaut. Und als Werbung gedacht für ein kleines Stückchen Bretagne in Paris, nämlich den 1000 Quadratmeter großen Fischmarkt *La Criée du Phare* (Der Kaufruf zum Leuchtturm) bei Nr. 69 Rue Castagnary unter den Schienen. Geöffnet alle Vormittage, am Freitag und Samstag auch bis abends. Fische und Meeresfrüchte dargeboten von Verkäufern in weißen bretonischen Fischertrachten (früher trug auch die Kassiererin ihre geklöppelte und gestärkte Haube) und alles zu ländlichen Preisen. Métro Porte de Vanves, Tel.: 01-4531 1500. Die Rue des Morillons (das Wort bedeutet sowohl Ente wie Weintraube, Sie haben nur zu wählen) führt Sie weiter zu der *Rue Santos-Dumont*, genannt nach dem brasilianischen Flugpionier, der am 12. November 1906 eine Strecke von 220 Metern in nur 21 Sekunden bezwang und damit einen Weltrekord aufstellte.

Dahinter, falls Sie sie überhaupt finden, die diskrete *Villa Santos-Dumont*. Lauter zweistöckige blumenübersäte Häuschen aus den Zwanzigern, heute schier unerschwinglich geworden, früher einmal bewohnt in Nr. 3 von dem Bildhauer Ossip Zadkine, auf 10-bis von dem Maler Victor Brauner. Auch Fernand Léger sowie allerhand andere arme Künstler sollen hier einst Unterschlupf gefunden haben. Doch über Namen, auch heutige, schweigt sich die conciergelose Straße aus.

Autoren und Künstler zuhauf finden Sie hingegen unter dem Eisengerüst der ehemaligen Pferdeschlachthallen am *Parc Georges Brassens* längs der Rue Brancion. Etwa hundert Antiquare stellen hier jeden Samstag und Sonntag ihre Waren aus, unter denen der Verfasser schon unzählige Male zugegriffen. Viel billiger Ramsch, aber dann auch wieder ein

Nürnberger Schulatlas von 1700, oder eine Übertragung von Baudelaire ins Deutsche, mit handschriftlicher Widmung des Übersetzers Walter Benjamin. Ach ja, welcher verarmte Emigrant hat hier wohl seine letzten Schätze verscherbeln müssen? Gegenüber, bei 85 Rue Brancion, der Lieblingsaufenthalt der meist bärtigen und/oder dickleibigen Antiquare: *Au bon Coin*, eine der ursprünglichsten Kneipen dieses noch immer nicht ganz durchsanierten Viertels. Sogar ein mechanischer Aufzug aus dem ehemaligen Bierkeller ist zu besichtigen. Traditionelle Küche zu 10 bis 15 Euro, oder auch ellenlange belegte Baguettes. Métro Porte de Vanves, Tel.: 01-4532 9237. Der benachbarte Park Georges Brassens bietet dann bei Sonnenschein allerhand Erfreuliches: So einen der wenigen Weinberge von Paris, dessen Ernte von 300 Flaschen jährlich sich »Clos des Morillons« nennt. Auch eine Bienenzucht, Reitesel. Und einen »Garten der Düfte«, in dem man sich fast betäubt unter hundert aromatischen Pflanzen hindurchwindet. Überqueren Sie den Park, und Sie stoßen auf die Rue de Dantzig (mit »tz«) und davon abgehend die Atelierstraße *Passage de Dantzig*.

Bewundern Sie in Ruhe die alten Backsteinbauten der Nummern 5 und 7 … denn in den eigentlichen Schatz der Straße hereinzukommen, die *Ruche* (der Bienenkorb) nebenan ist jetzt praktisch unmöglich geworden. »Ich bin unglücklich in Paris, kann aber nirgendwo sonst leben«, schreibt Modigliani seinem Freund Survage, ein gemischtes Gefühl, das auch viele andere Zuwanderer kennenlernen. Es ist die hier entstehende École de Paris, es ist die kubistische und die surrealistische Bewegung, denen man angehören muß, will man noch an eine Zukunft der Kunst glauben. Und die meisten dieser kämpferischen Avantgardisten wohnten früher oder später in dem polygonalen dreistöckigen Ziegelbau, den Sie jetzt vor sich haben. Überrest eines von Eiffel entworfenen Weinpavillons der Weltausstellung von 1900, wie denn sonst … außer daß die Karyatiden am Eingang vom indonesischen Pavillon herstammen, und die Gitter vom »Palais der Frau«. Zuerst gab es hier nur dünne Holzwände, Holztüren, Holztreppen, Petroleumlampen, Ratten und Mäuse. Bald aber entstehen steinerne Nebengebäude, hauptsächlich für die Bildhauer, die Ebenerdiges brauchen. 140 Ateliers werden es zuletzt im Ganzen.

Dazu Chagall in seinen Erinnerungen: »Ich hauste im Zentralbau, da wo die Proletarier unterkamen. Die Steinbauten waren für die Bessergestellten bestimmt, und die Arrivierten wohnten natürlich am Montparnasse. Es gab nur ein einziges Plumpsklo, im Erdgeschoß untergebracht. Von den Schlachthallen her hörte man das Gebrüll der Rinder, und ich dachte an Rußland und malte es.« Sein weniger sentimentaler Kollege, der Expressionist Chaim Soutine, holt sich aus den Hallen den Rumpf eines geschlachteten Rindes und macht daraus, bis die Nachbarn gegen den Gestank protestieren, sein berühmtestes Gemälde. Auch Léger, Matisse, Kisling, Archipenko, Zadkine, der Poet Apollinaire, die Autoren Blaise Cendrars und Max Jacob usw. hausen und arbeiten hier. Und verbringen ihre übrige Zeit im Café Le Dantzig, dessen Patron so reich wird, daß er sich am Boulevard de Montparnasse die »Coupole« kaufen kann.

In der Nachkriegszeit verkommt dann die Anlage, deren einziger auswärtiger Besucher (und Abfilmer) Ihr Autor zu sein schien. Bis dann 1965 der Abrißbefehl kam. Nur eine tapfere Initiative des alten Marc Chagall im Verein mit André Malraux rettet das Haus vor dem Untergang. Das dann 1972 endlich zum denkmalgeschützten Kulturerbe erklärt wird. Und heute, gründlich renoviert, etwa sechzig jungen Talenten Unterkunft bietet, neben Malern auch Videokünstlern, Karikaturisten und Designern. Der Eintritt nunmehr streng abgeschirmt, man versuche immerhin einen Kontakt über Monsieur Herth bei 01-4828 1638. Métro Convention.

Die Rue Lecourbe ist eine der ältesten Durchgangsstraßen der Metropole, heute zur Gänze einem – nun auch schon seltener gewordenen – unabhängigen Kleinhandel gewidmet. Stoßen Sie aber bei Nr. 91 ein banales Haustor auf, und Sie gelangen, über einen ordinären Hinterhof und danach einen zweiten, plötzlich rechter Hand vor ein kleines Juwel. Es ist, ganz aus dunkelbraunem Rohholz gezimmert, ein diminutives Kirchlein, obenauf ein dunkelblauer Zwiebelturm, darüber das orthodoxe Kreuz. Wir stehen vor *Saint-Séraphin de Sarov*, gegründet von der weißrussischen Gemeinde, die sich hier nach der Oktoberrevolution zusammenfand und zumeist als Taxifahrer oder auch als Fabrikarbeiter in den nahen Montagewerken von Renault und Citroën unterkam. Die Kirche wurde um einen hundertjährigen Baum herum gebaut, dessen Stamm noch jetzt in ihr aufragt. Sonntags gegen 9 Uhr füllen dann die Gemeindemitglieder, darunter viele junge Frauen mit ihren herzuzeigenden Kindern, den anschließenden überwachsenen Garten mit ihrem Kaffeeklatsch. Und um 10 Uhr beginnt der junge bärtige Pope den Gottesdienst, die Gläubigen reichen einander brennende Kerzen, die Ikonen erstrahlen im Weihrauch, und man spürt den innigen Gemeinschaftsgeist einer Einwanderer-Kolonie, die in hundert Jahren ihre Herkunft nicht vergaß. Zutritt auch Samstag 18 Uhr.

Nicht weit von da ein heißer Tip: Für den Fall, daß Sie ohne Hotelreservierung in Paris gelandet sind … oder auf die Schnelle ein Bett für ein Rendezvous brauchen: Im *Mondial-Hotel*, 136 Boulevard de Grenelle, finden Sie immer noch was! Trotz aufwendigem Namen eine eher bescheidene Absteige, vor allem wenn man zu Fuß in den fünften Stock klettern muß, wo auch die Beleuchtung gern ausfällt. Toilette im Halbstock, dafür saubere Laken, Fernseher, minimales Bad mit Bidet. Tagespreis 38 Euro. Métro La Motte-Picquet-Grenelle, Tel.: 01-4579 7357.

 Ähnlich dem Kleinhandel zugetan wie die Lecourbe ist auch die Rue du Commerce, die ihre Lebensaufgabe schon im Namen trägt. Und bei Nr. 51 finden Sie das dazugehörige Speiselokal, natürlich *Le Café du Commerce* geheißen. Zeitgenosse der »Bouillons« aus dem 19. Jahrhundert, daher heute fast nur noch vergleichbar dem schon genannten *Chartier* im 9. Arrondissement. Also eine altmodische Ausspeisung mit überladenem Dekor auf mehreren Etagen, so recht für die eiligen aber qualitätsbewußten Handlungsreisenden der Zeit gedacht. Dazu immerhin ein sich öffnendes Dach … und seit eine neue Direktion einzog sogar umgängliche Kellner! Während

einem ja früher kaum fünf Sekunden gewährt wurden, um seine Bestellung loszuwerden, und lästige Fragen nach dem, was denn heute empfehlenswert wäre, mit dem stereotypen Satz beantwortet wurden: »Bei uns ist alles empfehlenswert!« Worauf dann der Garçon mit unnachahmlicher Handbewegung auf alle Zeiten zu verschwinden pflegte. Heute also neuer Besitzer, die traditionelle Küche aber blieb beim alten, auch die Preise zivil, das Menü zu etwa 27 Euro. Eine sehr französische Sache das alles. Métro Commerce, Tel.: 01-4575 0327.

Die Avenue de La Motte-Picquet führt Sie dann zu der Stelle, wo an der Ecke zur Avenue de Suffren bei der schon häufig genannten Weltausstellung von 1900 ein ganzes Dorf aus dem Berner Oberland stand, samt Holzchâlets und Wasserfällen. Die Häuschen wandelten sich im Laufe der Jahre zu Trödelläden und diese wiederum, ganz wie am Flohmarkt, zu über hundert feinen – und feuersicheren – Boutiquen mit Antiquitäten und Sammlerobjekten: das *Village Suisse*. Gute Qualität, hohe Preise und jedenfalls (Donnerstag bis Montag) ein vergnüglicher Spaziergang für Sie. Die vielleicht spannendsten Orte: Ein Laden, vollgepfropft mit Volkskunst aus Übersee, vor allem aus dem Pazifik. Und gegenüber eine feine Waffenhandlung mit Coltrevolvern aus dem Wilden Westen, so langschäftig, daß sie gerade noch an das rechte Hosenbein von Gary Cooper passen könnten. Erschreckendste Entdeckung für den Autor: ein Koppelschloß der deutschen Wehrmacht, aus dem man – etwa bei Gefangennahme – eine einzige Kugel auf seinen Gegner abfeuern konnte. Métro La Motte-Picquet-Grenelle.

In der berüchtigten Rue Nélaton, praktisch an der Kreuzung von Boulevard de Grenelle und Quai de Grenelle, stand einmal der *Vélodrome d'Hiver* genannte Sportpalast. In dem u. a. auch die Sechstagerennen stattfanden, über die sich der junge Hemingway begeisterte. Zwanzig Jahre später wurden hier, es war der 17. und 18. Juli 1942, Tausende, von Pariser Polizisten zusammengefangene Juden, darunter eine unendliche Anzahl Kinder, mit Pariser Autobussen eingeliefert. Und lagerten tagelang ohne ausreichende Verpflegung, und besonders ohne verwendbare Toiletten, auf den steilen Zuschauertribünen, bevor man sie über den Austerlitz-Bahnhof in den Osten transportierte. Kaum einer kam zurück. Der Autor dieses Buches hatte, dank der Anstrengungen seines Vaters, schon Monate zuvor mit der Mutter in die »Freifranzösische Zone« fliehen können und blieb verschont.

An die infame Razzia (»Rafle du Vél' d'Hiv«) erinnert heute vor Ort eine Tafel. Auch gibt es da einen vagen Delfinbrunnen, der aber meist ohne Wasser steht. Das entsprechende Denkmal hingegen wurde erst vor wenigen Jahren errichtet. Es liegt hundert Meter abseits in einem Park über der Ufer-Métro, erreichbar mittels einer unbezeichneten Treppe gegenüber der Nr. 17 Quai de Grenelle. Auch hier kein Wort über die Razzia, sondern nur »Ehre den Opfern der Verfolgungen«. Das allzu kleine Denkmal zeigt, auf Treppenstufen, welche hier unerklärt bleiben, eine Frau, die ihren ewigen Emigrantenkoffer bewacht, ein sich umarmendes Paar, ein weiteres mit Kind, und im Vordergrund ein kleines Mädchen, das mit der einzigen Puppe spielt, die ihm geblieben ist. Métro Bir-Hakeim-Grenelle.

Hat man eben erst kürzlich die mit so viel Arbeiterkämpfen verbundene Automobilfabrik von Renault auf der Seine-Insel von Boulogne geschleift, so schon vor Jahren das nicht minder historische Citroën-Werk am Quai André-Citroën. Nichts bleibt vom Entstehungsort solch genialer Fahrzeuge wie der »Traction avant«, der »DS 19« oder dem Entchen »2 CV«. Jetzt ist das ganze Gelände zu einem riesigen abenteuerlichen Park umgeformt, mit »schwarzem Garten« und »weißem Garten«, mit elektronisch gesteuerten Fontänen, mit Wasserfällen und Gewächshäusern.

Aber den Clou des Ganzen bildet natürlich der Eutelsat-Fesselballon, 32 Meter hoch und mit 5500 Kubikmetern Helium gefüllt. Die Gondel bietet Platz für 30 Erwachsene oder 60 Kinder. Allerdings steigt der Ballon bloß 150 Meter hoch, und auch das nur unter Windstärke 35 km/h. Tägliche Auskunft darüber bei Tel.: 01-4426 2000. Der Flugpreis beträgt je nach Alter und Wochentag zwischen 5 und 12 Euro. Eintritt des Parks von Rue Balard, Rue Saint-Charles oder Quai Citroën. Zum Ballon geht es über Nr. 2 Rue de la Montagne de la Fage. Métro Javel oder Balard. Gewohnheitsflieger wie Ihr Autor werden aber wahrscheinlich mehr dem »beweglichen Garten« zugetan sein, einer bambusgeschützten Wildwuchsfläche, die sich ganz natürlich durch eigene Aussaat fortbewegt und offenbar bereit ist, den gewaltigen Park in Bälde zu überwuchern … Auf dem Kai davor eine blühende Musikszene. Besonders beliebt die Sonntag-Nachmittage.

XVI Das sechzehnte Arrondissement

Es ist der Pariser Pilgerort par excellence seit dem 31. August 1997: Jenem Tag, an dem Prinzessin Diana mit ihrem Geliebten Dodi al-Fayed bei einem Autounfall genau unter dieser goldenen Flamme an der *Place de l'Alma* ums Leben kam. Seitdem gilt die Flamme als Denkmal für Lady Di, obwohl eigentlich diese Nachbildung der Fackel der Freiheitsstatue schon Jahre zuvor von der Zeitung »International Herald Tribune« als Gabe für das französische Volk gespendet worden war. Daß die modefreudige Prinzessin gerade an einem berühmten Couture-Eck der Stadt umkam, gehört zu den vielen grausigen Ironien dieses Lebens.

Rechterhand beginnt ja die luxuriöse Avenue Montaigne. Links, nur hundert Schritt weiter, und wir stehen vor dem Modehaus Yves Saint Laurent, jetzt, seit dem Ableben des Meisters, die »*Stiftung Pierre Bergé-Yves Saint Laurent*«. Hier etwa zu sehen der intime Dialog, den der Modeschneider mit der modernen Kunst unterhielt: Van Gogh, Matisse, Bonnard, Mondrian sind, manchmal fast unmittelbar, in seinen Skizzen präsent, während populäre Farbklänge in die überraschend bizarren Entwürfe für Music-Halls und Kabaretts einflossen. Die Stiftung will vor allem Ausstellungen von Künstlern zeigen, die selber Beziehung zur Mode hatten (etwa Fotografen wie Helmut Newton), auch Skizzen des Meisters oder Filmaufnahmen seiner Modeschauen. Doch bleibt das von Bergé mit Bienenfleiß zusammengetragene Archiv, vor allem sämtliche von Yves über vierzig Jahre geschaffenen 5000 Kleider plus 15 000 Accessoires (vieles von ihren Besitzern zurückgeschenkt), einstweilen für Besuchergruppen von nicht unter zehn Personen reserviert. 3 Rue Leonce-Reynaud, Ecke 5 Avenue Marceau, Métro Alma-Marceau, Tel.: 01-4431 6431.

Nur wenige Schritte, und wir sind im ehemaligen Privathôtel der adeligen Dame Marie-Laure de Noailles, und dort jetzt zu finden das *Galerie-Musée Baccarat*. Ausgestattet von dem Designer Philippe Starck als eine Art Traumschloß, etwa in dem märchenhaften Stil der Filme von Jean Cocteau (der seinerseits das ehemalige Privathôtel seiner Mäzene Weisweiller auf der gegenüberliegenden Seite des Platzes ausgemalt hat). In dem Raum »Größenwahn« ein unvorstellbarer Kandelaber für Zar Nikolaus II., auch ein Satz Möbel, einst von einem Maharadscha auf Elefantenrücken zu seinem Palast transportiert. 11 Place des États-Unis, Métro Boissière, Tel.: 01-4022 1122.

Da, wo man früher, angeregt bis erschöpft, aus der alten Cinémathèque herauskam (und die wilden Katzen fütterte, die sich dort herumtrieben), steht jetzt das jüngste Aquarium von Paris. Das sich, wohl weil es auch einen Kinosaal enthält, oder vielleicht bzw. hoffentlich, mit Bezug auf die frühere Filmsammlung, *CineAqua* nennt. Hier zu finden fast 10.000 Fische von 500 Arten in 43 Bassins verschiedener Längen, bis zu 19 Meter tief unter der Erde. Das längste Bekken, 40 mal 12 Meter, ist für ausgewachsene Haie bestimmt. (Ihre Fütterungszeit: gegen 16 Uhr.) Das anschließende Restaurant heißt *Ozu*, das Café *Manga* – offenbar sind vor allem Japaner an Fischen interessiert. Die Bar verwandelt sich gegen Mitternacht in eine Tanzfläche und heißt jetzt *Aqua*. Neben dem Tanzparkett ein weiteres acht Meter hohes erleuchtetes Aquarium, dessen Insassen gemächlich vor sich hinschwänzeln, während die Besucher sich abstrampeln müssen. Freitag und Samstag Nacht geht es am anregendsten zu und dauert bis 5 Uhr morgens. Eintritt frei, Drinks 5 bis 15 Euro. 5 Avenue Albert-de-Mun, Ecke Avenue des Nations-Unis. (Die genannte UNO war ursprünglich längs dieser Avenue und den Trocadérobrunnen in primitiven Holzbaracken angesiedelt, hier konnte der Autor noch Eleanor Roosevelt interviewen.) Métro Iéna, Tel. des Aquariums: 01-4723 6295. Und des Lokals: 01-4069 2390.

Wer war Monsieur de Breugnol? Wie, Sie kennen ihn nicht? Seine Gläubiger kannten ihn nur zu gut, leider auch unter diesem Decknamen. Ebenso sein Hauswirt, über den er zu klagen pflegte: »Fünf Arbeiterfamilien hat der Wirt mir nebenan hingesetzt, die dermaßen lärmen, daß ich dadurch pro Jahr 30.000 Franken einbüße, weil ich meine Arbeit nicht weiterbringe.« Die Arbeit galt den 91 Bänden der »Menschlichen Komödie«, die Monsieur hier mit einigen seiner schönsten Novellen vollendete: Honoré de Balzac, dessen ländliche »Hütte«, seitdem zum bekannten Museum umgestaltet, vom oberen Eingang des Gartens aus zu besuchen ist: *Maison de Balzac*, 47 Rue Raynouard, Métro Passy, Tel.: 01-5574 4180. Weniger bekannt ist das enge Gäßchen beim Hinterausgang, in das er vor seinen Gläubigern zu fliehen pflegte, die *Rue Berton*. Sie beginnt als ganz beliebige Straße bei 59 Rue Raynouard, wird anschließend immer enger, um zuletzt als Hohlweg zwischen zwei Mauern zu enden. Vom Ausgang bei Nr. 24 kann man das Arbeitszimmer des Meisters einsehen, im zweiten Stock gelegen. Hier schrieb er nächtelang bei Kerzenlicht, und bei unzähligen Tassen selbstgebrautem Kaffee, »die Stille um Worte und die Nacht um Ideen anflehend«. Am Morgen, bevor er sich schlafen legte, korrigierte er noch schnell die eben per Boten eingetroffenen Druckerfahnen der vorherigen Nacht. »Ein Schlachtfeld«, laut Stefan Zweig, der ein solches über und über bekritzeltes Blatt in seiner Sammlung besaß. 1848 zog dann der Dichter, der lebenslang seine Schulden nicht loswerden konnte, in die »Straße des Reichtums« (Rue Fortunée), heiratete seine ewige Braut Madame Hanska und verstarb kurz darauf. Die Rue Berton ihrerseits heißt in ihrer Fortsetzung nach Marcel Proust und anschließend sogar nach Charles Dickens. Hier hat ein kundiger Bürokrat drei vergleichbare Autoren aneinander gereiht.

Von der Rue Dickens zweigt übrigens die »Wasserstraße« ab (Rue des Eaux), demnach der ideale Ort, um ein Weinmuseum hinzusetzen! Der Vorort Passy war ja auch einst von Weinbergen übersät (also Klimaerwärmung schon in der Postkutschenzeit?). In diesem *Musée du Vin*, zum Teil in unterirdische Stollen eingebaut, erfährt der Besucher alles über die Weinsorten Frankreichs. Es gibt auch Kurse, um Weine nach ihrem Geschmack zu unterscheiden (die Abschlußprüfung findet bei verbundenen Augen statt), eine Schulung, die m. W. früher nur für teures Geld von »Maxim's« angeboten wurde. Für Besucher gibt es Weinproben gratis. Eintritt 8,50 Euro, die aber auf ein Déjeuner angerechnet werden. 5 Square Charles-Dickens, Métro Passy, Tel.: 01-4525 6326.

Der in Paris ansässige Hamburger Samuel Bing ist so ziemlich vergessen. Trotzdem war er es, der – über seine Galerie dieses Namens – den Begriff »Art Nouveau« einführte, welcher dann als Jugendstil, Sezessionsstil, Modern Style usw. durch die Welt ging. Gedacht als ein Zurück zur Natur (vor allem über Pflanzenornamente und erotische Motive), aber auch als Kampfansage gegen die Bourgeoisie, ihre »mechanische« Ausbeutung der Arbeiter, der Frauen usw. Paradoxerweise war es dann fast ausschließlich das betuchte Bürgertum, das sich dem neuen Stil verschrieb.

Und nirgendwo sieht man mehr Bauten von Meister Hector Guimard als im mondänen 16. Arrondissement von Paris. Sein Hauptwerk: das *Castel Béranger* bei 14 Rue La Fontaine. Ein Häuserkomplex (als Sozialbau billig aus Backstein errichtet), der fast nur aus Rundungen besteht, oder zumindest die unerläßlichen Geraden von Türen und Fenstern mit Schlangenlinien verdeckt. Dazu überall grüne Seepferdchen, die grünen Balkongeländer enthalten tierische Karikaturen des Architekten, die Kacheln sind Katzen, selbst ein Brunnen im Innenhof hat die Form eines Skorpions. Kein Wunder, daß die Zeitgenossen für das unnatürlich-naturhafte Bauwerk den Spottnamen »Castel dérangé« fanden, also etwa Beklopptenburg. Es machte aber seinen jungen Schöpfer Guimard dermaßen berühmt, daß ihm die Pariser Métro-Eingänge zugesprochen wurden. Von seinen ursprünglich 380 sind immerhin noch 66 erhalten (die schönsten Porte Dauphine und Abbesses), die übrigen zumeist durch langweilige Steinbalustraden ersetzt. Andere – weniger gewagte – seiner Bauten zu finden bei 17–19 (dort auch ein Miniatur-Bistrot) und 21 der Straße, auch 8 und 10 Rue Agar, 43 Rue Gros sowie 120 und 122 Avenue Mozart.

Außerdem auch die schon genannte Synagoge der Rue Pavée. Übrigens schenkte in Nr. 96 Rue La Fontaine Madame Adrien Proust am 10. Juli 1871 ihrem ersten Kind das Leben, Marcel. Dazu später der Dichter streng: »Dieses Haus schien mir so geschmacklos wie nur irgend möglich.«

Mit dem Beginn des Ersten Weltkriegs war es dann mit dem Art Nouveau schlagartig zu Ende, da Frankreich in eine Phase patriotischer Hysterie eintrat, wobei die Typographie der Métrostationen als »unfranzösisch«, ihr Grün als »typisch deutsch« eingestuft wurden. Guimard, der sich danach noch als Art-Déco-Architekt versucht hatte (Rue Jasmin Nr. 10, Rue Henri-Heine Nr. 18), zog schließlich nach New York, wo er vergessen 1942 starb. Noch zehn Jahre, und er hätte seine triumphale Wiederauferstehung erlebt!

»Hameau« heißt Dorf oder Weiler, und der *Hameau Boileau* bei Nr. 38 Rue Boileau ist tatsächlich so etwas wie ein Dorf inmitten der Großstadt. Und ein Beweis für den untrüglichen Instinkt, mit dem die Pariser sich bis vor einem halben Jahrhundert wohnlich in ihrer Stadt einrichteten. Hier sind bunt gemischt Fachwerkhäuser und noblere Einfamilienhäuser bis hin zu ländlichen Schlößchen, sogar so etwas wie ein Bergfried ist da, von einem ganz inkongruenten roten Wachturm gekrönt … und alles ist begrünt, geht zusammen, paßt sich ein, gleicht sich an, und bleibt miteinander verbunden durch kleine Alleen, die nach französischen Dichtern heißen.

Immerhin kann man noch von Glück sagen, daß die Schnapsidee des Schweizer – und später französisch naturalisierten – Architekten und Urbanisten Jeanneret, der sich Le Corbusier nannte, nicht realisiert werden durfte: das gesamte rechte Ufer abzureißen und durch 16 Wohn- und Geschäftstürme zu ersetzen. Sein Gedankengut schlug sich dann am westlichen Stadtrand im Défense-Viertel nieder (das immerhin in jüngerer Zeit noch etwas humanisiert werden konnte). Dabei sind Le Corbusiers Einzelbauten schier unwiderstehlich in ihrem Formgefühl, weniger schon die Prinzipienreiterei seiner »fünf Punkte moderner Architektur«: 1. Das Haus muß auf Säulen stehen (wozu, der Raum darunter wird doch für Läden und Garagen gebraucht), 2. Dachgarten (sehr schön, außer bei Smog und Straßenlärm), 3. breite Fenster (ja, wenn sie auf die Alpen zeigen, nicht auf den nächsten Autostau) usw. Immerhin: Gern betrachtet man sein Frühwerk, die *Villas La Roche* und *Jeanneret* auf 8–10 Square du Dr. Blanche, bei 55 Rue du Dr. Blanche. Zwei aufregende Privatbauten von 1924–1925, der erste für »Corbus« Bruder Albert bestimmt, der zweite für den Kunstsammler La Roche. Das enge Raumproblem und das Verbot, die Fenster zu öffnen, hat der Architekt brillant gelöst. Heute enthalten die beiden Häuser die Stiftung Le Corbusier. Métro Jasmin, Tel.: 01-4288 4153. Um Einlaß zu erlangen, ist es geraten, sich am Apparat als »architecte allemand« auszugeben, bei minderem Alter als »étudiant d'architecture«.

Um die Ecke die kurze *Rue Mallet-Stevens*, in der dieser andere große Funktionalist praktisch die ganze Straße mit zwölf seiner Häuser bestückte, eines davon für sich selbst bestimmt. Nur eine Straße weiter, an der Kreuzung des Boulevard de Beauséjour und der Rue de Ranelagh, dann die Schlucht der *Petite Ceinture*, also der tiefliegenden Trasse

264

der Rundeisenbahn, die einst Paris umkreiste. Dort jetzt ein kleiner Naturpark, ein Wildwuchs von Flora und Fauna, wahrscheinlich einzigartig in Paris. Geöffnet die meisten Tage von 8 Uhr 30 bis 17 Uhr. Führungen am Wochenende. Cognac und Champagner konnten durch Gerichtsbeschluß dem Schicksal entgehen, nicht aber Camembert! Dem Schicksal nämlich, daß sich jede Nachahmung ganz offiziell nach ihnen benennen darf (jeder runde Weichkäse, egal wo fabriziert, darf sich heute als Camembert ausgeben, Cognac und Champagner bleiben halbwegs geschützt). Aber ach! Waren das noch Zeiten, als sich die Welt tatsächlich an solche Regeln hielt. Denn was wird heute nicht alles als Originalmarke vertrieben – und einiges davon zeigt dieses Museum der Fälschungen, *Musée de la Contrefaçon* bei 16 Rue de la Faisanderie: Täuschend nachgeahmte Kopien von Cartier-Uhren und Vuitton-Gepäck, ungeniert unter diesen Markennamen vertrieben, oder bestenfalls wird Dior zu Dora umfunktioniert oder das Lacoste-Krokodil blickt in die entgegengesetzte Richtung. 300 echte und kopierte Produkte stellt das Haus einander gegenüber, fast alle zum Verwechseln ähnlich. Allerdings wirkt das Museum mit seinen Uhren und Füllfederhaltern jetzt schon wieder leicht verstaubt. Heutzutage geht es ja weniger um Luxusprodukte als um gewöhnliche Konsumartikel – Kindermilch, Nescafé, Maggiwürfel, Zahnpasta, Rasierapparate, CDs, DVDs, die zu Millionen (meist in Asien) hergestellt und z. T. über das Net vertrieben werden. Zwischen 2002 und 2006 stieg die Zahl der Falsifikate, die an Europas Grenzen eingezogen wurden, von 85 auf 253 Millionen Stück. Allein die Profite unechter Medikamente belaufen sich, laut der Weltgesundheitsorganisation, auf 32 Milliarden Dollar jährlich. Multinationale rechnen mit einem zehnprozentigen Einkommensverlust durch Fälschungen. 125 000 europäische Arbeiter sollen durch sie ihre Jobs verloren haben. Und wohin geht das ganze Geld? Nichts weiter als die Profite nachgeahmter T-Shirts haben dem Vernehmen nach für den ersten Bomben-überfall von 1993 auf das World Trade Center bezahlt, ja der ganze internationale Terrorismus soll sich zu einem Drittel aus Raubkopien finanzieren!

Und wie steht es erst mit Harry Potter? Nicht weniger als ein Dutzend fingierter Harry-Potter-Romane dürfte es auf dem chinesischen Markt zu kaufen geben, von »Harry Potter und die chinesische Porzellanpuppe« über »Harry Potter und das Chinesische Reich« bis hin zu »Armer Papa, reicher Papa und Harry Potter«. Und hat nicht bei der Frankfurter Automobilmesse BMW sein Modell X5 als chinesischen »CEO« wiedergefunden, und Daimler seinen »Smart« als »Noble«? Métro Porte Dauphine, Tel.: 01-5626 1400.

Von unserem Prinzip abweichend, nur erschwingliche Hotels anzuführen, müssen jetzt doch in diesem Nobelvier-tel zwei viersternige genannt werden (fünf Sterne soll es erst demnächst geben). Das eine ist das *Hôtel Saint-James*, ein ehemaliger englischer Club, Lieblingsherberge solcher alt-britischer Autoren wie Somerset Maugham und in jüngerer Zeit der klugen Schauspielerin Charlotte Rampling. Daher auch holzgetäfelte Bibliothek vorhanden und eine Bar, in der keine Alkoholmarke fehlt. Das Ganze ein Herrenhaus in einem edlen Park inkl. roter Fernsprechkabine, nahe der superfeinen Avenue Foch. Der Zimmerpreis enthält den Mitgliedsbeitrag, den der (angebliche) Club des Hauses einhebt. 43 Avenue Bugeaud, Métro (aber Sie kommen natürlich per Taxi) Porte Dauphine, Tel.: 01-4405 8182. Das andere, *Hôtel Raphael*, ist eine Spur weniger angeberisch, da es keine britischen Ladies and Gentlemen zu beherbergen hat, sondern nur Schauspielertypen wie Isabella Rossellini oder John Malkovich, von Bush senior nicht zu reden. Berühmt unter Cineasten die neugotische Bar, seit vierzig Jahren betrieben von dem jovialen Bertrand Merlette. Der sich allerdings, seit einem gewissen Tag im Juni 2007, als »erstes Opfer der Regierung Sarkozy« bezeichnet. Indem er nämlich an diesem Tag von einem engen Mitarbeiter des Präsidenten, Monsieur Benamou, angeblich mit Käsekuchen beworfen wurde, aber sein Recht nicht bekam, sondern selbst zu fünf Tagen Gehaltsentzug verdonnert wurde! 17 Avenue Kléber, Métro (hier dürfen Sie mit der Métro eintreffen) Étoile, Tel.: 01-4428 0028.

Zwischen diesen beiden Luxuspalästen eine schlimme Adresse: Hinter der Nr. 93 der Rue Lauriston verbargen sich einst die französischen Lakaien der berüchtigten »*Police Allemande*«, denen während der deutschen Besatzung Frankreichs alle Rechte zustanden. Mit anderen Worten, hier wurde gefoltert. Der Ort hieß unter seinen Bewohnern »die Kabine«, deren Spezialität die »Badewanne«. In welcher die Widerständler so lange unter Wasser getaucht wurden, bis sie gestanden … oder ihre Lunge zerplatzte. (Eben das, was sich heute in Amerika »Waterboarding« nennt.) Wir sind im Botschafterviertel. Derzeit fungiert hier irgendeine Handelskammer. Mauern schweigen.

Ein anderes Andenken der Zeit steht nahe der Porte Dauphine bei Nr. 45 *Avenue du Maréchal-Fayolle*, am Rand des Bois de Boulogne: ein verlorener Verteidigungsbunker aus dem Zweiten Weltkrieg, sinnlos an diese Stelle hingeklotzt von irgendwelcher genialen Generalität … Die Straße gilt übrigens, zwischen dem Grüngelände hinter der russischen Botschaft und der Rundautobahn des Périphérique, als eines der letzten Überbleibsel der einst so florierenden nächtlichen Ausschweifung im Boulogner Wäldchen. Dieses diente ja lange Zeit als Magnetpunkt der transsexuellen Prostituierten, die vor allem aus Brasilien hierher strömten. Heute sind die entsprechenden Fahrstraßen nachts gesperrt, und das Angebot ist recht zurückgegangen. Ähnlich steht es mit dem Echangismus, dem Partnertausch aus einem Auto ins andere. Oder dem privaten Exhibitionismus, bei dem legitime Paare im geparkten Wagen vor aller Augen ihrem Geschäft oblagen. Derzeit findet man hier nur noch spärliche Reste dieser Tradition. Da suchen etwa blinkende Scheinwerfer an der nächtlichen Porte Dauphine nach Gleichgesinnten, die sich dann mit ihnen auf die wenige Parkmöglichkeit zubewegen, die noch vorhanden. Zum Beispiel dem Parkplatz bei 14 Chemin de Ceinture-du-Lac-Inferieur, an dem man ja normalerweise seinen Wagen abstellt, um per Fähre über den Unteren See (eine Distanz von hundert Metern) zum Restaurant *Le Châlet des Îles* zu gelangen.

Dieses am Wasser und mitten im Grünen gelegene Lokal gehört übrigens an sonnigen Tagen zu den beliebtesten Ausflugszielen der Pariser, vor allem solcher, die im Bois ihre Hunde spazierenführen. Trotzdem moderate Preise, der Lunch ab 25 Euro. Métro Porte de la Muette, Tel.: 01-4288 0469.

XVII *Das siebzehnte Arrondissement*

»Der Eingang ist leicht zu finden, es ist da, wo eine Warteschlange steht«, schreibt hingerissen der »Parisführer für Fernfahrer« (Fernfahrer gelten hier als besonders anspruchsvoll in Sachen körperlicher Erquickung). Allerdings hat der Autor – kein Fernfahrer – diesen Ort schon gekannt, als er bloß die Straßenmädchen des Boulevards versorgte, und nicht die überseeischen Touristen der benachbarten Luxusabsteige Hôtel Méridien. Nun, kurz gesagt, *Le Relais de Venise* ist praktisch ein Klon des bereits im Kapitel Saint-Germain-des-Prés von uns genannten Relais de l'Entrecôte. Wiederum vorgeschriebenes Einheitsmenü: Zu Anfang grüner Salat mit Nüssen, danach ein feingeschnittenes Contrefilet in einer unvergleichlichen Soße (deren Rezept so geheimgehalten wird wie das von Coca Cola), dazu dünne saftige Pommes, und das alles zweimal serviert von schicken Kellnerinnen in Schwarz mit weißer Schürze. Nur den Nachtisch darf man sich aussuchen, und diese ganze Herrlichkeit in althergebrachtem Dekor kostet Sie nicht mehr als rund 30 Euro. 271 Boulevard Pereire, Métro Porte Maillot (die Station liegt direkt gegenüber), Tel.: 01-4574 2797, es wird aber nicht reserviert.

Stadtrand heißt Verbotenes und möglichst Verruchtes, vor allem hier in der Nachbarschaft des Bois de Boulogne. Deswegen hat sich auch *Stringfellows* hier angesiedelt, kürzlich aus London importiert. Bequeme Atmosphäre, gute Musik. Und natürlich hübsche junge Damen, deren Vornamen grundsätzlich mit A beginnen müssen (»Angel«, »Aischa«) und die sich als Table Dancers produzieren für 25 Euro Eintritt und Drinks ab 18 Euro. Dasselbe in privatem Kabinett auf Armeslänge kommt auf das Doppelte, ohne daß Sie damit das Recht erwerben, zuzugreifen. Am kostspieligsten bei alledem das obligate Dinner, für das Sie, ohne Getränke, 60 Euro pro Person hinlegen werden. Mittwochabend gibt es eine originellere »Fantasy Night«, wobei die Stripperinnen zuerst im Kostüm bekannter Filmrollen auftreten, eine kleine Nachahmung des »Crazy Horse«. 27 Avenue des Ternes, Métro Ternes, Tel.: 01-4766 4500.

Einer der ansprechendsten Lebensmittelmärkte der Stadt findet – alle Tage außer montags – nahebei in der Rue Poncelet statt … wo sogar, bis vor kurzem, einer der letzten Pferdefleischer zu finden war. (Es schmeckt etwas süßlich, war aber in Notzeiten nicht zu verachten.) Die Straße enthielt aber noch nicht, als der Autor einst dort wohnte – Nr. 19, Hinterhof – das inzwischen berühmt gewordene *Stübli* bei Nr. 11. Das trotz seines Namens nichts mit Schweiz oder Elsaß zu tun hat, sondern eine (fast) wienerische Konditorei und Kuchenhandlung darstellt.

Hinüber zur Zone des Bahnhofs von Batignolles – gewiß keine besonders ansprechende Gegend. Die aber den Zola-Leser an die romantisch-niederdrückende Atmosphäre seines Eisenbahn-Romans »La Bête humaine« (Die Bestie im Menschen) erinnern wird, unvergeßlich verfilmt mit Jean Gabin. Ein Stück weiter bei 18 Rue des Dames das *Hôtel Eldorado*. Ein ehemaliges »Maison de Rendezvous«, in welchem also – laut meinem hundertjährigen Führer des Lebemanns – »allerhand verheiratete Damen mit hinfälligen Eltern, oder einer kranken Schwester, oder einem Bruder, der von seinem Militärsold leben muß, sich nachmittags hinbegeben und abends wieder nach Hause zurückkehren, Geld in der Tasche, ohne daß irgendjemand, außer vielleicht der Gatte, Bescheid weiß.« Jetzt ein billiges exzentrisch dekoriertes Hotel, teils Antike teils weniger, ländlich um einen stillen Hinterhof gelagert. Zimmer ab 35 Euro, plus Frühstück. Métro Place de Clichy, Tel.: 01-4522 3521. Eingeweihte steuern zur Essenszeit auf die Hintertreppe nächst der Küche zu, darunter sich die blumige Gartenterrasse des *Bistrot des Dames* auftut (nicht nur für Hotelgäste). Dort Bekömmliches für 25 Euro die Mahlzeit, oder auch billiger Aufschnitt plus einem Glas aus der wohlbestellten Weinbar. 18 Rue des Dames, Métro Place de Clichy, Tel.: 01-4522 1342.

Seinem Ruf gerecht wird das Viertel bei *Cris et Chuchotements (*Schreie und Flüstern, ob Ingmar Bergman je gefragt wurde, der ja wohl diesen Titel erfand?). Ein Fetischistenlokal, nicht für tatenlose Voyeure gedacht, sondern für Profis der freiwilligen Qualen. Mit den üblichen Kellern, Verliesen, einem Reitsaal für Sie wissen schon was und einem Gynäkologenstuhl für Dinge, die man sich lieber nicht vorstellt. Peitschen und Verhütungsmittel werden gratis geliefert, die Kleddage aus Leder, Latex oder Vinyl hat man jedoch eigenhändig mitzubringen. Auch die 26 Euro, die das Büffet pro Paar kostet, während Einzelgänger 74 Euro für das nämliche zu berappen haben. Diese läßt Monsieur Pascal, der Betreiber des Ganzen, allerdings nur ungern ins Haus. Eintritt gratis, Drinks je nach Alkoholgehalt

8 bis 12 Euro. 9 Rue Truffaut (heißt nicht nach dem Filme-macher), Métro Place de Clichy, Tel.: 01-4293 7021.

Der Ort, an dem die Avenue de Clichy und die Avenue de Saint-Ouen sich trennen, um den gleichnamigen Vororten entgegenzustreben, heißt »La Fourche«, also die Gabelung. Und gilt, da hier die Wohnpreise niedriger sind als in den meisten anderen Pariser Stadtteilen, als das mögliche kom-mende Künstlerviertel. Einige verborgene Gäßchen, die sich dafür anbieten, wären etwa: *Cour Saint-Pierre* bei 47 Avenue de Clichy, in der es immerhin noch eine Kunstschule gibt (oder gab, als der Autor zuletzt dort herumschnüffelte): Das Atelier *Terre de Sienne*, wo man Zeichnen, Malen und Bild-hauerei unterrichtet. Und gleich daneben, Eingang bei 28 Rue Lemercier, die *Cité Lemercier*. Darin, aber derzeit »in Renovation«, was immer das leider bedeuten mag, das alte Hôtel du Châlet. In dessen Zimmer Nummer 11 der Chan-sonsänger Jacques Brel zu Anfang seiner Karriere billig wohnte … und für das er auch noch die Miete bezahlte, als er längst nicht mehr dort wohnte. Trotzdem weigerten sich die Bewohner der Gasse, hier eine Gedächtnistafel für Brel anbringen zu lassen oder gar die Cité nach ihm zu benen-nen. Beide Métro La Fourche.

Schließlich die *Cité des Fleurs* (Eingang 154 Avenue de Cli-chy oder 59 Rue de la Jonquière), Métro Brochant. Eine schon feinere Straße von 1848. Bei ihrer Gründung mußte sich jeder neue Hausbesitzer verpflichten, drei Blütenbäume in seinem Garten zu pflanzen. Aber auch diese begrünte Oase hat ihre Tragödie gekannt: als am 18. Mai 1944 hier die Gestapo neun Mitglieder einer Widerstandsgruppe we-gen gefälschter Papiere verhaftete. Eine Frau wurde an Ort und Stelle erschossen, von den übrigen überlebte keiner.

XVIII *Das achtzehnte Arrondissement*

In dem klassischen Vorkriegsfilm »Pépé le Moko« von Duvivier erinnern sich der Gangster Jean Gabin und seine Schöne mitten in der Kasbah von Algier schwärmerisch an Paris: »Ah, Place Pigalle … Place Blanche … Place Clichy …« Bezeichnenderweise ist es gerade diese Skandalmeile am Boulevard de Clichy, die dem harten Kunden als erstes einfällt, damals (z. T. noch heute) Brennpunkt eines »Lasterlebens«, dessen Monopol Paris längst abhanden gekommen ist. Allerdings hat der Boulevard noch ganz anderes zu bieten. So führt bei Nr. 22 eine kleine Straße ab, die *Rue André Antoine*, die nicht etwa, wie man denkt, als Sackgasse endet. Sondern Sie stehen hier überrascht vor einer der steilsten und – mit ihrer Fortsetzung unter einem Torbogen – unbekanntesten Treppen, die zur Spitze des Montmartre hinaufführen. Benachbart die Rue Germain-Pilon. Und dort bei Nr. 14 die Musikpinte *Marlusse et Lapin*, wo tatsächlich, unter anderen Mojitos, die »grüne Fee«, also der halb verbotene Absinth, ausgeschenkt wird. Auch gibt es ein winziges Hinterzimmer mit Kanapee und Bett sowie einem Schrank, in dem man zur Not übernachten kann. Métro Abbesses, Tel.: 01-7375-0713.

Steigen Sie nachher die beliebte Marktstraße *Rue Lepic* hoch. Einst u. a. bekannt dafür, daß hier ein Kellnerwettrennen stattfand, bei dem die Garçons mit hochbeladenem Tablett, und ohne einen Tropfen zu verschütten, die Straße entlangzulaufen hatten.

 Die zweite Gasse links heißt Rue Constance, und von dieser wiederum führt eine Sackgasse namens *Impasse Marie-Blanche* ab. Auf deren Nr. 7 hinter einer Autowerkstatt versteckt, ein extravagantes Gebäude aus nachempfundenem Mittelalter. Allein das Schnitzen des Erkers – von der Haustür nicht zu reden – muß Monate Arbeit gekostet haben. Métro Pigalle. Schließlich als letzte dieser Ausbuchtungen des Boulevard de Clichy bei Nr. 94 die Cité Véron. Von der man seinerzeit rechter Hand zur Wohnung des Lyrikers und Drehbuchautors Jacques Prévert hochkletterte, der seine Dachterrasse hinter den weltbekannten Windmühlflügeln mit dem Jazztrompeter und Krimiautor Boris Vian teilte. Métro Blanche.

La Locomotive (genannt »La Loco«), direkt neben dem Moulin Rouge gelegen, ist seit Jahren der klassische Ort für ein jugendliches, oder jung-bleiben-wollendes Publikum. Diese Riesendisko enthält, neben dem ebenerdigen Dancefloor, noch eine kleinere Tanzfläche im Keller und eine weitere auf der ersten Etage. Oben Pop-Rock und Disco, unten R'n'B und Salsa, in der Mitte House, Dance und Electro, so in etwa. Derzeit aufregender als früher. Eintritt 10 bis 20 Euro. 90 Boulevard de Clichy, Métro Blanche, Tel.: 01-5341 8889.

Von der Avenue de Clichy und der nachfolgenden Avenue de Saint-Ouen führen hin zum Montmartre-Friedhof zahlreiche Passagen, Villas, Cités (der Friedhof selbst ist aber nur über die Avenue Rachel bei 116 Boulevard de Clichy zugänglich). Eine der ersten ist die krumme Passage Lathuille, wo in Nr. 6 sich der versteckte *Club La Baronne* auftut, wohlbekannt bei Pariser Transsexuellen und ihren Liebhabern. Die ja keineswegs alle selber Trans sein müssen, sondern den verschiedensten Geschlechtlichkeiten angehören. Daher sich die »Baronin« stolz den einzigen Pariser Trans-Club nennt, der allen offensteht, Hetero, Bi und Gay. Geöffnet 20 Uhr bis 2 Uhr, dann am Wochenende wieder zwischen 4 und 8 Uhr morgens. Eintritt 20 Euro. Métro Place de Clichy, Tel.: 01-5530 0217. Vier Gassen weiter an der Avenue, und wir sind in der Rue Ganneron, von der links die gekrümmte Rue Hégésippe Moreau wegführt. Dort wiederum liegt bei Nr. 15 die *Villa des Arts*, deren vier Dutzend Ateliers wir jetzt leider nur mehr durch ein schönes handgeschmiedetes Gitter bewundern können. Hier lebten und arbeiteten die Maler Signac und Dufy, vor allem aber Paul Cézanne. Der dort zwischen 1899 und 1901 seinen Galeristen Ambroise Vollard in nicht weniger als hundert Sitzungen abkonterfeite … worauf endlich sein berühmter Satz fiel: »Mit der Hemdbrust bin ich jetzt nicht unzufrieden.« (Ob auch sein Opfer der gleichen Meinung war, bleibt fraglich, da besagte Hemdbrust ja vorab in Grün gehalten ist!). Hier drehten wir einst ein Gespräch mit Charlie Chaplins Tochter Vicky und ihrem Gatten, dem Zirkusartisten Baptiste, als dieser von Fellini für seinen Film »Die Clowns« abgelichtet wurde. Und der den Tränen nahe war, weil der Maestro seine Seifenblasen-Nummer zur Gänze in ihr Gegenteil umgemodelt hatte. Aber das alles ist lange her.

Den Montmartre-Friedhof, auf dem Heinrich Heine liegt

(und »Frau Heine«, wie die Inschrift etwas abwertend besagt), umrahmt u. a. die Rue Tourlaque. Bei Nr. 7 eine Künstlersiedlung mit dem Eck-Atelier von Toulouse-Lautrec, später von Suzanne Valadon übernommen. Bei Nr. 22 (man muß abwarten, bis jemand eintritt) kann man noch an der Fassade die Worte »Les Fusains« (Die Zeichenkohle), in Keramikkacheln gebrannt, ausmachen.

Gelingt es Ihnen, hineinzukommen, so stehen Sie vor Resten der berühmten Weltausstellung von anno 1889. Hier malte Renoir einst seine »Badenden«, und André Derain lebte in einem solchen Durcheinander von Kunstgegenständen, daß der sparsame Picasso regelmäßig zum Herumstöbern kam. Die nahe Métrostation Abbesses gehört zu den schönsten von Hector Guimard.

Um die Ecke die Rue Caulaincourt, wo Sie im Hauseingang von Nr. 59 aus buntem Kachelwerk drei entzückende Pariser Weibchen der vorletzten Jahrhundertwende genießen können, dahinter ein verborgener Garten. Fortsetzung der Rue Tourlaque ist dann die *Rue Durantin*. Bei Nr. 40 eine ausgetretene Doppeltreppe von weißgottwann, mit einsamer Laterne. Der dazugehörige Laternenanzünder samt Leiter und Lunte, und das kleine blaffende Geräusch, mit dem das Gaslicht ansprang, war seinerzeit noch zu filmen.

»*Madame Arthur*« hieß um die vorvorige Jahrhundertwende ein neckisch-anzügliches Chanson von Yvette Guilbert. Und nach diesem nennt sich auch dieses Transvestitenlokal, das ebenso lange existiert und mit witzigen »female impersonators« und sonstigen Imitationen aufwartet. Häufig dort zu finden ein Junge aus Algerien, Jean-Pierre, nun schon seit langem Marie-Pierre genannt, samt seinem/ihrem Repetitor, der sich Bambi nennt. Auch Marlene Dietrich hat einst das Lokal frequentiert. Diner plus Vorstellung 97 Euro, die reine Vorstellung um 22:30 Uhr kostet 36 Euro. 74 Rue des Martyrs, Métro Pigalle, Tel.: 01-4264 4827. Ähnliches bietet *Chez Michou* nebenan bei Nr. 80 nun auch schon seit einem halben Jahrhundert. Michou selbst, ein umgänglicher Siebziger, immer in Blau, taucht auch noch manchmal auf. Hier geht es vielleicht noch exzentrischer, komischer (und auch mehr gay) zu. Zwei amüsante klassische Lokale am Fuß des Montmartre. Métro Pigalle, Tel.: 01-4606 1604.

Eines der angenehmsten – wenn auch nicht billigsten – Hotels der ganzen Butte: Das neu dekorierte *Exclusif, Hôtel particulier*. (Obschon die Frage, worin sich heute ein »Privathôtel« von anderen unterscheidet, dem Autor nie ganz klar geworden ist.) Dies ist ein kleines Haus im Directoire-Stil, also der kurzen Periode zwischen 1795 und 1799, bevor Napoleon sich zum Ersten Konsul aufschwang (»Consulat«). Demnach bescheidene, sich zurücknehmende Fassade – dahinter ein riesiger Loft von 85 m² und neun weitere Räume, alle im Sommer 2007 von Avantgarde-Künstlern neu kreiert, teils in High-Tech, teils Retro. Dazu ein wildwüchsiger Garten. Zimmer ab 290 Euro. Das Haus kann auch als Ganzes angemietet werden. 23 Avenue Junot, Métro Lamarck-Caulaincourt, Tel.: 01-5341 8140.

Nicht weit von da lebte, und starb von eigener Hand, die populäre Sängerin Yolande Gigliotti, die sich *Dalida* nannte: 11 bis Rue d'Orchampt. Ein dreistöckiges Haus, nun weitervermietet, der einst blumenübersäte Garten jetzt zum bloßen Rasen zurechtgestutzt. Und hundert Meter von da, oben am Ende der Treppe der Rue Girardon, die *Place Dalida*. Darauf eine Büste der schönen Sängerin mit so leicht verschleiertem Busen, daß er inzwischen blank abgegriffen ist wie des Philosophen Montaigne Zeh bei der Sorbonne.

Die allbekannte Hügelkuppe des Montmartre ist hier nicht weiter zu beschreiben, höchstens ein paar vernachlässigte Örtlichkeiten. So enthält etwa die erwähnte *Avenue Junot* bei Nr. 15 das provokant kahle Wohnhaus, das der österreichische Architekt Adolf (»Ornament ist Verbrechen«) Loos 1926 für den Surrealistenpapst *Tristan Tzara* erbaute, eine Art versetzte Kaaba in Weiß.

Näher zur Butte dann, längs der vielbesungenen Rue Saint-Vincent (bei Nr. 14) der Wildpark *Jardin Sauvage*, in dem kein Baum und kein Strauch je gepflanzt wurde, sondern alles aus Eigenem emporstrebt. (PS: Das verrentete Ehepaar Helmut Schmidt hat bei seinem Landsitz im Holsteinischen etwas Ähnliches versucht.) Ein guter Ort, um zu kontrollieren, ob Darwin recht hat, und die Stärkeren unfehlbar die Schwächeren verdrängen … oder ob sich nicht alles auf ein Zusammenleben einspielt. Leider ist hier der Mensch der einzige Störenfried, weswegen es nicht so leicht ist, hereinzukommen. Prinzipiell müßte der Park an Samstagen zwischen April und Oktober geöffnet sein, aber dann heißt es auch wieder jeweils am Montag und Samstag, aber nur nachmittags, und seit neuem nur für Gruppen und jedenfalls auf Vereinbarung. Neuester Stand: Öffnung nur über Führungen Samstag 14.30 und 16.30 Uhr, sonntags überdies um 11.30 Uhr. Tel.: 01-4328 4763.

Noch exklusiver geht es bei dem Friedhof neben der Pfarrkirche des Montmartre zu, gleich hinter der Place du Tertre. Dieser vielleicht stimmungsvollste Winkel von Paris ist überhaupt nur am 1. und 2. November des Jahres geöffnet: *Cimetière du Calvaire Montmartre*, Église Saint-Pierre. Steigt man auf der entgegengesetzten Seite der Butte, als wir gekommen sind, wieder bergab, also rechts von der Sacre-Cœur-Kathedrale, so trifft man hinter der Rue Lamarck auf die eigentümliche Treppe der Rue du Chevalier-de-la-Barre. Diese glänzt nachts wie durch ein Wunder mit Sternbildern auf. Und zwar stellen optische Fasern, in das Pflaster eingelassen, genau das Sternbild dar, das man in Paris am 1. Januar und am 1. Juli zu sehen bekommt (nämlich wenn der Himmel ausnahmsweise klar ist). Dieser poetische »Star Walk« wurde geschaffen von einem Freundeskreis um den berühmten Filmkameramann Henri Alekan (Cocteau, »La Belle et la Bête«, 1946; Wim Wenders, »Der Stand der Dinge«, 1982). Métro Château-Rouge.

Noch ein Stückchen bergab, und wir landen zu Füßen des grünen und treppendurchzogenen Parks, der zur Basilika hinaufführt. Der Ort heißt Place Saint-Pierre und enthält, auf und ab die benachbarten Straßenecken, wochentags den populären Stoffmarkt *Marché Saint-Pierre*. Wolle, Baumwolle, Velour, Seide, Lycra, Knöpfe, Straß, Pailletten, hier gibt's alles und mehr, und bei gutem Wetter an großen offenen Ständen, ganztätig und zu unschlagbaren Preisen. Bei Regen flüchten gewiefte Kundinnen notfalls in das dazugehörige fünfstöckige Textilkaufhaus *Dreyfus*, seit 1931 einschlägig in aller Welt bekannt, und mit unverändertem Dekor. 2 Rue Charles-Nodier, Métro Anvers, Tel.: 01-4606 9225. Daneben, wenn auch bloß vierstöckig, die vergleichbare *Reine*, Tel.: 01-4606 0231. Hinunter zum Boulevard de Rochechouart, mit seiner Hochbahn, seinem bedrängten Verkehr und seinem Gewühl von Immigranten.

Immerhin weist er mehrere Unterhaltungslokale auf – z. B. *La Cigale* bei Nr. 129 – doch steuert Ihr Autor meist direkt auf die Nr. 72 des Boulevards zu, wo das *Élysée-Montmartre* sich auftürmt. Dieser Rock- und Technotempel, auch als Sporthalle für Boxkämpfe zu gebrauchen, war ja um die vorletzte Jahrhundertwende eine Hochburg des eleganten Pariser Nachtlebens. Das alte Haus selbst schweigt zu alledem. Könnte es reden, so wäre vom Cancan die Rede, der auf dieser Bühne erfunden oder zumindest populär gemacht wurde. Und von einem verkrüppelten Maler namens Toulouse-Lautrec, der hier die Tänzer und die Habitués der neuesten Revuen zu skizzieren und nachher zu lithographieren pflegte. Dazu ein Leser der (fortschrittlichsten) deutschen Kunstzeitschrift »Pan«, die eines der Blätter zu bringen gewagt hatte, das fabelhafte »Mademoiselle Lender en buste«: »Glaubt dieser schwachsinnige Franzose, uns Deutsche für dumm zu verkaufen?« (Ziemlich genau aus dem Gedächtnis zitiert.) Rußige Reste der hohen stuckverzierten Fassade des Hauses zeugen noch von dieser vergangenen Glorie. Ansonsten gibt es hier Gala-Abende, Clubbing am Wochenende und diverse Konzerte (Pop-Rock, Hip-Hop, Reggae …) in der Woche. Freitag und Samstag ist es einer der aufregendsten Dance-floors von

Paris, wird mir von maßgeblicher Stelle – meiner jüngeren Tochter – berichtet. Eintritt 10 bis 16 Euro, je nachdem. Métro Anvers, Tel.: 01-4492 4538.

Die Kreuzung Boulevard Rochechouart-Boulevard Barbès galt lange Zeit als der Knackpunkt des Pariser Verbrechertums, des »Milieu«. Auch heute marschieren hier immer noch mehr Polizisten (auch in Zivil) herum als anderswo. Weniger auf der Suche nach Ganoven als nach illegalen Einwanderern aus dem nordafrikanischen Maghreb und aus Schwarzafrika. Dies ist ja das Viertel der Immigranten, derer von Tanger und Togo und von Timbuktu.

Und *Tati* ist ihr goldener Gral. An den großen Auslagenfenstern dieses Billig-Kaufhauses schieben sie sich vorüber in ihren farbenfrohen Trachten, starren auf die (ausschließlich weißen) Mannequinpuppen, die Schlüpfer und BHs und Unterkleider und Pullis und Jeans und Stöckelschuhe, die eben für sie Paris repräsentieren und die westliche Kultur (obschon wahrscheinlich in Bangalore hergestellt oder in Beijing), und von denen sie nie wieder zurückmöchten ins heimische »bled« (Dorf). 5 Millionen Strumpfhosen verkauft Tati im Jahr, 3,5 Millionen Höschen, 1 Million Lippenstifte und 30 000 Hochzeitskleider (zehn Prozent des gesamten französischen Marktes, heißt es). Und acht- bis zehntausend Kunden kommen am Tag, die man noch weit ins Arrondissement hinein erkennt an den rosa und weiß karierten Tragetaschen, den Wappenfarben von Tati seit seiner Gründung 1948.

Inzwischen nimmt dieses Knauserparadies mit seinen riesigen Wühltischen praktisch den ganzen Häuserblock ein, nicht zu reden vom Hochzeitsgeschäft um die Ecke an der Straße zum Schönen Mann (Rue Belhomme). Dort 500 Modelle in allen Größen und Übergrößen, und auch jetzt ist nicht eine einzige farbige Schaufensterpuppe zu finden, auch kein Stück afrikanische Textilie oder gar hölzerne Götzenfigur, wie sonst doch überall in der Stadt zu haben. Der Kunde sieht sich eben als Pariser, auch wenn man noch kaum französisch spricht, in einem der furchtbaren Wohnheime rechts und links vom Barbès das Bett mit Fremden teilt … oder auch den »Professeur« genannten Zauberheiler oder Marabu konsultiert, der mit Wahrsagerei, Kräutern und schönen Sprüchen Abhilfe gegen alle Übel der Welt verspricht. 2–42 Boulevard de Rochechouart, Métro Barbès-Rochechouart, Tel.: 01-5529 5000. Vom Professeur »Mr. Cisse« uns kürzlich dort in die Hand gedrückt folgende Anzeige: »Bezahlung nach Resultat! Mr. Cisse löst alle Ihre Probleme betreffs Liebe, Kommerz, Alkoholsucht, Tabak, Fruchtbarkeit, Impotenz, Führerschein, Schüchternheit, schnelle Heirat … Ergebnisse in 3 Tagen. Erfolg wo die anderen versagen! Tel.: 01-4264 9196.«

Großstädte enthalten alles und ihr Gegenteil, und möglichst im gleichen Haus. So auch auf Nr. 103 Rue Marcadet das schöne Schlößchen mit Turm, angeblich aus dem 13. Jahrhundert und noch angeblicher der Ort, an dem »der gute König« Heinrich IV. (der mit dem Huhn in jedem Topf) seine Mätresse Gabrielle d'Estrée unterbrachte. Jetzt ein mehrstöckiges Lokal für Libertiner und Libidonisten, die bei gutem Diner einen Lapdance oder zwei genießen wollen. Außerdem besteht hier die Zimmerdecke aus Glas, so daß man unten sehen kann, was oben vorgeht (und einer der

Gründe, warum in solchen Lokalen Damen keine Hosen tragen dürfen): *Le Château* (oder auch *Château des Lys*, da Frankreichs Könige ja die Lilie im Wappen trugen). 103 Rue Marcadet, Métro Jules-Joffrin, Tel.: 01-4258 1301. Eintritt 60 Euro für Paare, 80 Euro für einzelgängerische Männer. Im gleichen Haus auch ein noch schärferes Lokal, der Burgfried oder auch Folterkeller geheißen, *Le Donjon*. Ausgestattet mit den üblichen Versatzstücken des Genres, Leder- oder Latexkleidung ist mitzubringen, die Präservative gibt es gratis an der Bar. Einmal im Monat spielt man, dem Vernehmen nach, aber vom Autor noch nicht überprüft, ein Szenar nach Wunsch: meistens ein Tribunal, bei dem der oder die freiwillig Unterworfene abgeurteilt und körperlich gezüchtigt wird. Eintritt identisch mit dem vorigen, nur die Drinks etwas teurer. Tel.: 01-4258 3146.

Als würde man noch nicht genugsam in Paris frieren – vor allem im Sommer – gibt es jetzt hier auch ein Iglu. Und zwar im Rahmen eines Designerhotelchens, *Le Cube*, das ein findiger Unternehmer in eines der heruntergekommensten Viertel von Paris gesetzt hat, die (einst gefährliche, heute nur noch armselige) Immigrantengegend der Goutte d'Or, des »Goldtropfens«. 41 Zimmer, in die man nur mit Hilfe seiner Fingerabdrücke eindringt. Beleuchtung unterm Bett. Im Salon die berühmten Tropfenstühle von Alvar Aalto sowie Sofas aus synthetischem Fell. In welche man zu versinken hat, um (mangels Speisesaal) »Snackubes«, »Finger Food« und ähnliches zu knabbern. Bis endlich um 21 Uhr ein DJ auftritt und die Stimmung anheizt. Um sich hierauf wieder abzukühlen, ist dann eine Etage höher die *Ice Cube Bar* angesagt. In der man (Reservierung obligatorisch, da nicht mehr als zwanzig Personen hineinpassen) bei minus fünf Grad soviel geeisten Wodka Marke Grey Goose für 40 Euro herunterschlürfen darf, wie in einer halben Stunde möglich. Dazu »elektrokubische« Musik und diverse eisige Lichteffekte. Parka, Handschuhe und Pelzmütze stehen gratis zur Verfügung. Vorsicht beim Rückweg, da auch die Treppe aus durchsichtigem Glas. Zimmer ab 250 Euro, dazu das Frühstück für 10 bis 25 Euro. 1–5 Impasse Ruelle, Métro La Chapelle, Tel.: 01-4205 2000.

XIX Das neunzehnte Arrondissement

Wir beginnen, wo denn sonst, im Zentrum des Ganzen, bei Métro Belleville. Diese »schöne Stadt« war lange Zeit nicht viel mehr als ein Dorf, das von seinen Wasserquellen lebte, die bis hin zum Concordeplatz flossen, auch Weinbergen, wo man seine eigenen schlichten Weine preßte und ausschenkte. Bereits 1730 wurde die Dorfstraße, Rue de Belleville, gepflastert, hatten längst schon populäre Erfrischungs- und Tanzlokale eröffnet, besungen von François Villon. Zu Karneval gab es eine berühmte Kostümparade, les Courtilles, die steile Straße herunter. Dann kamen die Fabriken, die Schlachthäuser … und mit ihnen die Arbeiter, die dort ihren Billiglohn verdienten. Bald schon stießen Flüchtlinge aus dem Ausland dazu: 1918 die Armenier, 1920 die Griechen, nach 1933 die jüdischen Emigranten, dann die spanischen Republikaner 1939, die Nord- und Schwarzafrikaner, die Vietnamesen … »Babelville« entstand, unendlich verkommen in seinen alten, längst zweckentfremdeten Bauernkaten und Kleinhäusern, unendlich familiär und fotogen auch. Einige dieser früheren Dorfstraßen sind noch als solche erkennbar, so – steigt man die später so endlose Rue de Belleville hoch – gleich anfangs linker Hand eine enge *Allée des Faucheurs* (also der Schnitter, wahrscheinlicher handelte es sich um Schnapphähne), dann nicht weniger sehenswert die (im Verschwinden begriffenen) *Allée Rébeval, Passage Kuzner, Passage Lauzin*. Und in deren Fortsetzung, über die Rue de Rébeval hinaus, die *Ruelle Lauzin* und *Impasse du Puits*.

Zur Erholung von der Kletterei die derzeit als unumgänglich geltende Tränke des Viertels, die in ihrer Mischung aus volkstümlich und dekadent sozusagen popu-branché wirkt: das *Café Chéri(e)*. Wobei das eingeklammerte (e) wahrscheinlich – aber genauer erklärt's dir keiner – als Hinweis auf erwünschtes weibliches Hetero-Publikum zu gelten hätte. Große Terrasse, wild dekorierter Saal, die Stimmung prall, das notdürftige Essen eher orientalisch. Abends ist alles in rosa Licht getunkt. Métro Belleville, Tel.: 01-4202 0205.

Einen unlesbaren Vermerk findet der Autor hier noch in seinem Notizbuch: Da soll bei 151 Rue de Belleville ein geheimnisvolles Gäßchen wegführen, die *Cité du Palais Royal de Belleville* (oder auch vielleicht von der Rue des Solitaires? Keine Zeit mehr, das zu überprüfen). Métro Place des Fêtes, jenes einst so idyllische, heute an die Schluchten des Balkans erinnernde Pseudo-Manhattan. »Nicht auslassen«, steht daneben, also bitte.

Wir sind im Einzugsgebiet der *Buttes-Chaumont*, dieses angestrengt-romantisierten Wildparks nach englischem Muster, mit seinen Steilfelsen, Grotten, Tempelchen, Wasserfällen, Ententeichen und Brücken, von denen eine sogar die Selbstmörderbrücke heißt. Lange als artifizielles Paradies verunglimpft, wirkt der Park in diesem Zeitalter der Virtualität schon fast wieder urig! Daher auch seinerzeit bevorzugte Gegend der Surrealisten, die ja ein Gespür für Inkongruentes hatten. (Métro Buttes-Chaumont oder Botzaris.)

Knapp links vom unteren Parkzipfel, also in Richtung der Stadt zu, ein kleiner Montmartre ohne die Touristen, die – auf den meisten Stadtplänen gar nicht verzeichnete – *Butte Bergeyre*. Umrahmt von den Straßen Boulevard Simon Bolivar, Rue Manin, Avenue Mathurin-Moreau. Von allen diesen führen steile Treppen hoch, am abenteuerlichsten von der letztgenannten. Danach die gewundene Rue Georges-Lardenois, deren enge Serpentine sich wiederum durch eine weitere Treppe abkürzen läßt. Und dann steht man endlich auf dieser ungezierten Kuppe (die immerhin eine Rue Edgar-Poe ihr eigen nennt.) Und von der man einen der schönsten Ausblicke über die Stadt und den Montmartre genießt, die Paris kennt, erleichtert durch ein einsames Bänkchen. (Métro Bolivar.)

Die Place de Stalingrad – verkehrsdurchtobt und hochbahnüberwölbt – ist jetzt Ausgangspunkt eines der »neuen Viertel«, die das schier unerschöpfliche Paris regelmäßig aus sich hervorbringt. In diesem Fall die Ufer des *Bassin de la Villette* und der nachfolgenden Kanäle. Der hier einst florierende Hafen, 1808 von Napoleon eingeweiht, war seinerzeit, neben Bordeaux und Nantes, der bedeutendste Frankreichs. Heutzutage sind es vor allem die Einsäumungen der zur Seine herabplätschernden Gewässer, die das Publikum anziehen, am beliebtesten der Quai de la Loire. Bei Nr. 7 einer der neuen Multiplexe der stetig anwachsenden *MK2-Kinokette*, das der große »Indépendant« der französischen Filmproduktion, Marin Karmitz, dort hingesetzt hat, als es die Gegend praktisch noch gar nicht gab.

Genau gegenüber, auf Nr. 14 Quai de la Seine, ein zweites seiner Kinos. Eine Fähre namens Zéro-de-Conduite (berühmter Film von Jean Vigo) verbindet die beiden gratis, solange man nur sein Ticket vorweisen kann. Die schöne Promenade längs diesem Ufer heißt seit einigen Jahren nach dem Schauspielerpaar *Simone Signoret-Yves Montand*. Dazu überall an den Wänden berühmte Repliken aus klassischen französischen Drehbüchern: »Atmosphäre, Atmosphäre«, »Du hast schöne Augen, weißt du das« usw., denn das hiesige Publikum gibt noch was auf Dialoge (weswegen es auch der stumme Mime Marcel Marceau gerade in seinem Vaterland so schwer hatte). Zahlreiche Filmfestivals das ganze Jahr hindurch. Und bei 19 Quai de la Loire hat Karmitz auch eine aufregende *Filmbuchhandlung* und DVD-Butik kreiert, alle Tage des Jahres geöffnet. Métro Jaurès oder Stalingrad, Tel.: 01-4452 5070.

Dann eine kleine Strecke den Kai stromaufwärts, und Sie stoßen an die *BarOurcq*. Das übliche Ritual ist, sich einen Drink plus Aufschnitt an der Bar zu besorgen – der Becher Bier kostet Sie nicht mehr als 2 Euro –, dann auf die breite sandige Uferstraße zu schlendern und sich dort an einem Pétanque-Spiel zu beteiligen – die eisernen Wurfkugeln leiht man Ihnen gratis. Na, und nachher lassen Sie sich zum Ausruhen in einen der gestreiften Liegestühle fallen, die auch umsonst zur Verfügung stehen. Abends DJs und Musik. Netanschluß und Wifi gratis. Aber Achtung: Das Haus hat seine eigenen Regeln. Erstens Rauchverbot. Zweitens keine Kreditkarten. Und schließlich gehen die Besitzer zwei Monate jährlich in Urlaub, und auch wenn unter der Woche mal nichts los sein sollte, wird eisern dichtgemacht. 68 Quai de la Loire, Métro Jaurès oder Laumière, Tel.: 01-4240 1226. Einige Schritte weiter etwas für Reisende mit Familie: ein Café, das gleichzeitig zum spaßigen Kinderladen ausgebaut ist, mit hohen farbigen Stühlchen, Spielen, Bilderbüchern, Malsachen … und natürlich Mikrowelle für den »biberon«, die Nuckelflasche. *Le Cafézoïde*, 92 Quai de la Loire, Métro Laumière, Tel.: 01-4238 2637.

Hauptanziehungspunkt des ganzen Wasserwegs ist aber die letzte *Hebebrücke* (pont-levis) von Paris, gelegen an der Kreuzung zur Rue de Crimée, bei etwa Nr. 100 des Kais. Erbaut 1885 von dem gleichen Unternehmen, das die Fahrstühle des Eiffelturms installierte. Vier massive »griechische« Säulen, an deren Kapitellen riesige kreischende Räder festgemacht sind, ziehen die ganze Chose einfach an Drahtseilen hoch. Um diesen Vorgang einer vergangenen Zeit zu bewundern, gibt es nebenan eine schmale Fußbrücke. Atget, Brassaï, Robert Doisneau und andere Parisbewunderer, ebenso wie Ihr Autor, haben hier gern fotografiert, möglichst mit einem Clochard im Anschnitt.

Folgen Sie kurz der besagten Rue de Crimée, so stoßen Sie bei Nr. 93 auf ein Kleinod: Von der Straße aus unsichtbar, nur über ein ansteigendes Sackgäßchen erreichbar, sitzt auf der Spitze eines kleinen Hügels diese Kapelle aus der Mitte des 19. Jahrhunderts. Ehemals deutsch-lutherisch, zu Ende des Ersten Weltkriegs als Wiedergutmachung konfisziert, dann 1924 öffentlich versteigert und erworben von russisch-orthodoxen Gläubigen für die einströmenden Flüchtlinge der Oktoberrevolution. Es war der Tag des Heiligen Sergius, weswegen sich die Kirche nach *Saint-Serge* nennt. Roter Glockenturm, blaue Zwiebeltürmchen, vorgesetzt eine zauberhafte hölzerne Doppeltreppe in Laubsägearbeit, stimmungsvolles warmes Innere mit einem Meer von goldenen Ikonen. Ein Traum wie aus einer anderen Zeit. Geöffnet nur zu den Gottesdiensten um 18 Uhr samstags, Sonntag auch um 10 Uhr. Métro Crimée, Tel.: 01-4201 9610.

Zurück zur Hebebrücke, diesmal hoffentlich in Funktion. Da es ja manchmal ganz schön lang dauern kann, bis so ein Boot dahergetuckert kommt. Am einfachsten, Sie nehmen selber eines. Um diese ganze Schiffsreise längs der Kanäle zu bewerkstelligen, die etwa zweieinhalb Stunden dauert, gibt es zwei Möglichkeiten: *Canauxrama* startet beim Port de l'Arsenal, gegenüber Nr. 50 Boulevard de la Bastille (Métro Bastille) um 9 Uhr 45 und um 14 Uhr 30. Die entsprechende Rückfahrt bei 13 Quai de la Loire um 14 Uhr 30 und 17 Uhr. Tel.: 01-4239 1500. *Paris-Canal* hat die gleichen Zeiten, startet aber am Quai Anatole-France vor dem Orsay-Museum (Métro Chambre-des-Députés) und fährt seinerseits weiter bis zum Parc de la Villette, wo vor der »Folie des Visites du Parc« abgefahren und gelandet wird. Tel.: 01-4240 9697. Es muß unbedingt vorher reserviert werden. Preis um die 35 Euro. Bei Nr. 68 Quai de la Seine findet man übrigens eine Jugendherberge, St. Christopher's Inn. Tel.: 01-4034 3440.

Die Rue de Flandre führt dann stracks zu den ehemaligen riesigen Schlachthallen der Villette. Auf des Autors alten Stadtplänen noch eingeteilt in Schweineviertel, Charolaisviertel (eine berühmte Rinderrasse), Normannenviertel, sogar eine Straße der Kutschen steht da verzeichnet … alles längst ausgelöscht und aufgegangen in dem riesigen *Parc de la Villette*, der hier nicht eigens im Detail beschrieben werden soll. Da ist die *Cité des Sciences et de l'Industrie*, mit dreimal so großem Volumen wie etwa das Centre Pompidou, gewidmet Wissenschaft und Industrie. Darin eine Sternwarte, eine Mediathek, Roboter, sogar ein Aquarium. Und benachbart die glitzernde Kugel der *Géode* aus rostfreiem Stahl, 36 Meter im Durchmesser, mit einem ebenso breiten Projektionsschirm im Innern für dreidimensionale Abenteuerfilme. (Erwachsene sollten sich möglichst weit setzen, Kindern scheint die Augentortur nichts auszumachen.)

Da ist das *Théâtre Zénith*, ein riesiger Konzertsaal für Popkonzerte, gebaut als Provisorium (wie einst der Eiffelturm), aber nun voll integriert. Da ist die *Cité de la Musique* und die *Cité des Enfants*, darin *L'Argonaute*, ein ehemaliges U-Boot der Marine. Sowie *Cinaxe* mit einem mobilen Projektionsraum, der zum Flugsimulator bei Überschallgeschwindigkeit wird (was man zwar Kindern ab vier Jahren zutraut, nicht aber schwangeren Frauen oder Herzkranken!).

Und da ist die *Grande Halle*, die ehemalige Viehhalle hinter dem Löwenbrunnen, jetzt mit ihren zahlreichen Etagen, Brücken und Balkonen für Ausstellungen reserviert, die von dem müden Wanderer kaum mehr zu bewältigen sind. Schließlich der gewaltige Park, in den das alles hineingepackt ist, ein Labyrinth voller Überraschungen mit fallweisen Freiluftkinos, Zirkuszelten und einem chinesischen Drachen samt 26 Meter langer Zunge als Rutschbahn. Am eigentümlichsten ein *Garten der Kinderängste* – wobei man, begleitet von Gespenstermusik, sich durch einen finsteren Zauberwald windet. Dieses ganze Gelände, zwischen den

Métrostationen Porte de la Villette und Porte de Pantin gelegen, erkundet man am besten zu Fuß, nachdem man sich über »Pariscope« oder die Broschüre beim Touristenkiosk links von Notre-Dame, über die laufenden Angebote informiert hat. Gemeinschaftstelefon: 01-4003 7575.

Schließlich das genaue Gegenteil – denn was sagen über die weltferne *Mouzaïa*, dieses ganz inkongruente Dörfchen mitten im Steinmeer der Modernität? Die Mouzaïa – genannt nach einem Kolonialsieg in Algerien – beruht darauf, daß hier bis ins 19. Jahrhundert der Kalkstein und Gips aus dem Boden gegraben wurden, aus dem Paris besteht (und einer Sage nach sogar das Weiße Haus in Washington). Der Boden, durchlöchert wie ein Schweizer Käse, konnte dann an dieser Stelle nichts anderes mehr tragen als die kleinen ein- und zweistöckigen Wohnhäuser, aus denen die gewundenen Gassen dieses Fleckchens bestehen. *Rue de Mouzaïa, Villa de Bellevue, Villa Sidi-Carnot, Michel Hidalgo, Hameau du Danube* lauten einige der Namen. Und bei Nr. 13 *Rue des Fêtes* öffnet sich ein Türchen auf eine schmale Passage zwischen Mauern, dahinter ein Stück Garten Eden. Eilen Sie, bevor das alles aufgestockt und ausbetoniert ist, natürlich im Namen des Fortschritts.

XX Das zwanzigste Arrondissement

Das war einmal… Nun ja, es war wie das Viertel der Hallen, das Viertel Italie, das Viertel Saint-Paul, das Viertel Lilas: unendlich bescheiden, unendlich verkommen, unhygienisch, ungesund, was immer Sie wollen. Und für den Besucher unendlich anziehend. Es war das alte Paris, das echte, das gewachsene, das mit diesem unwiderstehlichen Gemenge aus Alt und Neu, Arm und Reich, mit der »mixité sociale«, dem Miteinander der gesellschaftlichen Schichten.

Ménilmontant, dieses fast noch ländliche Dorf im Rahmen des großstädtischeren Immigrantenviertels Belleville, aber auch schon besiedelt von den angeschlagenen Arbeiterkämpfern der Kommune, war so ein letztes Stück genuines Paris. Und eines, das der damals noch jugendliche Autor, auf Entdeckungen bedacht, fast jedes Wochenende erforschen und fotografieren ging.

Sie werden verstehen, daß ihm wenig daran liegen konnte, es für dieses Buch wiederzusehen, doch mußte es ja wohl sein. Immerhin ist alles heller und offener, das, was man früher Slums nannte, sind jetzt Parks oder auch moderne

Wohnblocks geworden, die Handwerkerläden zu Künstler-ateliers, die kleinen Vorstadtschenken, seinerzeit »guingette« genannt und von Piaf, Trenet, Chevalier besungen (die alle daher stammten) zu coolen Cafés und groovy Bars, tropischen Bazaren und exotischen Tanzlokalen.

Aber nicht weniger als 80 Prozent der alten Bausubstanz sind dahin, und allein zwischen 1962 – dem Beginn des Massakers – und 1982 ist fast die Hälfte der alteingesessenen Bevölkerung abgewandert, wohin? Wohin sonst als in die anonymen Wohntürme der Banlieue, wo sie sich notdürftig eingerichtet hat. Während ihre Jugend revoltiert, wie sie nie in den nachbarschaftlicheren Slums revoltierte.

Natürlich gibt es in neuerer Zeit auch viel Protest hier, überall bei den alten Überresten sieht man Anschläge und Aufrufe, die nach Verschonung schreien oder zumindest nach organischerer Bauweise. Und unvermeidlich werden Sie auf die Graffiti zweier Lokalgrößen stoßen: »Nemo«, der mit Hilfe von Schablonen silhouettenhafte Clowns mit Koffern, Katzen und Regenschirmen auf die Hauswände praktiziert. Und »Mesnager« mit seinen tanzenden weißen Strichmännchen, die letztlich von Matisse herkommen. Und mit denen die beiden diese vielen toten Fassaden zu beleben suchen. Alles unter wenig Anteilnahme der Bevölkerung geschaffen.

Mittelpunkt des ganzen Stadtviertels ist der riesige hügelige *Père-Lachaise-Friedhof*, zu welchem es aber schon fast so viele Bergführer geben muß wie Grabplatten. Wir beginnen unseren eigenen Weg nördlich der Métro dieses Namens mit dem (auf vielen Karten gar nicht verzeichneten) Square Samuel-Champlain – er war 1608 der Gründer von Quebec. Hier auch ein ergreifendes *Denkmal* von 1909 für die Erschossenen der Kommune. Aus der Mauer kaum hervortretend wie Gespenster: ein Arbeiter, ein Pfarrer, ein Soldat, eine Mutter mit Kind. Rundherum Einschüsse. Errichtet aus demselben Stein, gegen den die letzten Kommunarden – der genaue Ort liegt im Bereich des Friedhofs – 1871 füsiliert wurden. (Métro Gambetta.)

In der benachbarten Rue Boyer Nr. 19–21: ein Lokal, das derzeit als das am meisten »branché« des Viertels gilt, *La Bellevilloise*. Ehemals ein »maison du peuple«, also ein Arbeiterheim, jetzt umfunktioniert zu einer Kunstgalerie tagsüber, abends populäre Gaststätte auch mit DJs, am Wochenende Tapas und ähnliches. Alles bleibt unter 25 Euro. Métro Gambetta. Nun weiter, wenn es Ihnen recht ist, zu einigen letzten Winkeln der alten Dorfschaft. Über die steile Hauptstraße des Viertels, die Rue de Ménilmontant, geht es zur Rue de l'Ermitage, von dort gleich anfangs rechts ab zur *Villa de l'Ermitage, Cité de l'Ermitage* und die darauf folgende *Cité Leroy*. Die *Villa* ist die luftigste der drei, enthält auch eine moderne Pop-Bar, *L'Écume* (Der Schaum) mit allerhand Musikvorführungen. Im Eingang ein Wandgemälde, darauf Darstellung eines Nilpferdes und eines Elefanten. Danach wieder etwas bergab: Aus der Cité de l'Ermitage heraus durch die überwachsene Passage, die bei 113 Rue de Ménilmontant endet, diese kurz hoch bis zur Rue du Retrait, dann links die stimmungsvolle *Passage du Retrait*. (Allerdings: alle diese Biotope vergangener Zeiten ohne Gewähr! Da gerade jetzt wieder ein neuer Abrißschub im Gange.)

Nun die Hauptstraße etwas bergab, und wir kommen zur Rue Julien-Lacroix, von der, falls nicht gerade abgerissen, zahlreiche Gassen samt ihren Hinterhöfen wegführen, etwa *Passage Ronce, Impasse de Gênes, Passage de Pékin, Rue du Sénégal, Rue de Palikao*. Zurück zur *Rue Vilin*, bei deren Nr. 44 die *Passage Vilin*, an der – nun ja, es ist lange her – einst ein Zigeunerlager stand. Die *Rue de Transvaal* ihrerseits weist auf Nr. 16 ein Haus auf, die *Villa Castel*, in der François Truffaut einige Szenen seines Kultfilms »Jules et Jim« verlegte. Dann zur *Rue Piat*, deren Scheitelpunkt den höchsten Ort von Paris darstellt, acht Meter höher nämlich als der Montmartre. Fabelhafte Aussicht über die Stadt, einst für eine Miete von 100 Francs jährlich genossen von der alten Schneiderin, deren Haus mit Balkon direkt neben der Treppe lag.

Aber welche Treppe? Es war ja damals – mit ihren Ausläufern – die längste von Paris, rechts davon das stufenweise Café des Amis, oder wie immer es hieß. Und links das, was in der radikalen Urbanistensprache der Zeit als »Îlot insalubre« eingestuft wurde, also als unhygienischer Häuserblock … in Wirklichkeit das gewachsene Chaos einer früheren Bauern- und nachher Arbeitersiedlung. Jetzt alles ersetzt durch eine ausgedehnte steile Grünfläche, den *Parc de Belleville*. Eine wohldurchdachte Anlage mit viel Bambus und Sträuchern und 500 Bäumen, auch der längsten Fontäne von Paris. So viel Grün gab es nie in dieser Stadt. Nur eigentümlich, daß man früher so viele Menschen auf der Straße sah, und jetzt so wenige in den Parks.

Vor dem Abstieg noch zu besuchen einige der letzten ursprünglichen Ecken und Kanten des Weilers. So bei 18 Rue de Belleville, nach einem ersten Hof, eine überwachsene Reihe von Ateliers. Und in 23 Rue Ramponeau, etwa bei 110 des ganz von Immigranten bewohnten Boulevard de Belleville, eine ehemalige Schlüsselfabrik, nunmehr zu Künstlerateliers ausgebaut.

Dann bergab die Rue des Couronnes, oder man kann auch die Rue de la Mare nehmen. Sie heißt, wie ein halbes Dutzend Straßen hier, nach den Quellen, die bis heute Paris zur Hälfte mit Wasser versorgen – die andere Hälfte kommt leider aus der Seine. Bei Nr. 23 der Straße die stolze Ruine einer längst geschlossenen Fabrik … für was? Einige Häuser weiter, auf Nr. 32, das Ausstellungslokal einer Vereinigung von Malern und Bildhauern aus Belleville. Danach verengt sich die Straße zu einer Art Fußweg, bis vor gar nicht langer Zeit mit Gaslampen bestückt, der sich einsam längs der verwilderten Trasse der ehemaligen »Petite-Ceinture-Bahn«, der Rundeisenbahn um den früheren Pariser Stadtkern, hinzieht, bis man diese mittels einer schmalen Eisenbrücke überquert: die *Rue Notre-Dame-de-la-Croix*, die schließlich zu dem Kirchlein des gleichen Namens hinführt.

Nun wieder die Rue de Ménilmontant aufwärts – hier läuft nichts ohne Klettern – bis zur *Sauna des Buttes-Chaumont*. Eine von diesen mondänen Badeanstalten, wie sie so gar nicht in dieses Viertel zu passen scheinen. Die oben ganz unschuldig mit Hammam, Schwitzbad, Duschen aufwarten. Aber im Souterrain alles aufbieten, um abenteuerlustige Besucher zu Paaren zu treiben. Je nach Tag und Stunde Eintritt für Paare zwischen 10 und 40 Euro. 11 Rue de Pixérécourt, Métro Télégraphe, Tel.: 01-4315 0468.

Dann von der Nr. 28 der Straße wegführend das, was nun wirklich, trotz aller Konkurrenz, die engste Straße von Paris genannt werden muß: Die *Passage de la Duée* (Duée heißt Quelle auf altfranzösisch), gerade so breit, daß man ihre 65 Meter allein entlangmarschieren kann ohne seitlich anzustoßen. Kopfsteingepflastert wie es sich gehört, in der Mittelrinne muß einmal reines Quellwasser geflossen sein, heute weniger.

Die Rue Bagnolet herunter, und Sie stoßen auf *Saint-Germain-de-Charonne*, an der Place Saint-Blaise. Der letzten Dorfkirche von Paris, die noch ihren eigenen kleinen Friedhof besitzt (mit Ausnahme des erwähnten Saint-Pierre am Montmartre). Die ältesten Teile der Kirche stammen aus dem 11. Jahrhundert. Rundum schöne Reste des alten Dorfes von Charonne, das bereits Rousseau in seinen »Träumereien eines einsamen Wanderers« beschrieb. (Métro Bagnolet.) Etwas weiter der längst aufgelassene Bahnhof der Petite-Ceinture, darin heute ein vielbesuchtes Lokal, *La Flèche d'Or*. So genannt nach dem Schnellzug, der ab 1926 Paris mit London verband, und eine Zeitlang mit seinen 100 Stundenkilometern als der schnellste der Welt galt. Ebenso rasant geht es in diesem Tempel des Live Pop-Rock zu. Dieser »Goldene Pfeil« hat tatsächlich der ganzen Straße Auftrieb gegeben, die jetzt mit der Rue de Charonne als Jugendtreff rivalisiert. (Métro Bagnolet.)

Etwas die Straße weiter, und Sie kommen, direkt an der Mauer des Père-Lachaise-Friedhofs, zu einem der angenehmsten Naturparks von Paris. Jedenfalls ist er auf wild frisiert, d. h. mit viel Gärtnerspielerei so angelegt und gepflegt, daß er wie aus sich selbst entstanden wirkt (das Geheimnis so vieler großen Kunst). Am schönsten ein Teich mit Seerosen, Fröschen, Libellen, Vögeln: *Jardin Naturel*, 100–120 Rue de la Réunion, Métro Alexandre-Dumas.

Die Straße geht dann vom Friedhof weg zur *Rue des Vignoles*. Von der rechts und links eine weitere Anzahl minimaler Sackgassen und Passagen wegführt, bestanden mit den kleinen Häusern der Arbeiter und Klein- bürger, denen der nunmehr verwehende Charakter dieses Viertels zu verdanken ist. Eine der Passagen heißt, oder hieß, übrigens *Dieu*, die andere *Satan*. Nun ja, Paris – wie Sie diesen Seiten entnehmen konnten – hat schon immer seinen Extremen zugestrebt … und sie auf das schönste miteinander verbunden.

Danksagung

Der Autor fühlt sich für dieses Buch zahlreichen Personen zu Dank verpflichtet. Darunter für Information, Kritik und Ermutigung: Kirsten, Fenn und Linda Troller, Christophe Bourseiller, Jean-Paul Clébert, Marc Dannam, Jacques Garance, Philippe Gloaguen, Peter Stephan Jungk, Denis Lemarié, Maud Ratton, Stefanie Rieke, Anne und Alain Riou, Hermann Schreiber, Roswitha Völz. Für Mithalten vor Ort: Herbert Trent. Für Gestaltung und Lektorat: Franz-Heinrich Hackel. Und insbesondere für die Recherche: Heinz Cadera sowie Gerlinde Mauer, von denen auch die meisten der Fotos stammen.

Nachbemerkung

In einem Buch dieser Art ist es fast unmöglich, keine Fehler zu begehen. Allfällige Korrekturen oder Ergänzungen bitten wir freundlicherweise an den Verlag zu adressieren.

Bildnachweis

Gero von Boehm: Umschlagklappe; Heinz Cadera: S. 23, 28 o., u., 30, 32, 38, 42, 43, 45, 47, 48, 50, 51, 54, 59, 60, 68, 71, 72, 73, 80, 87, 88, 90, 99, 102, 111, 114, 115, 116, 120, 124, 134, 141, 144, 145, 148, 161 o., u., 176, 183, 184, 186, 189, 194, 195, 204, 208, 212, 213, 218, 221, 227, 228, 230, 231, 232, 243 o., u., 245, 256, 257, 280, 281, 283, 287, 288, 296, 298, 299; Gerlinde Mauer: Umschlag, S. 7, 66, 107, 206, 236, 251, 253, 263, 274, 276, 279, 289, 294; Georg Stefan Troller: S. 18, 46, 52, 89, 127, 131, 149, 167, 254, 262, 293.